DICTIONNAIRE
PITTORESQUE
ET
HISTORIQUE.

DICTIONNAIRE

PITTORESQUE

ET HISTORIQUE,

O U

Defcription d'Architecture , Peinture ,
Sculpture , Gravure , Hiftoire naturelle,
Antiquités, & dates des Établiffemens &
Monumens de Paris, Verfailles, Marly,
Trianon , S. Cloud , Fontainebleau ,
Compiégne , autres Maifons Royales &
Châteaux à environ quinze lieues autour
de la Capitale, & Difcours fur ces quatre
Arts , avec le Catalogue des plus célèbres
Artiftes anciens & modernes, & leurs Vies.

Utile aux Artiftes , Amateurs des beaux
Arts & Etrangers.

Par M. HEBERT, Amateur.

TOME SECOND.

❊

A PARIS,

Chez CLAUDE HERISSANT, Libraire-Imprimeur
rue Neuve Notre-Dame, à la Croix d'or.

━━━━━━━━━━━━━━━

M. DCC. LXVI.

Avec Approbation & Privilege du Roi.

AVERTISSEMENT.

QUOIQUE *l'Auteur ait fait son possible pour donner à son Ouvrage toute la régularité dont il a cru qu'il pouvoit être susceptible : cependant, pour ne rien laisser à désirer, il prie les personnes qui auront quelques observations à lui communiquer, de les lui faire parvenir à son adresse ou à celle du Libraire.*

DICTIONNÀIRE
PITTORESQUE
ET
HISTORIQUE.

AB

BBAYE Royale de faint Denys
en France eft à deux lieues de
Paris, lieu de la fépulture de
nos Rois.

Une Dame nommée Catulle avoit fait
bâtir, près de l'Eglife actuelle, une
Chapelle pour y dépofer les corps de
S. Denys & de fes Compagnons Martyrs, qu'elle avoit rachetés des bourreaux :
par la fuite, fainte Geneviéve, aidée
des aumônes des Parifiens, en aggrandit

l'édifice vers l'an 512. Dagobert I, regardé comme principal fondateur, choisit cette Eglise pour la sépulture de la Famille Royale, la rebâtit à neuf vers l'an 629, ainsi que le Monastére; fit couvrir cette Eglise d'argent, que Clovis II son fils prit pour le distribuer à son peuple dans un tems de famine, après avoir vuidé ses coffres pour le soulager; l'embellit d'ornemens précieux, la dota de revenus considérables, & combla ses Religieux de toutes sortes de biens. Pepin & Charlemagne, dans le huitiéme siécle, firent de nouveau construire l'Eglise : enfin en 1150, Suger Ministre d'Etat, & Abbé de cette Maison, entreprit de la rendre plus spacieuse. Eudes Clément Abbé continua en 1231 ce que Suger avoit commencé, qui ne fut totalement fini qu'en 1281 par Matthieu de Vendôme Abbé.

    Cette Eglise est faite en forme d'une grande croix, & divisée en trois parties, sçavoir, la nef, le chœur & le chevet, ou derriére du grand Autel. La structure en est magnifique, & les fenêtres sont très-bien percées.

Les beaux morceaux & monumens de cette Eglise sont en si grand nombre, qu'il n'est pas possible d'en faire une exacte description : d'ailleurs voulant traiter toutes les matières de ce Recueil avec toute la précision possible, pour ne pas sortir des bornes que l'on s'est prescrites, & pour ne pas fatiguer le Lecteur, on ne parlera que des principaux ouvrages.

Sculpture.

Le devant du maître Autel de vermeil doré, pesant cent quatre-vingt marcs, représente l'enfant Jesus adoré par les Bergers, par *Loir* Sculpteur. Le rétable, dont la plus grande partie est d'or, est enrichi d'aigues marines, topases, grenats, & autres pierres précieuses. Cinq bas-reliefs, dont les trois du milieu sont d'or, & les deux autres plus modernes de vermeil doré, pesant soixante dix marcs, représentent des sujets de l'Apocalypse, l'Adoration des Mages, & la Présentation au Temple. Au dessus du rétable est une Croix d'or toute couverte de pierres précieuses, du pied de laquelle sort une espéce de crosse d'où pend le S. Ciboire enfermé dans une custode à jour, ouvrage très-beau de *Cussy.* L'Autel de la Chapelle de S. Denys est tout en marbre avec des ornemens de bronze, quatre colonnes avec pilastres de marbre noir élevées sur des

piedeftaux qui foutiennent un entablement , & au milieu un grand cadre de
marbre noir où eft le Tableau de S. Denys , & fur l'entablement font pofées
deux grandes Statues qui repréfentent
fes deux Compagnons , & plus haut
S. Denys dans une ouverture cintrée , le
tout terminé par huit petites colonnes
de marbre jafpé, & un fronton au milieu duquel font les Armes de France.
C'eft dans cette Chapelle où fe fait la
Chapelle ardente des Princes morts de la
Famille Royale que l'on apporte dans
cette Abbaye , & où on les dépofe pendant quarante jours avant le Service &
l'inhumation. A droite, eft un Tombeau
fur lequel font couchées les Statues en
marbre blanc de François I, mort en 1547,
& de la Reine Claude de France fa
femme, morte en 1524. Au deffus, cinq
Figures auffi en marbre blanc, qui repréfentent ce Roi & fa Famille ; & différens bas-reliefs, le tout exécuté d'après
les deffeins de *la Primatice*. Dans·la
même Chapelle , le Tombeau en marbre
noir de Marguerite Comteffe de Flandres
& Ducheffe de Bourgogne , morte en
1382, dont la Statue en marbre blanc
eft couchée deffus. L'Autel de S. Benoît ,
décoré par *Tuby*, qui a fait la Statue en
marbre de ce Saint. Sur le mur , près de

cet Autel, est le Tombeau de l'Abbé
Suger, Ministre d'Etat, & Abbé de cette
Maison, mort en 1152. Au côté gauche
du Chœur est le Tombeau en marbre
de Louis XII, mort en 1515, un des
plus beaux de l'Europe, qui est au milieu d'un Mausolée d'architecture très-
belle aussi tout en marbre, où les Statues de ce Prince & de la Reine Anne
de Bretagne sa femme, morte en 1514,
sont dessus; & aux angles, les Figures
plus grandes que nature, de la Force,
de la Tempérance, de la Justice, & de
la Prudence : entre les arcades sont les
Statues des douze Apôtres, & finalement
les Figures de ce Roi & de cette Reine
à genoux sur un socle posé sur l'entablement. Ce monument, qui est de *Paul
Ponce*, fait l'admiration des connoisseurs,
sur-tout les deux Figures couchées en
attitude de morts d'une manière si naturelle, qu'elles attirent l'horreur & l'admiration tout ensemble. Le Tombeau de
Henri II, mort en 1559, au dessus, que
l'on pense avoir été fait par *Germain
Pilon*, est le reste du beau Mausolée
élevé par *Philibert de Lorme*, par ordre de la Reine Catherine de Médicis,
pour la Maison de Valois. Ce Tombeau
fait d'un beau marbre blanc, est orné de

diverſes colonnes , aux angles duquel
ſont les quatre Vertus Cardinales. Sur
ce Tombeau les Statues couchées du Roi
Henri II, mort en 1559, & de la Reine
Catherine de Médicis ſa femme, morte en
1589; & ſur la platte forme qui les couvre,
leurs Figures en bronze à genoux. Près
de là eſt une cuve de porphire appellée
la cuve du Roi Dagobert, longue de
plus de cinq pieds ſur deux & plus de
large, & environ un & demi de profondeur, qui, ſuivant les connoiſſeurs, a
ſervi de Tombeau, ainſi qu'on en voit
à Rome & ailleurs. Dans la Chapelle
voiſine, appellée la Chapelle de S. Euſtache, richement ornée, & où eſt un
grand Crucifix de bronze doré très-
eſtimé, eſt le Tombeau en marbre blanc
& noir de Henri de la Tour, Vicomte
de Turenne, Maréchal général des Camps
& Armées du Roi, mort en 1675, ſur
lequel ce grand homme eſt repréſenté en
habit de guerre mourant entre les bras
de l'Immortalité; à ſes côtés ſont la Sa-
geſſe, & la Valeur, ſculptées par les
Marſy : un Aigle à ſes pieds, & un
bas-relief pardevant qui repréſente ſa
Campagne de 1671. Ce beau monument
exécuté par *Tuby*, ſur les deſſeins de *le
Brun*, occupe une arcade incruſtée en

marbre, ornée d'une Pyramide, & de
Trophées attachés à deux palmiers de
bronze. A un des piliers de la Nef, eſt
le Tombeau du Marquis de S. Megrin,
exécuté en marbre & en plomb par *Sébaſtien Slodtz.*

*Après avoir fait la deſcription des
Tombeaux, Mauſolées & Sculptures,
dont les Artiſtes auteurs ſont connus,
on fera celle des autres Monumens ; &
enſuite on donnera les noms des Rois,
Reines, Princes, Princeſſes & Seigneurs
inhumés dans cette Egliſe.*

Auprès de l'Autel du Chœur, eſt le
Tombeau de Charles VIII, mort en 1498,
en marbre noir, orné de figures de bronze
doré qui repréſentent des Vertus : ce
Roi, revêtu de ſes habits royaux, y eſt
repréſenté à genoux, accompagné de
quatre Anges qui ſoutiennent les Ecuſ-
ſons de France & de Jéruſalem. Dans
la Chapelle de S. Jean-Baptiſte, le
Tombeau de Charles V, mort en 1380,
& de Jeanne de Bourbon ſa femme,
morte en 1377, dont les Figures en marbre
y ſont repréſentées couchées. Entre ce
Tombeau & l'Autel, eſt la ſépulture de
Bureau de la Riviére, Chambellan de
Charles V, & à côté de Charles, Dau-

phi.. de France , fils de Charles VI :
au côté droit eſt le Tombeau de Louis
de Sancerre, Maréchal de France , mort
en 1402, fait en marbre noir, & ſa Statue de marbre blanc : du côté gauche eſt
celui de Bertrand du Gueſclin , Connétable , mort en 1380, fait en marbre noir,
& ſa Statue en marbre blanc : du même côté eſt un Tombeau de marbre noir ,
ſur lequel ſont deux Figures de marbre
blanc , qui repréſentent Charles VI ,
mort en 1422, & la Reine Iſabelle de
Baviére ſa femme, morte en 1435 ; &
à côté , celui en marbre noir de Charles VII, mort en 1461, & de la Reine
Marie d'Anjou ſa femme , morte en
1463, dont les Statues ſont d'albâtre.
Derriére le Chœur, dans la Chapelle
de Notre-Dame la Blanche, eſt le Tombeau en marbre noir de Marie, morte
en 1342, & de Blanche, morte en 1398,
dont les Figures ſont de marbre blanc,
toutes deux filles de Charles IV, mort
en 1327, & de la Reine Jeanne d'E-
vreux morte en 1370. Dans cette Chapelle eſt encore le Tombeau de Guillaume
du Châtel , mort en 1441, Pannetier de
Charles VII. Dans la Chapelle de S. Hyppolite , le Tombeau en marbre noir ſur
lequel ſont les Statues en marbre blanc
de la Reine Blanche morte en 1398,

seconde femme du Roi Philippe de Valois, mort en 1350, & de Jeanne ou
Blanche de France leur fille, morte en
1371. Dans cette même Chapelle sont
plusieurs Pyramides & un beau Crucifix, copié sur celui de la Ville de Lucques en Italie.

Au côté gauche du maître Autel, &
au pied de la Représentation de Louis XIV
mort en 1715, est le caveau de la sépulture de la Famille royale des Bour-
bons, dans lequel sont près de quarante
Princes & Princesses de cette illustre
Maison depuis Henri IV, mort en 1610,
dans des cercueils de plomb enfermés
dans des caisses de bois de chêne, couvertes d'une moire noire avec des croix
de toile d'argent, & sont placés sur des
barres de fer élevées d'environ trois
pieds de terre.

Il y a encore eu d'autres Rois, Princes,
& Seigneurs inhumés dans cette Eglise,
dont voici les noms. Dans le Chœur à
droite sont les Tombeaux des Princes de
la race de Pepin, mort en 768, & à
gauche ceux de la famille de Hugues
Capet, mort en 997: la Reine Marguerite de Provence, femme de S. Louis
IX du nom, morte en 1295, sous une
plaque de cuivre: Philippe le Hardi en
1285, la Reine Isabelle ou Elizabeth

A v

d'Arragon fa femme, morte en 1271; & Philippe le Bel leur fils, mort en 1314: enfuite Clovis II, mort en 662; & Charles Martel, Maire du Palais, mort en 741. Au bas du Chœur, Charles le Chauve, Empereur & Roi de France, mort en 877; Philippe Augufte, mort en 1223; Louis VIII, mort en 1226; & Louis IX fon fils, mort en 1270. De l'autre côté du Chœur, Hugues le Grand, mort en 1026; Louis X, mort en 1316; & le petit Roi Jean fon fils pofthume, mort en 1316: Jeanne de Navarre, Reine de France, morte en 1349: Robert le Pieux, mort en 1031; & la Reine Conftance d'Arles fa femme, morte en 1032. Henri I, mort en 1060; & Louis le Gros, mort en 1137: Philippe fils de Louis le Gros, mort en 1131: Conftance de Caftille, morte en 1160, feconde femme de Louis VII, mort en 1180: Près l'Autel de la Communion, Carloman Roi d'Auftrafie, mort en 873, & la Reine Hermentrude, morte en 869, première femme du Roi Charles le Chauve. Plus loin à droite du grand Autel, Philippe le Long, mort en 1321; la Reine Jeanne de Bourgogne, fa femme, morte en 1329: Charles IV, mort en 1328; & la Reine Jeanne d'Evreux sa femme, morte en 1370; & près de l'Autel, le Roi Jean, mort en 1364: Louise de Savoye, morte en 1531, & inhumée dans le Tombeau du Roi son fils François I, mort en 1547; & Armand de Guillem, Seigneur de Barbasan, dit le Chevalier sans reproche, mort en 1432, Chambellan de Charles VII. Entre le Chœur & le Tombeau de Louis XII, est une colonne élevée sur laquelle pose la *Statue du Cardinal de Bourbon*, Abbé Commendataire de cette Abbaye, mort en 1555.

Les neuf Chapelles autour du chevet de cette Eglise ont été décorées en 1689, comme on les voit aujourd'hui. Le Buffet d'orgues, qui remplit le fond du bas de la Nef, est de *Jean Brocard* Flamand, & est estimé le meilleur de France ; il est posé sur une arcade de pierre de 40 pieds de hauteur, sur toute la largeur de la Nef, & a été construit sur les desseins de *Duval* Architecte. La magnifique Grille du Chœur & du Jubé, placée depuis environ 50 ans, est l'ouvrage d'un Frere Religieux de cette Maison, & est de la derniére beauté, étant regardé comme un chef-d'œuvre en ce genre. Aux jours solemnels, on voit dans cette Eglise des richeſſes ineſtimables & des ornemens les plus ſuperbes qu'il y ait dans toute l'Europe.

De tout le tréſor de cette Abbaye, dont la deſcription eſt généralement connue, on ne parlera que du morceau le plus précieux, qui eſt un Vaſe d'agathe oriental, orné, dans ſon pourtour, de Figures en relief, qui repréſentent, à ce que l'on croit, une Fête celebrée en l'honneur de Bacchus.

ABBAYE Royale de Chelles à quatre lieues au deſſus de Paris, ſur le bord de la riviére de Marne, étoit originairement Maiſon royale de la Reine Clotilde, morte en 543, qui y avoit fait bâtir une Chapelle ſous le titre de S. George Martyr, qui ſubſiſte encore avec quelques cellules pour des Religieuſes. La Reine ſainte Bathilde, morte en 685, fit bâtir une grande Egliſe, augmenta les bâtimens de ce Couvent, & fonda cette Abbaye qui a toujours été regardée comme une des plus illuſtres & des plus diſtinguées. Giſle ou Giſele, fille de Hugues Capet Roi de France, Chef de la troiſiéme race dite Capétiens, morte en 997, femme de Hugues I, ſieur d'Abbeville, & sœur de Robert dit le Dévot, aussi Roi de France, fit bâtir l'Eglise de ce Monastère telle qu'on la voit aujourd'hui. Cette Abbaye renferme une double Communauté : celle intérieure est pour des Religieuses qui sont Bénédictines, & celle extérieure est composée de Bénédictins de la Congrégation de S. Maur, qui desservent cette Abbaye, & ont leur Eglise à part, leurs bâtimens, & leur lieux réguliers.

Architecture.

Le Chœur des Religieuses, en face du maître Autel, occupe toute la Nef de leur Eglise, & est vaste & magnifique. Cet Autel, construit des libéralités de Louise-Adélaïde d'Orléans Abbesse, est très-beau & élevé en marbre noir.

ABBAYE Royale de Mont-Martre est le lieu du martyre de S. Denys & de ses Compagnons. L'Eglise paroissiale de Montmartre étoit anciennement celle des Religieuses de cette Abbaye avant elles occupée par des Religieux de de S. Martin des Champs, qui la cédérent en 1133 à Louis VI, dit le Gros, pour une Abbaye de Filles que la Reine Adélaïde sa femme voulut fonder. Quelque tems après, les Religieuses descendirent plus bas fur la montagne , & firent conftruire leur Monaftére à l'endroit où elles font aujourd'hui , qui eft, dit-on , le lieu du martyre de S. Denys & de fes compagnons.

Architecture & Sculpture.

Le Chœur de ces Religieufes eft beau , vafte, fort clair ; & renferme le Tombeau de la Reine Adélaïde leur Fondatrice , qui étoit autrefois dans l'Eglife vis-à-vis le maître Autel , & qui y a été transferé en 1643 par Marie de Beauvilliers Abbeffe. Françoife-Renée de Lorraine, qui lui a fuccédé, fit refaire ce Tombeau à neuf. La Chapelle des Martyrs eft diftinguée en fupérieure & fouterraine : dans la fouterraine eft une Statue en marbre blanc à genoux & en habit des anciens Philofophes, que l'on dit être celle de S. Denys.

―――――――――――――

ABBAYE Royale de S. Cyr, à une lieue de Verfailles , & dans le Parc de ce Château, eft un pieux établiffement de la grandeur & de la magnificence de Louis XIV, pour l'entretien & l'éducation de 250 Demoifelles, dont la fortune ne répond pas à la naiffance , &

dont les peres ont confommé leurs biens, vieillis ou font morts au fervice du Roi. Aucune d'elles n'y peut entrer avant avant l'âge de fept ans, ni après celui de douze, que par la nomination de Sa Majefté, & après avoir fait preuve de quatre degrés de Nobleffe du côté paternel; & elles n'ont la liberté de demeurer dans cette Abbaye que jufqu'à l'âge de vingt ans & trois mois. Lorfqu'une des Religieufes meurt, fa place ne peut être remplie que par l'une des 250 Demoifelles, âgée au moins de dixhuit ans. Ces jeunes perfonnes font divifées en quatre claffes fuivant les âges, & font diftinguées par la couleur du ruban qu'elles portent fur leurs têtes; la premiére claffe porte le ruban bleu, la feconde le jaune, la troifiéme le verd, & la quatriéme le rouge.

Pour deffervir un fi bel établiffement, ce grand Roi a fondé cette Abbaye à qui il a affigné quarante mille écus de rente, y a fait encore unir le revenu de la Manfe Abbatiale de l'Abbaye Royale de S. Denys en France, & a fixé à 50 Dames profeffes le nombre des Religieufes, & à 36 Sœurs converfes.

Les Bâtimens commencés au mois de Mai 1685, fur les deffeins du célèbre

Jules Hardouin Manfart, ont été achevés en 1686. Ce beau Monument confifte en un grands corps de 108 toifes de longueur, qui forme trois corps de front féparés par les deux aîles de cette Maifon, le long de chacune defquelles il y a en dehors une Cour, & deux patterres. La difpofition du plan de cette Abbaye confifte en Corridors, Réfectoirs, & autre piéces néceffaires pour l'ufage d'une nombreufe Communauté. Il y a, dans l'étage au deffus, de grandes chambres où les jeunes Demoifelles travaillent, des chambres particuliéres pour les Dames, & plufieurs autres piéces communes.

Le Jardin eft un ancien bois qu'on a confervé, & où on a fait feulement un potager fuffifant pour la commodité de cette Maifon.

ANET (Château d') a été bâti fur les deffeins de *Philibert de Lorme*, par ordre du Roi Henri II, pour Diane de Poitiers Ducheffe de Valentinois, morte en 1566, agée de 66 ans, dont le Tombeau eft dans la Chapelle à gauche du Château, fur lequel la Statue de cette Ducheffe eft à genoux vis-à-vis d'un prie-Dieu.

Le Château, qui appartient à M. le Comte d'Eu, eſt dans le Pays Chartrain à ſeize lieues de Paris.

Architecture, Peinture & Sculpture.

Le portique de quatre colonnes doriques forme l'entrée de ce Château, au deſſus duquel eſt une archivolte ornée de feſtons de bronze, qui eſt occupée par une Figure auſſi en bronze, de Diane couchée, & environnée de Chiens & de Sangliers : de deſſus une Terraſſe s'éléve un petit corps d'Architecture ſoutenant un Cerf, & quatre Chiens de bronze qui aboyent à chaque heure, & avant que ce Cerf la frappe avec le pied droit de devant.

Sur le corps avancé du bâtiment du fond, ſont trois ordres d'architecture, entre leſquels on a placé quatre Vertus ou Médaillons, couronnés par les Armes du Roi & de la Ducheſſe de Valentinois.

Dans la Chapelle ſont les douze Apôtres dans des niches placées dans des entrepilaſtres, & huit Anges en bas-reliefs tenant des trompettes.

En face de cette Chapelle eſt le grand eſcalier fait à la moderne.

Au plat-fond de la ſalle des Gardes

de l'appartement du Roi font les chiffres & les devifes de Henri II, & de Diane de Poitiers, pour laquelle ce fameux Architecte *Philibert de Lorme* a fait placer le croiffant fur les cheminées & fur prefque toutes les fenêtres pour faire allufion à la Déeffe dont cette Ducheffe portoit le nom.

Le Sallon de marbre eft orné de Trophées & d'Enfans dorés. Le Cabinet des Mufes, enfuite de la falle du billard, eft lambriffé & peint en or : le plat-fond du grand Cabinet doré eft décoré de quatre petites chaffes, & fur la cheminée une Statue équeftre en argent de la belle Diane de Poitiers. Dans le Sallon enfuite, font de petites figures d'animaux, d'oifeaux & d'amours peints au plat-fond par *Audran*.

Sur la terraffe, eft un portique d'architecture ruftique en forme circulaire, où eft la Fontaine de Diane, & fur un piédeftal fort élevé eft la Statue de cette Déeffe en marbre.

Le Parc de ce Château, beau, & grand, planté partie en bois de haute futaye, a plufieurs canaux dont l'eau vient de la riviére d'Eure.

AQUEDUC d'Arcueil, à une demi-lieue de Paris, au deſſus du Fauxbourg S. Jacques, appellé le Regard de S. Laurent, par où viennent les eaux de Rungis à Paris.

Ce Chef-d'œuvre, bâti en 1615 ſur les deſſeins de *Desbroſſes*, & ſous la Régence de Marie de Médicis, a des ſouterrains fort curieux qui ont 200 toiſes de long ſur 12 de haut. La conduite de ces eaux conſiſte en un canal vouté, avec des banquettes de chaque côté, qui reçoit les eaux venant d'Arcueil pour les diſtribuer dans les différens quartiers de Paris.

Cet Ouvrage eſt des plus beaux en ce genre, & ſeroit digne de la magnificence des anciens Romains, qui en avoient fait conſtruire un pareil pour conduire ces eaux au Palais des Thermes, rue de la Harpe, où étoient les bains de Julien l'Apoſtat, dont on voit encore les ruines ſur le chemin de Paris à Gentilly.

ARNOUVILLE (Château d'), belle & grande Terre érigée en Comté au mois d'Avril 1757 en faveur de M. de Machault ancien Miniſtre d'Etat, eſt ſitué à une lieue de Saint - Denys en France & à trois de Paris.

Architecture, Peinture & Sculpture.

Dans les projets faits & exécutés en partie par *Contant* Architecte, & continués par *Chevotet* son successeur, l'on peut juger du mérite de l'un & de l'autre par les grandes difficultés, l'inégalité du terrein, & combien les travaux en ont été considérables.

Il y a dans les aîles du Château, qui seules sont bâties, quelques Tableaux, & des morceaux très intéressans en marbre, en bronze & en porcelaines anciennes. La Coupole de la Chapelle, peinte par *Brunetti* fils, fait paroître les effets de l'Architecture si vrais, qu'il n'est pas possible de n'y être pas trompé : le Tableau du fond de l'Autel, qui est isolé, représente le Baptême de notre Seigneur, un des plus beaux morceaux de *Natoire*. La Grille du Château, qu'on regarde comme un chef-d'œuvre, a été faite par *de Nesle* Serrurier sur les desseins de *Contant*.

Le Parc, de plus de trois cens arpens, ne laisse rien à désirer, tant pour les Plantations, les Bosquets, les Boulingrins, que pour le Canal, & les piéces d'eau qu'ont formés le génie & les opérations de M. *de Parcieux*, membre de l'Académie Royale des Sciences.

Non feulement M. de Machault, dans les embelliffemens de fon Château, a voulu faire voir la fublimité de fon goût ; mais encore il l'a étendu fur le Village même d'Arnouville, dont les rues, tirées au cordeau & plantées d'arbres, rendent prefque toutes à une grande Place ornée d'une Fontaine publique, exécutée d'après les deffeins d'*Aubry*.

ASNIERES (Château d'), dont la fituation fait le principal agrément, eft à une lieue & demie de Paris, au deffus de Neuilly fur Seine, & appartient à M. le Marquis de Voyer.

Architecture.

Le Château a été bâti fur les deffeins de *Manfart*, dont l'Architecture eft généralement eftimée.

Peinture.

La Galerie eft ornée de vingt-quatre Tableaux, dont les Auteurs font *Van-Huifum, Teniers, Metzu, Claude le Lorrain, Wouverman, Breugel*, & *Gerard Dou*.

Sculpture.

Le milieu du bâtiment a dans fes trumeaux deux Statues faites par *Couflou*.

BA

BAGNOLET (Château de), qui appartient à M. le Duc d'Orléans, est à une lieue de Paris au dessus du Faux-bourg S. Antoine, entre Charonne & Montreuil.

Peinture.

Dans le Cabinet d'entrée, après l'Anti-chambre des Pages, & dans celui de Compagnie, sont vingt-cinq Tableaux de l'Histoire de Daphnis & Cloé, peints par *Philippe d'Orléans* petit-fils de France, & Régent du Royaume sous la minorité de Louis XV, & par *Antoine Coypel* son premier Peintre. Dans les Niches du sallon de l'Hermitage qui est à l'extrémité du Parc, sont différens sujets de la vie de S. Antoine & des Pères du désert, ainsi que dans le Vestibule.

Le Parc de ce Château, qui contient environ trois cens arpens, est le chef-d'œuvre du fameux *Desgots*, par la manière dont sont distribués les Terrasses, les Eaux, les Boulingrins, les Palissades, le bois à gauche formé en étoile, & les trois Rochers dont l'eau retombe en nape près d'une fort belle Terraſſe, qui a une vuë très riante ſur Vincennes & les environs.

BELLE · VUE (Château Royal de), bâti par ordre de feue M^{de} la Marquiſe de Pompadour & pour elle, eſt à préſent au Roi, ſitué à deux lieues de Paris, entre Seve & Meudon.

Architecture & Sculpture.

Comme il n'eſt guére poſſible, dans la deſcription de ce chef-d'œuvre, de ſéparer l'Architecture & la Sculpture, on ne fera qu'un ſeul article de l'un & de l'autre.

Les bâtimens de ce Château, conſtruits ſur les deſſeins de *l'Aſſurance*, préſentent un Monument grand, noble & de bon goût. Les Bas-reliefs, dont un eſt Galathée ſur les eaux très-eſtimé, ſont de *Couſtou*, & occupent les frontons des quatre faces du Château : la Poëſie, par *Adam l'aîné*; & la Muſique, par *Falconet*; dont les Statues en marbre de ſix pieds de proportion ſont dans des Niches du Veſtibule. Dans le Cabinet, près de la ſalle de Muſique, eſt une Figure, en marbre, de l'Amour, par *Sali*. La Statue pedeſtre du Roi, de *Pigalle*, eſt au milieu de la principale allée du Parc : dans le Boſquet d'Apollon eſt la Statue de ce Dieu en marbre, par *Couſtou* : dans celui de l'Amour , eſt la Statue en marbre de Madame de Pompadour , par *Pigalle.* Enfin de tous côtés de ce Parc , qui contient cent arpens , ſe voient des grouppes de Tritons & de Nayades, ou d'enfans, qui forment des gerbes ou des napes d'eau ; des grottes ornées de rocailles , des boulingrins , de ſorte que la vuë eſt toujours arrêtée fort agréablement de tel côté que l'on ſe trouve.

Peinture.

Deux Sultanes travaillant à la tapiſſerie, & une Sultane prenant ſon caffé, préſentée par une Negreſſe ; deux morceaux de *Carlo Vanloo*, qui ſervent de deſſus de porte à la chambre qu'occupoit autrefois Madame de Pompadour : la Tragédie , la Comédie, & les Arts libéraux en ſix Tableaux, par le même Auteur, ſont dans le Sallon à côté : l'eſcalier peint en griſaille , par *Brunetti* : l'Enlévement de Proſerpine , le Jugement de Pâris , la Naiſſance de Vénus , & celle de Bacchus, par *Bon de Boulongne*, ſervent de deſſus de porte au grand Cabinet de l'appartement du Roi : deux Paſtorales , par *Boucher*, ſont ſur les portes du petit Cabinet de cet appartement : le Tableau de la

la Nativité, dans le goût de *Carle Maratte*, peint par *Boucher*, eſt dans la Chapelle : Vénus dans le bain, & cette Déeſſe
dans ſa toilette ſervie par des Amours ;
ces deux morceaux, de *Boucher*, ornent
l'appartement des bains.

BERCY (Château de) eſt à une lieue
de Paris, ſur le grand chemin de Cha-
renton.

Architecture.

Ce Château, bâti par le célèbre *François Manſart*, eſt très-régulier & de fort
bon goût.

Peinture.

Une Chaſſe au cerf, une autre au
ſanglier, & un Marché au poiſſon, trois
morceaux de *Snyders*, ſont dans la Salle
à manger : dans le Veſtibule, du côté du
jardin, ſont quatre grands Tableaux, par
Carrey : le premier, eſt la Cérémonie du
feu ſacré des Schiſmatiques Grecs dans
l'Egliſe du ſaint Sépulcre à Jéruſalem ;
le deuxiéme, l'Entrée du Marquis de
Nointel dans Jéruſalem ; le troiſiéme,
ſon Audience chez le grand Viſir ; & le
quatriéme, la Vuë de Jéruſalem. Dans la
ſalle de la Comédie, quatre Tableaux
d'animaux, dont on ne connoît pas l'Auteur.

Le Parc d'environ neuf cens arpens est décoré de Statues, & terminé fort agréablement par une grande & belle terrasse qui régne le long de la riviére de Seine.

BERNY (Château de), appartenant aux Abbés commendataires, de l'Abbaye de saint Germain des Prés, est à deux lieues de Paris, sur le grand chemin d'Orléans.

Architecture.

Ce Château, bâti par *François Man-sart*, est composé d'un corps avancé, plus élevé que le reste de l'édifice, & de qua-tre pavillons qui en occupent les quatre côtés. Un Canal, fourni d'eau par la ri-viére de Biévre, forme une cascade qui tombe sous le balcon d'un des pavillons. Un Portique d'architecture s'éleve au côté droit de la cour, sert d'entrée au jardin, & est orné de huit frontons, de Bustes de marbre & de six Figures d'a-près l'Antique dans des Niches. En face du Château dans le jardin, quatre piéces de gazon ornées de Vases.

Dans ce Jardin, est un bois où se trou-vent des Salles, des Etoiles & des Car-refours fort beaux, dans lesquels on trou-ve les jeux de l'Arc, de la Bague & de l'Efcarpolette. Dans une autre partie eft un Labyrinthe fort agréable , & dans le centre des quatre piéces de gazon, & au bout du bois, font une grande piéce d'eau & un grand Baffin rond avec un champignon au milieu.

BICESTRE (Château de) à une lieue de Paris , ep fortant par le Fauxbourg faint Marceau, au deffus du Village de Gentilly, appartenoit en 1290 à un Evêque de Paris; & pour lors il s'appelloit la Grange aux Gueux. Il paffa enfuite à Jean, Evêque de Vinceftre en Angleterre qui y fit fa demeure ; & fut pour lors nommé Château de Vinceftre , & par corruption de Biceftre, nom qu'il a toujours confervé depuis, quoiqu'il ait été démoli & bâti plufieurs fois , notamment fous le régne de Charles V, qu'il fut encore reconftruit par un Duc de Berry , enfuite pillé, & démoli par les Bouchers de Paris , fous le régne de Charles VI. Enfin Louis XIII en fit faire un fuperbe Hôpital pour les Soldats eftropiés, qui a été joint, fous Louis XIV, à l'Hôpital général par Edit du mois d'Avril 1656, vérifié en Parlement le premier Septembre fuivant.

Dans cette Maiſon, eſt un Puits bâti ſur les deſſeins de *Boffrand*, qui a vingt-deux pieds de diamétre dans œuvre, & vingt-huit de profondeur, dont l'eau ſe tire par le moyen d'une machine qui fait continuellement monter & deſcendre deux grands ſeaux, qui, étant au haut de ce Puits, ſe vuident dans un réſervoir contenant quatre mille muids d'eau, pour la diſtribuer enſuite dans tous les endroits néceſſaires de cette Maiſon par le moyen des tuyaux.

BRUNOY, appartenant à M. Páris de Montmartel, a un Château dont l'extérieur (eu égard à la richeſſe du Propriétaire) n'a rien que de très - ſimple, mais dont le Parc & ſur - tout la Caſcade ſont par leur beauté comparables à tout ce qu'il y a de plus beau dans ce genre. Ce Parc, fermé d'une grille, a un point de vuë qui eſt prolongé par une allée double percée juſques dans la Forêt de Senaar.

L'avant-cour entouré d'un grand bâtiment deſtiné aux écuries & remiſes, & bâti ſur les deſſeins de *Manſart de Jouy*, conduit à la cour par un magnifique fer à cheval, orné de figures grouppées. La ſalle à manger de ce Château, qui eſt ancien & irrégulier, est décorée d'un stuc bien assorti, fin en marbre, qui forme un Ordre Ionique antique ; & sur les dessus de portes, sont des Bas-reliefs d'après ceux de la Fontaine de la rue de Grenelle à Paris.

A droite des cours, sont des Bosquets, dont le premier renfoncé forme un labyrinthe ; les trois Bosquets contigus sont des salles ornées de sculpture : à la suite une autre grande salle de figure ovale, soutenue de gradins de gazon ; & le Bosquet après, encore plus grand, a sa salle du milieu, qui forme un grand boulingrin environné d'arbres isolés.

En sortant de ces lieux, est une piéce d'eau provenant de la riviére d'Yeres, & formant le long du parterre un canal qui enferme une grande prairie dans le Parc. Entre cette riviére & les Bosquets, sont des plattes-bandes de fleurs en corbeilles, interrompues par un Bassin octogone.

Les Jardins hauts, qui communiquent par un pont aux précédens, sont partagés en terrasses soutenues par de grands talus, qui forment un parterre à l'Angloise, & deux pelouses vertes séparées par deux bassins & un jet fort élevé.

On monte ensuite sur une terrasse par

deux efcaliers accompagnés de deux rampes d'eau fournie par un canal de deux cens toifes décrit en forme circulaire dans fon milieu orné de deux jets très-hauts, qui reçoit toutes les eaux de la cafcade conftruite fur les deffeins de *Laurent*, & décorée en tête d'un Fleuve, très-belle figure en pierre, faite par *Pajou*, de quinze pieds de proportion, de l'Urne duquel, & des Rochers qui foutiennent cette Statue, fort une très-grande quantité d'eau, qui, par une rampe fort rapide, fe précipite dans un baffin fait en miroir, d'où s'élevent deux jets, Cette cafcade eft divifée en deux parties par une allée de traverfe, dont la derniére eft compofée de douze champignons formant autant de napes, & de huit chutes d'eau garnies alternativement de cinq & de fix jets peu élevés, & difpofés en lofange, aux côtés defquels font placés deux baffins avec leurs jets & vingt-quatre chandeliers.

Toutes ces eaux qui tombent en nape près du Château, proviennent de la riviére d'Yeres, à laquelle on a fait un nouveau lit, & font jouer une machine hydraulique inventée par *Laurent*, compofée de huit corps de pompe qui reçoit fon mouvement de deux manivelles fim-

ples, où font attachées deux noix en forme
de rondelles. Huit roues fur lefquelles
roule une chaîne, font faire aux pompes le mouvement d'afpiration & de re-
foulement.

Cette belle invention éleve par des
tuyaux de fer l'eau à cent & cent cinquante pieds pour fe jetter dans deux grands
réfervoirs fitués au haut du Parc.

En arrivant à ce Château par la grande rue du Village, on apperçoit les ver-
gers & les potagers qui réuniffent l'art à
la nature, en donnant au milieu de l'hiver les fruits & les légumes de l'été &
de l'automne.

CH

CHAMPLATREUX (Château de),
à fix lieues de Paris fur la route de
Chantilly & Picardie, en paffant par faint
Denys en France, appartient à M. Molé
ancien Premier Préfident au Parlement
de Paris.

Architecture.

Ce Château a été bâti fur les deffeins
de *Chevotet*, qui a auffi donné les deffeins des Jardins & du Parc.

Peinture.

Dans le grand fallon, font fix grands Tableaux, dont les fujets tirés du Roman d'Aftrée, fur les agrémens de la vie champêtre & paftorale, ont été peints par *Challe.*

Sculpture.

Dans les tympans des deux pavillons, on voit les Figures de la Juftice & de Minerve accompagnées de leurs attributs. Dans le fronton du milieu de la façade du château, du côté des jardins, eft la figure de Diane qui donne fes ordres à des Génies occupés aux préparatifs de la chaffe; & aux frontons des extrémités font d'autres Génies qui fe difpofent pour la chaffe.

CHANTILLY (Château de), à dix lieues de Paris, fur la route d'Amiens, en paffant par la Ville de faint Denys en France, appartient à M. le Prince de Condé, & eft un chef-d'œuvre de la nature & de l'art qui y ont raffemblé tout ce qu'on peut fouhaiter de plus beau pour en former un des plus agréables lieux du monde, par les beautés variées & diftribuées dans toute l'étenduë de cette belle Terre, dont on ne donnera qu'une description bien concise, n'étant pas possible dans cet Ouvrage de détailler toutes les richesses de ce lieu enchanté.

Architecture & Sculpture.

Sur la terrasse, en face du grand Château, est la Statue équestre du Connétable de Montmorenci, dont le visage est tourné du côté de ce Château qui est fort ancien & entouré de fossés remplis d'eau. Partie de ce Château a été bâtie à neuf sur les desseins de *Manfart*, du côté de la cour triangulaire où est le grand escalier, dont l'entrée est par trois arcades, au dessus desquelles est un Cadran soutenu par deux Génies accompagnés d'Iris & du Tems. Au milieu de cet escalier est la Statue pédestre du grand Condé, environnée d'attributs analogues à ses belles actions, le tout exécuté par *Coyzevox*. Les appartemens du Roi, de la Reine, & de Madame la Duchesse, sont ornés de sculptures, dorures, & de marbre jaspe fleuri. Les voutes souterraines de ce Château sont un chef-d'œuvre de l'art. Les appartemens du petit Château sont aussi très-ornés.

Outre ces deux Châteaux, est encore un troisiéme, nommé le Buquam, destiné à loger les Seigneurs de la Cour de ce Prince, dans lequel eſt une ſalle d'armes, où ſont celles de la Pucelle d'Orléans, du Connétable de Montmorenci, du grand Condé, & autres.

Les écuries & les chenils de ce Château, qui paſſent pour une merveille de l'architecture & de la ſculpture, ont été commencées en 1719 ſur les deſſeins d'*Aubert*, par ordre de Louis-Henri de Bourbon, & achevés en 1735. Ces écuries qui tiennent cent vingt chevaux de chaque côté ſéparées dans le milieu par un dôme, qui a vis-à-vis ſa porte d'entrée une arcade, dont le fond eſt couvert de deux palmiers & de glaçons, au haut deſquels ſont des Génies tenant un cartel : cette arcade eſt ornée d'une fontaine dont l'eau coule par un maſque dans deux coquilles, qui retombe enſuite dans une grande cuvette où deux chevaux de plomb de grandeur naturelle, ſemblent boire, l'un dans une coquille que tient un enfant, & l'autre dans la grande cuvette : à côté de ce dernier eſt un autre enfant embouchant une conque marine. Les deſſus de porte de tout ce corps de bâtiment, tant des écuries que des chenils, ſont enrichis de culptures analogues aux uſages des lieux qu'ils ornent.

Parc.

Le Parc a été exécuté fur les deffeins de *le Nôtre*, qui a pris avantage de la fituation des lieux, & de la naiffance d'une riviére pour le rendre une merveille du monde, en y joignant divers morceaux de fculpture pour y former des napes, des jets d'eau, & des baffins qui ne laiffent rien à défirer.

Le bâtiment de l'Orangerie, beau morceau d'architecture, a fon parterre orné de cinq jets d'eau qui jouent jour & nuit ; quatre Dauphins, deux Fontaines en buffet & un Mafcaron accompagnent l'efcalier qui y defcend.

La Galerie aux cerfs, ornée de cerfs, conduit au pavillon des étuves, au billard, & au jeu de gallet, qui font dans différens fallons.

L'Ifle d'Amour eft ornée d'un appartement verd compofé de trois falles de treillages, de deux portiques, d'un baffin cintré & de deux dragons.

Les Cafcades de Beauvais, auxquelles on monte par quatre rampes, font ornées de figures de marbre.

La Fontaine de la Tenaille forme une gerbe qui fort d'une coupe pofée fur un piedeftal d'où elle retombe par quatre mafques.

La Faifanderie eft compofée d'un corps de logis & de deux pavillons, autour defquels font trois jardins & quatre fontaines.

La grande Cafcade, chef-d'œuvre de l'art aidé de la nature, qu'il n'eft pas poffible de pouvoir décrire, a été fort long-tems fans pouvoir jouer. Mais M. le Comte de Charolois y a fait travailler avec tant de fuccès, lors de la minorité de M. le Prince de Condé, que ce beau morceau a été perfectionné en 1748, & on le fit jouer pour la premiére fois la même année, l'Auteur étant fur les lieux. Dans un bofquet eft la Figure pédeftre du grand Condé, & une piéce d'eau d'où fort un jet qui s'élève à plus de 60 pieds de hauteur.

Le Pavillon de Manfe renferme la pompe qui fournit les eaux au Château. A l'extrémité du petit canal, eft le Pavillon des eaux où fe trouve une fource minérale. La riviére de Senlis fournit les eaux aux jets de l'Orangerie & du Parterre.

Enfin le Canal des Truites, le grand Canal & l'Etang de Sylvie, fourniffent de nouvelles beautés, tant par les eaux que par les bofquets. Le Jeu d'Oie, le Mail, le petit Labyrinthe ornés de Figures, & le Jeu d'Arquebuſe, ſont très-beaux.

Dans la Ménagerie ſont pluſieurs pavillons pour renfermer des animaux. rares, & pluſieurs cours plantées d'arbres, & ornées de fontaines rocaillées, de baſſins & de napes d'eau, dont la premiére eſt décorée d'un morceau de ſculpture repréſentant la Fable du pot de terre & du pot de fer. Au bas de la Ménagerie, eſt la Fontaine de Narciſſe, où ce Berger ſe mire.

La Laiterie eſt encore un morceau à voir, par l'attention qu'on a eu qu'il réponde par tous ſes ornemens de ſculpture à la profuſion des richeſſes répandues dans tout ce Paradis terreſtre.

Peinture & Deſſeins.

Dans la ſalle des Gardes du grand château, trois Tableaux de chaſſe, par *Oudry*. Dans la premiére ſalle à manger de feue Madame la Ducheſſe, un grand plan de la Terre de Chantilly & de ſes environs, par *de la Vigne* Ingénieur du Roi. Dans la galerie du petit château ſont dix Tableaux, par *le Comte*, d'après *Vandei-Meulen*, qui repréſentent pluſieurs conquêtes de Louis XIII & de Louis XIV. Dans cet appartement eſt un grand Tableau allégorique de la vie & des conquêtes du grand Condé.

Hiſtoire naturelle.

Au bout de la galerie du petit château, ſont un joli cabinet, & deux piéces qui renferment toute l'Hiſtoire naturelle : dans l'une ſont les Animaux & les Coquilles rangées dans un bureau, & dans l'autre eſt le Droguier.

Forêt.

La Forêt de Chantilly, qui contient 7600 arpens, va d'un côté juſqu'à une lieue de Senlis, & de l'autre près Luzarches. Au milieu eſt une grande place ronde, appellée les Tables, faiſant le centre d'une étoile, où aboutiſſent douze allées, qui ont chacune près d'une lieue de long ; dont l'une qui eſt la principale avenuë, fait face au château, nommée la route du Connétable.

L'Egliſe paroiſſiale fort éclairée & d'une architecture bonne, mais ſimple, eſt bâtie dans le goût moderne.

CHOISY-LE-ROI (Château Royal de), à deux lieues de Paris en remontant, & ſur les bords de la riviére de Seine, acheté par Sa Majeſté de M. le

Duc de la Valliére, a été bâti par le célèbre *François Manſart* mort en 1697,
& continué par *Jacques Gabriël* mort
en 1742. Les vaſtes bâtimens ſur la
gauche, qui ſervent de communs &
d'écuries, ont été élevés ſur les deſſeins
de *Gabriel*.

Peinture & Sculpture.

Dans la Chapelle du grand Commun,
une ſainte Clotilde, par *Carlo Vanloo*.
Dans la galerie du rez de chauſſée du
château, les Trumeaux de glaces ſont
couronnés par des enfans, & terminés par
d'autres qui tiennent des chandeliers. La
Bataille de Fontenoy commencée par
Charles Parrocel, & finie par *l'Enfant*
& *Cozette*. Dans la ſalle à manger, ſix
Vuës de Maiſons Royales, par *Martin*, & un grand plan de la Forêt de
Senaar. Dans la ſalle des buffets, un
Tableau de gibiers, par *Oudry*, ainſi que
les deſſus de porte d'un côté ; vis-à-vis,
un Cerf aux abois, par *Deſportes*, ainſi
que les deſſus de porte où ſont des Oiſeaux des Indes. Dans la chambre du
Roi, le Portrait de Madame Henriette
en Flore, & celui de Madame Adelaïde
en Diane, tous deux par *Nattier*. Dans
le cabinet du Roi, deux Tableaux ovales de Diane, par *Dumont*. Sur les murs

de la Chapelle font peints différens fujets de la vie de la Vierge , & des Anges qui célebrent fon triomphe : une
Affomption , copiée d'après *la Foſſe* , qui
a peint au plat-fond l'entrée de la Vierge
dans le Ciel. Quatre deſſus de porte de
Bachelier , dans le fallon du petit château. Deux autres de chaſſe , par *Deſ-*
portes , dans la chambre du Roi. Dans
une des falles à manger , deux grands
Tableaux d'animaux , par *Bachelier.*
Deux Ovales , peints par *Deſportes* , repréſentans du Gibier , dans la chambre
qu'a occupée Madame de Pompadour ;
& un Daim étranger , peint par *Oudry* ,
en un Tableau au deſſus de la glace de
la cheminée. Dans le cabinet du Roi ,
celui qu'occupoit Madame la Marquiſe ,
& la feconde falle à manger , font des
Fables de la Fontaine , des Camayeux
en verd, des Amuſemens de la campagne, tels que la pêche , la chaſſe, le
jardinage & la vendange ; des Arabeſ-
ques, & de petites Figures Chinoiſes.

Jardins.

Les Jardins qui ne font pas grands
pour une Maiſon Royale , font cependant ornés de falles de verdure , de terraſſes, de baſſins, de jets d'eau, de bof-

quets & de labyrinthe, qui font de ce château un féjour fort agréable, fur-tout étant fur le bord de la Seine, qui baigne les murs d'une fuperbe terraffe, au bout de laquelle eft un pavillon.

CLAGNY (Château de), à droite & près Verfailles, à côté de l'avenuë de S. Cloud, bâti fur les deffeins de *Jules-Hardoüin Manfart*, par ordre de Louis XIV, pour Madame de Montefpan, vers l'an 1672, eft un corps de bâtiment où une admirable précifion regne dans tou-tes les parties de fa décoration, tant ex-térieure qu'intérieure. La difpofition de fon plan, & les belles formes de fes élévations n'échapperont pas aux Ama-teurs de la belle architecture. Les Jar-dins ont été plantés fur les deffeins du célèbre *le Nôtre*. Dans la Ménagerie eft une belle Perfpective à l'huile, peinte par *Bonnart*. Enfin ce lieu enchanté eft quelque chofe de fi beau, que Madame de Sevigné en fait un très-bel éloge dans fa Lettre à fa fille, datée du 7 Août 1675.

CLOUD (Château de S.) à deux lieues de Paris, du côté de Verfailles, & à une demi - lieue à droite du village de *Se-vres* sur le bord de la riviére de Seine, appartient à M. le Duc d'Orléans. On y remarque que la richesse, le bon goût, les talens, & la nature se sont épuisés pour en faire un lieu capable de recevoir un Prince de la Maison Royale, & lui en faire un séjour assez gracieux pour l'engager à l'habiter quelquefois.

Architecture & Sculpture.

Partie de ce Château, bâtie sur les desseins de *Girard*, est ornée de pilastres, & de bas-reliefs au dessus des croisées : l'entablement de son avant-corps soutenu par quatre colonnes, porte les Statues de la Force , de la Prudence, de la Richesse & de la Guerre. Un Cadran découvert par le Tems, accompagné d'Amours, est dans le fronton. *Antoine le Pautre* Architecte célèbre y a joint deux aîles plus modernes élevées d'un étage & surmontées de balustrades. Huit Figures symboles de la Richesse, de la Paix , de la Danse , de la Comédie, de l'Eloquence, de la Musique, de la Bonne-chere, & de la Jeunesse, placées dans des niches, ornent ces deux aîles; & *Jules-Hardouin Mansart*, en faisant exécuter ses desseins pour le grand

escalier à double rampes , dont la baluſtrade & les baluſtres ſont de marbre,
a trouvé le moyen de vaincre les ob-
ſtacles que les diverſes poſitions du terrein apportoient à l'exécution de ſon
plan pour faire , de ce morceau d'architecture , un ouvrage qui fît honneur
à ſon Auteur. Au pied de cet eſcalier,
eſt le Baſſin des Cygnes garni de trois
jets d'eau , dont le deſſein a été donné
par *Girard.* / Des Boſquets nommés la
Félicité , nouvellement plantés , ſont ſur
la droite. La nouvelle Caſcade , exécutée ſur les deſſeins de *le Grand* , au bout
d'une grande allée , eſt ornée de rampes, de paliers , & d'eſcaliers de gazon,
de figures , de petits baſſins , de gerbes
& de napes , qui font honneur à l'Artiſte qui en a donné le plan. La grande
Caſcade eſt décorée en haut des figures de pierre de la Seine & de la
Marne grouppées, par *Adam* l'aîné, qui
fourniſſent les eaux pour faire jouer neuf
napes , ſoutenues de terraſſes rocaillées.
Les champignons , moutons , chandeliers & napes , entre leſquelles ſont des
eſcaliers couverts des eaux d'un baſſin
à deux gerbes, font tomber leurs eaux
dans une rigole qui fait jouer quantité
de maſques dans un grand baſſin bordé

de chandeliers. *Le Pautre* , dans le deſſein & l'exécution de cette partie ſupérieure de la grande Caſcade , a été ſuivi pour la ſublimité du génie , par *J. H. Manſart* dans la partie inférieure de ce beau morceau , en faiſant placer des buffets d'eau qui font nape dans trois baſſins , qui à leur tour , font de nouvelles napes les uns dans les autres , de façon que toutes ces eaux vont retomber dans un canal orné de bouillons de chaque côté , de grenouilles , de dauphins qui jettent beaucoup d'eau , & de deux gros jets dans la partie ovale qui le termine. A côté eſt un baſſin dont le jet eſt de 90 pieds de haut.

Ce Parc eſt ſi fort diverſifié pour l'agrément de la vuë , la diſpoſition des belles allées , & la belle ordonnance de toutes ſes différentes parties , que toutes ces beautés rendent hommage au juſte diſcernement de feu Monſieur , qui ſçut choiſir le ſçavant *André le Notre* , pour le décorer comme nous le voyons aujourd'hui , & pour faire aboutir preſque toutes les allées dans l'endroit où depuis *Contant* a fait élever un Belvéder , orné de baluſtrades de pierre , auquel on monte par deux eſcaliers de gazon. Du côté du Potager eſt une belle ſalle de de Comédie.

Peinture.

La falle du Billard eft ornée de Portraits de Princes, Princeffes, & de dorures fur les lambris. Le grand Sallon, la Galerie d'Apollon, & le Cabinet de Diane, étant enfuite, font auffi décorés de peintures du fameux *Pierre Mignard*, repréfentant différens fujets de la Fable, de bas-reliefs, & de camayeux dans des bordures rehauffées en or. Le Tableau d'Autel de la Chapelle eft une Defcente de croix, par *Mignard*.

COMPIEGNE (Chateau Royal de), à dix-fept lieues de Paris, où le Roi va prendre le plaifir de la chaffe dans le mois de Juillet, n'a rien qui mérite d'en faire la defcription que quelques Tableaux répandus dans les appartemens.

Peinture.

Dans la Salle du grand Couvert un grand Tableau, par *Mignart*, repréfentant Neptune environné des Divinités de la mer, Trois deffus de porte de fleurs & de fruits dans l'anti-chambre de l'appartement de la Reine. Dans l'anti-chambre de l'appartement du Roi, trois deffus de porte, par *Defportes*. Deux Tableaux de chiens en arrêt dans la chambre à coucher. Cinq Tableaux dans la falle du Confeil, dont trois deffus de porte, peints par *Defportes*, & deux de fleurs fur les glaces. Dans le Cabinet du Roi cinq deffus de porte, peints par *Oudry*. Deux grands plans de la Forêt de Compiégne, peints à l'huile; & quatre deffus de porte, repréfentant des chiens, ornent la falle à manger du petit Couvert.

Sculpture.

Dans l'Eglife des Carmélites de Compiégne, eft un Monument en marbre décoré de deux Génies en bronze, qui tiennent le Cœur du Comte de Touloufe, & de divers ornemens auffi de bronze,

CROIX-FONTAINE (Château de), appartenant à M. Bouret Fermier général à fix lieues au deffus de Paris, fur les bords de la riviére de Seine, eft régulier & bâti fur la chute d'un côteau mafqué par de belles écuries.

Dans le Parc à droite, eft un parterre dans un boullingrin entouré d'arbres en boule, qui eft fuivi d'un bofquet & de plufieurs falles bordées par une belle allée terminée par un rond d'eau.

Dans le bas font les potagers accompagnés de très-grands quinconces fuivis de deux boulingrins.

Dans la Forêt de Rougeau, près Croix-Fontaine, eft le Pavillon du Roi, bâti à l'Italienne, ayant fept croifées de face, un fronton dans le milieu faifant avant-corps, & deux aîles plus baffes qui l'accompagnent : il eft élevé au milieu d'une efplanade fermée de grilles & de baluftrades ornées de Vafes, qui eft renfermée dans une autre plus grande, aux angles de laquelle font quatre petits Pavillons d'ordre ruftique.

Toutes les beautés de ce Pavillon & du terrein de cette efplanade diftribué en plufieurs tapis de gazon compartis, ont été éxécutés fur les deffeins & les plans de *le Carpentier*, & font précédés d'une grande route dans la Forêt de Rougeau, interrompue par des carrefours, des étoiles, & une table ronde, propre à faire une halte de chaffe.

DE

DENYS en France (Abbaye Royale de faint). Voyez Abbaye.

EC

ECOUEN (Château d'), à quatre lieues de Paris, au deſſus de la ville de S. Denys en France, bâti par les ordres du Connétable Anne de Montmorenci, faiſoit partie des biens confiſqués ſur cette Maiſon, & abandonnés par Louis XIII à celle de Condé. M. le Comte de Charolois en a joui pendant ſa vie, & à ſa mort ce Château & ſon domaine ſont revenus à M. le Prince de Condé.

Architecture & Sculpture.

Le milieu de la façade de ce Château, du côté de Paris, eſt orné des trois ordres Dorique, Ionique & Attique : aux angles ſont des Thermes ſortant de leur guaînes, & la Figure équeſtre de ce Connétable placée ſous le cintre de l'Attique. Dans la friſe de l'entablement des quatre portiques qui entourent la cour pavée de carreaux noirs & blancs en forme de labyrinthe, ſont des caſques, des guirlandes de laurier, des cuiraſſes & des épées en ſautoir artiſtement ſculptés. On remarque dans ce corps de bâtimens huit Statues en marbre, dont deux
d'après

d'après l'Antique ; une autre fort belle, qui
repréſente Mercure ; & trois buſtes, tous
dans des niches. Dans la Chapelle, un
Vaſe de jaſpe d'Italie, qui ſert de Bénitier poſé ſur des pieds de biche de
bronze antique, & ſoutenu par une petite colonne de marbre qui lui ſert de
baſe.

Peinture.

Dans cette Chapelle, qui eſt fort bien
éclairée, & très eſtimée pour la beauté
de ſon bâtiment, ſont les douze Apôtres
d'après *Raphaël:* une belle copie du fameux Tableau de la Cène, par *Leonard
de Vinci* : au deſſus de la porte, la
Femme adultére, par *Jean Bellin.* Dans
la Sacriſtie, la Paſſion en émail d'après
Albert-Durer: pluſieurs ſujets des Actes
des Apôtres, peints ſur les carreaux de
de fayance, d'après les deſſeins de *Raphaël:* l'hiſtoire de Pſiché, peinte ſur
les vîtres d'une des galeries, d'après *Raphaël.*

Parc.

Le Parc de ce Château n'a rien de
curieux que des Allées tournantes for-
mées par de beaux chataigners qui con-
duiſent à la Fontaine - Madame, d'où
deux ſources vont ſe rendre dans un canal qui eſt ſur la montagne.

FO

FONTAINEBLEAU, (Château royal
de), à seize lieues de poste de Paris, en remontant la riviére de Seine,
sur la route de Lyon, a été bâti dans
une vallée en partie sur les desseins de
Sébastien Sorlio, & en partie sur ceux
de *Jacques le Mercier*, auquel abou-
tissent de grandes routes pratiquées dans
la forêt qui contient plus de 28 mille
arpens. Les cinq bâtimens, formant, pour
ainsi dire, autant de Châteaux & autant
de cours, n'ont aucun ordre d'architecture suivi. Ainsi on ne donnera que
la description des Sculptures & Peintures,
suivant les lieux où elles se trouveront,
après avoir rendu compte qu'en 1137
Louis VII jetta les premiers fondemens
de ce Château, & que S. Louis y fit
travailler : il reste même encore aujour-
d'hui un corps de bâtiment enclavé dans
d'autres ouvrages, où se trouve une piéce
appellée le sallon de S. Louis.

Sculpture.

L'escalier du fond de la cour ovale
est orné de vingt Figures de femmes nues,
grandes comme nature, d'enfans &

d'animaux. Au milieu du baſſin de la
cour de la fontaine, eſt une Statue antique de marbre repréſentant Perſée ;
& dans les angles, quatre Dauphins de
bronze. Au bas des rampes de l'eſcalier
du bâtiment au nord de cette cour, ſont
deux Sphinx de bronze fort eſtimés ; &
dans des niches cinq Statues antiques de
Minerve, Vénus, Mars, Bacchus &
Mercure, ainſi que des buſtes. Près l'eſcalier de la cour du Cheval blanc, ſont
Céphale & Bacchus, Figures antiques.
Le Buſte de Louis XIII décore le deſſus de la porte des appartemens au
haut de l'eſcalier du fer à cheval.

Les dégrés, le corps, & le rétable du
maître Autel de la Chapelle de la Trinité ſont de marbre blanc. Sur quatre
colonnes ſont quatre Anges de grandeur naturelle, & entr'elles les Statues en
marbre de S. Louis & de Charlemagne,
par *Germain Pillon*. Aux deux côtés, ſont
deux Anges en adoration. Différens bas-
reliefs repréſentans une Deſcente de
croix, les Evangéliſtes, les SS. Jean de
Matha & Félix de Valois, Fondateurs des
Mathurins, faits par *Girardon*, ainſi que
tous les bronzes de cette Chapelle, dont
la décoration eſt due à *François Bor-*
doni Sculpteur Florentin, qui a auſſi don-

né le deſſein du pavé de marbre blanc
en compartimens de diverſes couleurs d'un
deſſein fort léger. A la voute & autour
des murs de cette Chapelle, ſont cinq
grandes bordures, vingt-deux ovales, &
ſeize quarrées, décorées des chiffres de
Henri IV, de Louis XIII, & des Reines
leurs femmes ; & à l'extrémité les Armes
de France poſées ſur des cartouches ſup-
portés par des Anges plus grands que
nature.

Cette Chapelle eſt deſſervie par quinze
Religieux Mathurins pendant les voyages
du Roi, qui ſe font ordinairement en
Automne.

Dans la Galerie de François I, de très-
beaux reliefs repréſentans différens ſujets
accompagnent les treize Tableaux qui
en font l'ornement ; ſur les lambris de
laquelle *Paul Ponce* a exécuté des Sala-
mandres, Trophées & Chiffres de ce
Roi, accompagnés des Armes de France.

La Fontaine du Jardin de la Reine,
exécutée ſur les deſſeins de *Francine Florentin*, eſt ornée de la Statue de Diane,
fondue par *Jacques Barozzi*, dit *Vignole*,
& de quatre Chiens, aux angles du pié-
deſtal, dont le maſſif eſt décoré de quatre têtes de Cerfs de bronze qui jettent
de l'eau : huit Figures de bronze d'après

l'antique, fondues par le même maître, qui ornent ce Jardin, sont Bacchus, Cérès, Vénus, Apollon, Mercure, Laocoon, le Gladiateur, & Hercule commode ; & sur des consoles seize Bustes de marbre blanc.

André le Notre a fait éxécuter sur ses desseins le parterre du Tibre, le canal & la piéce verte qui est à gauche. La figure du Tibre en bronze tenant une corne d'abondance, par *Vignole*, d'après l'antique, est dans un autre bassin, & quatre Sphinx sur des piedestaux au bas des deux rampes qui sont sur la gauche.

Pour la chambre du Roi, on a épuisé tout ce que l'art a eu de plus beau pour la décorer. La menuiserie du plat-fond, un des plus beaux morceaux en ce genre, accompagnée de Mosaïque soutenu par huit Amours, est ornée dans son milieu d'une Couronne & des Armes de France : l'alcove est richement ornée par tout ce que l'art a pu rendre susceptible d'agrémens, & par un lit qui est extraordinairement riche.

Peinture.

Sur l'Autel de la Chapelle de S. Saturnin, une copie de la Visitation d'après *Sébastien-del-Piombo*. La voute de toute la Chapelle de la Trinité & ses

C iij

murs font ornés de cinq grands Tableaux ;
de vingt-deux ovales, & de feize quarrés
peints par *Martin Freminet* : les cinq
grands repréfentent, le premier, Noé
qui entre dans l'arche avec fa famille ;
le deuxiéme, la chute des Anges ; le
troifiéme, Dieu le Pere accompagné de
la Cour célefte : le quatriéme, l'Ange
Gabriel qui reçoit l'ordre d'aller annon-
cer à la Vierge qu'elle fera la mere de
Dieu ; le cinquiéme, au deffus de l'Autel, eft la création de l'homme & de la
femme. Les autres repréfentent l'Ange
qui annonce à Marie que le *Sauveur*
naîtra d'elle : les Rois de Juda & d'Ifraël :
vingt Prophétes & Patriarches, peints en
camayeux fur les croifées & trumeaux,
entre lefquels font repréfentées, la Diligence, la Clémence, la Paix, la Patience, la Prévoyance, la Juftice :
aux quatre angles de la voute, la Religion, la Foi, l'Efpérance, & la Charité : & entre l'entablement, & le lambris, quatorze Tableaux de la vie de
Jéfus-Chrift. Une Defcente de croix, par
Ambroife Dubois, dans une bordure de
marbre blanc incrufté. Près de l'Autel
de la deuxiéme Chapelle, une Magdeleine aux pieds du *Sauveur*, par le même Auteur. Dans la troifiéme, un S. Louis,

par *Poerson*. Dans la première à gauche, une Descente de croix, par *Pietre Perugin*, Maître du fameux *Raphaël*. Dans la deuxiéme, une Vierge avec l'enfant Jesus & saint Jean, par *Michel Corneille*.

Dans la Galerie de François I, treize Tableaux peints à fresque par *la Primatice* & *le Rosso*, dit Maître *Roux*, représentans ; le premier, l'Ignorance ; le deuxiéme, l'Union où est peint François I armé ; le troisiéme, Bithon & Cléobis ; le quatriéme, Jupiter & Danaë ; le cinquiéme, Vénus & Adonis expirant ; le sixiéme, Esculape à Rome ; le septiéme, le Combat des Centaures & des Lapythes ; le huitiéme, Vénus & Cupidon ; le neuviéme, le Centaure Chiron & Achille ; le dixiéme, le Naufrage d'Ajax ; le onziéme, l'Embrasement de Troye ; le douziéme, un Eléphant & une Cigogne à ses pieds ; & le treiziéme, l'Appareil d'un Sacrifice. Au dessus de la porte, un Tableau allégorique en camayeux, par *Poerson*.

Vis-à-vis la cheminée d'un petit Cabinet, une Minerve accompagnée des Arts & des Sciences, par *Louis de Boulongne*.

L'histoire de Théagène & de Charlclée, peints par *Ambroise Dubois*, sont les sujets des onze Tableaux qui décorent l'anti-chambre du Roi, au dessous desquels sont des Paysages, de *Paul Bril* : le Dauphin fils de Henri IV, à l'extrémité du plat-fond, & aux côtés sont Diane & Apollon, Hercule & Déjanire. Près de la cheminée, le Chiffre de Henri IV couronné par les Graces & les Amours.

Sur la cheminée de la Chambre du Roi, Louis XIII, par *Philippe de Champagne*. Dix Tableaux allégoriques ovales, par *Carlo Vanloo*, qui représentent l'Air, la Terre, le Feu, l'Eau, la Paix, la Guerre, la Valeur, & la Renommée : & dix autres, par *Pierre*, représentans le Printems, l'Eté, l'Automne & l'Hiver, la Justice, la Prudence, la Fidélité, le Secret, la Force, & la Clémence, ornent la *Salle du Conseil*, qui a à son plat-fond cinq morceaux par *Boucher*, dont le grand représente le lever du Soleil, & les quatre autres les Saisons figurées par des Enfans. Dans le Cabinet du Roi sont représentées Joconde & une Reine de Sicile, par *Léonard de Vinci* ; le Portrait de *Michel Ange*, peint par lui-même ; & le plat-fond qui est très-estimé.

Louis XIV enfant, la Reine fa mere, & Monfieur, dans un Tableau, par *Jean Dubois*, fur la cheminée de la falle des Gardes de la Reine.

Dans la Galerie des cerfs font différens Tableaux, peints par *Louis Dubreuil*, repréfentans les vuës de Maifons Royales, beaux Châteaux, & Forêts, avec les plans de leurs environs, telles que Fontainebleau, Folembray, Compiégne, Villers - Cotterets, Blois, Amboife, Chambor, *S*. Germain, le Louvre, Verfailles & autres : tous ces Tableaux furmontés de grands bois de cerfs adaptés fur des têtes de cerfs faites comme la nature. Dans celle des chevreuils font repréfentées diverfes chaffes de Henri IV, & de fon fils Louis XIII, où ces deux Princes font peints d'après nature ; & au deffus des têtes de chevreuils avec leurs bois.

Le plat-fond de la premiére piéce de l'appartement de M. le Duc d'Orléans, peints par *Charles Errard*, repréfente l'Hiftoire qui écrit les actions de Louis XIII, couronné par la Victoire, & publiée par la Renommée : Jupiter, Junon, Diane, Saturne, Mars & Mercure peints au plat-fond de la feconde piéce, par *Jean Cotelle*, qui a auffi peint des Figures

C v

Morefques & Arabefques au plat-fond de la troifiéme piéce, dont les deux deffus de porte font ornés des Portraits des Reines Marie-Thérèfe & Anne d'Autriche, tous deux peints par *Gilbert de Seve*.

Quatorze Payfages hiftoriés, peints par *Mauperché*, ornent le grand Cabinet, dont le plat-fond peint en camayeux par *Cotelle*, eft rehauffé d'or.

La falle de la Comédie décorée de Figures grotefques, du deffein d'*Audran*, avec des ornemens en or & en relief, & trois rangs de loges.

La falle des Cent-Suiffes, peinte par *Nicolo de l'Alhâte*, fur les deffeins du *Primatice*; & fur la cheminée, un très-beau morceau, peint par *Rondelet*, fur les deffeins de *Philibert de Lorme*, qui repréfente différens fujets: le premier, Hercule qui tue le fanglier d'Erimanthe; le deuxiéme, un Homme qui condamné à mort propofa de tuer un loup-cervier, ce qui fut exécuté; le troifiéme, Diane, au deffous; & le quatriéme, Hercule affis près de l'Hydre de Lerne.

Dans la Chapelle haute qui eft ovale, font fix Tableaux, fçavoir: la Nativité & le Crucifiment, par *Jean Dubois*: la Réfurrection, & une Defcente du Saint-

Esprit, par *Ambroise Dubois*: l'Assomption, & l'Eglise militante, par *Jean de
Hoëy* Flamand.

Sur le maître Autel de l'Eglise de
S. Louis, le Paralytique sur le bord de
la Piscine, par *Varin*.

____

FRESNES (Château de), à six lieues
de Paris, au dessus de Bondy, près Claye,
sur le chemin de Meaux, appartient à
M. Daguesseau Conseiller d'Etat.

Architecture.

La Chapelle de ce Château bâti par
François Mansart, regardée avec raison
comme le chef-d'œuvre de ce grand
Maître, est en petit le modèle du Val de
Grace de Paris.

Le Parc a beaucoup d'étenduë, deux
belles Piéces d'eau, & de très-beaux
Bois.

____

GE

GERMAIN en Laye (Château royal
de), à quatre lieues de Paris, &
à deux par-delà Versailles, sur une montagne bordée par la riviére de Seine,

ſe diviſe en Château vieux, & en Château neuf.

Architecture.

Les Anglois ayant démoli le Château vieux bâti en fortereſſe par Louis VI, dans le douziéme ſiécle, il a été rétabli dans le quatorziéme par Charles V, & augmenté par François I, qui y a auſſi fait faire une terraſſe d'où l'on découvre un très-vaſte pays. Louis XIII y fit faire des embelliſſemens, & Louis XIV des augmentations ſur les deſſeins de *J. H. Manſart.* La grande ſalle qui ſert aux divertiſſemens, eſt une des plus grandes du Royaume. Henri IV commença à faire bâtir le Château neuf ſur les deſſeins de *Marchand,* que Louis XIV fit continuer, en faiſant faire une grande partie de la façade qui regne le long de la riviére, par *J. H. Manſart,* ainſi que les deux terraſſes, & ſur-tout la troiſiéme, qui ſoutenue par une galerie percée d'arcades, forme par leur belle diſtribution le plus riche amphithéâtre qui ſoit au monde, tant par la ſituation du terrein, que par tout ce que l'art a pu tirer d'avantages du voiſinage de la Seine. *André le Nôtre* a auſſi montré ſon habileté par la belle terraſſe de 1200 toi-ſes de long ſur 15 de large, terminée

par le parc aux liévres. Les deux Jardins fur les côtés de ce Château, nommés, l'un, le Jardin de Madame la Dauphine, & l'autre le Boulingrin, ont chacun une terraſſe, dont les vuës en rendent
la proménade très-agréable. Le petit
Parc percé de routes, & la Forêt de
S. Germain, qui a vingt-cinq portes,
contiennent enſemble plus de ſix mille
arpens.

Peinture & Sculpture.

La Cène, chef-d'œuvre *du Pouſſin*,
ſur l'Autel de la Chapelle : au deſſus, une
ſainte Trinité, par *Simon Vouet*, accompagnée de deux Anges de ſtuc, grands
comme nature, tenant les Armes de
France, par *Saraxin*. Dans la Sacriſtie,
une Mere de pitié, & une Vierge &
l'enfant Jeſus.

Le plat-fond de la chambre à coucher
du Roi eſt décoré de quatre Tableaux
allégoriques, peints par *Simon Vouet*,
repréſentans, le premier, la Victoire
aſſiſe ſur un faiſceau d'armes : le deuxiéme, une autre tenant une palme : le
troiſiéme, la Renommée tenant une couronne de laurier : & le quatriéme, Vénus eſſayant un dard.

Dans *S. Germain* l aye eſt l'Hôtel de Noailles apparte t à M. le Duc
d'Ayen , Gouverne te Ville &
du Château. Cet H ar par *J. H.
Manſart* , a au rez d ce une belle
Galerie décorée de deux deſſus de porte ; l'un , la Charité déſignée par une
belle femme environnée d'enfans ; &
l'autre , la Religion Judaïque perſonni-
fiée. Cette Galerie eſt encore ornée de
l'hiſtoire de Tobie en quatorze Tableaux,
peints par *Pierre Parrocel* , dont les ſujets repréſentent , ſçavoir : le premier ,
la Captivité des Iſraëlites : le deuxiéme ,
les Bienfaits de Tobie à ſes compatriotes infortunés : le troiſiéme , Tobie qui
enſévelit les morts : le quatriéme , ce
Vieillard devenu aveugle : le cinquiéme ,
il envole chez Gabélus ſon fils qui eſt
accompagné de l'Ange : le ſixiéme , le
jeune Tobie ſe baignant apperçoit un
monſtre dont il eſt effrayé : le ſeptiéme ,
ce jeune homme devient amoureux de
la belle Sara fille de Raguel : le huitiéme , le jeune Tobie & Sara ſa nouvelle
épouſe à genoux autour d'un braſier ar-
dent : le neuviéme , Raguel fait creuſer

une fosse, & dans l'enfoncement est un lit où sont les nouveaux mariés : le dixiéme, Tobie & Sara sa femme quittent la maison de Raguel : le onziéme, Tobie rend la vuë à son pere : le douxiéme, ce Vieillard reçoit Sara sa belle-fille : le treiziéme, l'Ange se fait connoître à la famille de Tobie : & le quatorziéme, ce bon Vieillard au lit de la mort.

Jardins.

Les Jardins, qui sont grands & beaux, renferment une Serre chaude de Plantes médicinales, & deux Théâtres pour un un Fleuriste, terminés par la Serre des Orangers.

HU

HUBERT (Château Royal de saint), à trois lieues de Pontchartrain, a été bâti par *Clerici*, sur les desseins de *Gabriël*.

Sculpture.

Dans le sallon, un Bas-relief, une Diane, des Enfans de stuc blanc, & les Trophées du plat-fond, par *Slodtz* : les Guirlandes, les Têtes de cerfs, de sangliers, & les autres Bas-reliefs, par *Pi-gaIle*, *Falconet* & *Couftou;* & les Chiens, par *Werbreck.*

LI

L I V R Y (Château de), à trois lieues de Paris , dans le bois de Bon-dy, bâti par *Louis le Veau*, appartient à M. le Chevalier de Livry, aujourd'hui Marquis de Livry, & préfente une fa-çade qui furprend ceux qui la voient.

Ce Château eft précédé, tant du côté de Paris, que de celui de l'Abbaye de ce nom, de deux Avenuës de très-grande largeur, & de fept à huit cent toi-fes de longueur. Les deux Avant-cours font très-vaftes & très-ornées, & les Ecuries peuvent contenir deux cens chevaux. De l'autre côté, font des appartemens meublés à la moderne, des Offices, des Cuifines, & un *Sallon* octogone pavé de marbre, au milieu duquel eft un Baffin & un Jet d'eau couvert d'une Dalle pareille au refte du pavé.

Le Château eft compofé de trois pa-villons, dont les combles font garnis de Vafes : deux Galeries, fous l'une

defquelles font les Offices & logemens
d'Officiers. Dans l'un de deux pavillons
qui terminent ces Galeries, eft une Cui-
fine extrêmement curieufe pour fa grandeur, fa voute furbaiffée, & fa décoration intérieure, qui a été conftruite fur
les deffeins de *Rouffet*, & un Efcalier de
charpente fait en limaçon, évuidé exté-
rieurement & intérieurement, & éclairé
par une lanterne. La Baffe-cour a une
fontaine à quatre jets qui tombent dans un
baffin pour quatre abreuvoirs.

Peinture.

Dans le Sallon octogone de la premiére
re cour, font de grands Tableaux en camayeux bleu, où font peints des fujets
grotefques entourés de cartouches peints
& dorés. Dans l'Anti-chambre à droite,
eft la Pipée, Tableau fingulier, dont il
a été tiré plufieurs copies. Au premier
étage, un Sallon à l'Italienne de cin-
quante-quatre pieds de hauteur, & de
foixante dix-huit de longueur, où font
peints une Architecture & de grands Pilaftres Ioniques dorés : dans le Plat-fond
en calotte, eft peint en grifaille l'Hiftoire de Médée : au milieu eft cette Ma-
gicienne fur fon char traîné par des dragons; & au deffous, des attributs de la
Mufique en deux Tableaux longs : en face

de la cheminée, est peinte une Paix. Au Plat-fond de l'Anti-chambre, trois Tableaux, par *Perrier*, qui représentent une Vendange, le Festin de Bacchus & son Triomphe : sur la cheminée, un Festin, par *Rembrant* ; les Adieux de Hector & d'Andromaque, & une Sultane avec un Eunuque, par *le Brun* : le Plat-fond de la chambre à coucher, par *Perrier* : le Plat-fond du grand Cabinet est décoré d'un morceau ovale, & de quatre médaillons, dont les sujets sont ; Vénus à sa toilette, sa Naissance ; Mars & Vénus ; cette Déesse & Adonis ; le Jugement de Pâris ; des Enfans en camayeux, & de grandes Figures allégoriques autour de la corniche : le Plat-fond du Cabinet ensuite, peint par *Dufrenoy*, représente l'Embrasement de Troye, & autres sujets de la Métamorphose ; & dans les compartimens, quatre Amours : la porte & les lambris ornés de Figures relatives, & les Portraits de Louis XIII & de la Reine Anne d'Autriche.

LOUIS (Eglise Paroissiale de S.) de Versailles.

Architecture.

Cette Eglise, bâtie depuis environ vingt

ans fur les deffeins de *Manfart*, eft la Paroiffe du vieux Verfailles, qui étoit un Village il y a environ cent ans, dont il ne refte plus aucun veftige, toute cette partie ayant été rebâtie fur des nouveaux alignemens, dès que la Ville neuve fut finie fur les alignemens donnés en 1671.

Peinture.

A droite, font le Baptême de notre Seigneur, par *Carlo Vanloo*; un S. Roch, par *Francifque Millet*; la Nativité du Sauveur, par *Reftout*; Jefus-Chrift qui appelle les enfans à lui, & les bénit, par *le Sueur*; S. Louis dans la gloire, par *le Moine*; la Préfentation de la Vierge au Temple, grand Tableau dans la Chapelle de fon nom, par *Collin de Vermont*; & le facré Cœur de Jefus, par *Jeaurat*; S. Vincent de Paul, par *Hallé*; S. Pierre délivré de prifon, par *Deshays*; fainte Geneviéve recevant une médaille de faint Germain, par *Vien*; une Ste Famille, par *Cazes*; une Magdeleine, par *Galloche*; & un S. Pierre, par *Reftout*.

Sculpture.

A l'entrée de l'Eglife, un Bénitier foutenu par un Ange, exécuté fur le modéle fait par *Pajou*.

MA

MAISONS (Château de) dit Maifons - Poiſſy , à quatre lieues de
Paris, du côté de S. Germain en Laye,
qui appartient à M. le Marquis de Soye-
court ; eſt un de ces lieux de plaiſance
le plus renommé après les Maiſons Royales.

Architecture & Sculpture.

Ce Château, bâti par *François Manfart* , eſt précédé de trois avenuës , dont
la principale, percée de routes dans la
Forêt de S. Germain, a pour perſpective
deux gros Pavillons qui ferment les deux
avant-cours. Dans la ſeconde , eſt un
beau Bâtiment , au haut duquel eſt un
lanternon, qui renferme l'Horloge ; ſon
rez de chauſſée forme les Ecuries, terminées par deux Pavillons, & fermées
de grilles de fer ornées de trophées &
de conſoles. Au haut de la fenêtre du
milieu, ſont ſculptés des chiens, des chevaux & des lions ; & dans le fronton,
une Coquille & des Trophées. Au milieu de ce bâtiment, eſt un Manége couvert, des Ecuries aux deux côtés, & au
deſſus une Galerie, le tout terminé par

deux Ecuries avec des paſſages qui vont à une Grotte ſervant d'abreuvoir.

Le Château, entouré des foſſés ſecs, bordés d'une belle baluſtrade, eſt dans toutes les proportions de la plus exacte architecture, & orné des ordres Doriques & Ioniques. Sur les côtés de la cour, ſont deux quinconces qui renferment chacun un baſſin dans ſon milieu. Le quinconce, à gauche, eſt terminé par un beau bâtiment qui ſert d'Orangerie.

La Corniche du veſtibule eſt décorée de figures d'Aigles & de Bas-reliefs. Les deux grilles qui le ferment, ſont de fer poli, d'une ſi grande beauté, qu'on les a enfermées dans des volets de bois pour les ſouſtraire aux intempéries de l'air, ſur-tout celle faite par un Serrurier François, qui eſt beaucoup plus eſtimée que l'autre faite par un Allemand.

Dans l'Anti-chambre & le Sallon, une tenture de Tapiſſerie, d'après *Jacques Jordaans*. L'eſcalier, au haut luquel eſt un lanternon, eſt orné de quatre grouppes d'enfans, repréſentans ; le premier, la Peinture, la Sculpture & l'Architecture ; le ſecond, un Concert ; le troiſéme, l'Hymen & l'Amour ; & le quatriéme, l'Art militaire ; & au deſſus, des Médaillons. La Tapiſſerie de l'appartement de la Reine est d'après les desseins *d'Albert-Durer*. La Salle des Gardes de l'appartement du Roi est ornée d'une Tapisserie donnée par la Reine mere à M. de Maisons : sur les portes & les fenêtres , sont des figures & des fleurs en camayeux.

Le long du bâtiment régne une magnifique terrasse, d'où l'on descend dans un parterre terminé par la riviére de Seine : à gauche, au pied de cette terrasse, est une petite cascade ; & du même côté, plusieurs salles de verduré, décorées de Figures de marbre.

MARLY (Château Royal de) , situé près du Village de ce nom, sur le bord de la riviére de Seine à deux lieues de Versailles, & à quatre de Paris, a été bâti sur les desseins de *J. H. Mansart*, au milieu d'un Parc de 3765 arpens. De Versailles , la nouvelle Avenuë qui est à droite de l'aîle des Princes , y conduit en une heure, par *Rocancourt*, & par la Grille royale dorée, qui est très-belle', à ce superbe Château, composé d'un grand pavillon , qui est le logement du Roi & de la Famille Royale, & de douze autres petits pour les Ministres. Aux deux côtés de cette grille, sont deux corps de garde ; & au bout de l'Allée Royale , est à droite la falle des Gardes de la porte , & la Chapelle qui est très-propre , quoique fimple , dans laquelle on a pratiqué pour la Reine une Tribune artistement décorée en dorures & d'une belle invention ; à gauche , la Salle des Cent-Suifles , & le logement des Officiers.

Le grand Pavillon , ifolé , & quarré enfuite , est le Château-Royal , qui a vingt-une toifes en tout fens , & douze autres plus petits à droite & à gauche fur les deux aîles du Jardin , bâtis fur les deffeins de *J. H. Manfart*, & du fameux *Charles le Brun.*

Peinture.

L'Architecture des quatre faces du Château est peinte à frefque , par *Roufleau*, & *Meunier* fon éleve , qui a auffi peint les douze Pavillons fur les deffeins de *le Brun.* Les quatre Vestibules font décorés de huit Tableaux de Villes conquifes , peints par *Vander-Meulen*, qui font , le premier , le Siége de Luxembourg ; le fecond , fa prife ; le troifiéme , Maftrick ; le quatriéme , Cambrai ; le cinquiéme , Tournai ; le fixiéme , Oudenarde ; le feptiéme , Valenciennes ; & le huitiéme , Doual. Dans le grand Sallon octogone enfuite , font quatre Tableaux fur les cheminées, repréfentans, le Printems, par *Antoine Coypël*; l'Eté, par *Louis de Bou-longne*; l'Automne, par *la Foſſe*; & l'Hiver, par *Jouvenet*. Dans l'Anti-chambre du Roi, les Priſes de Naërden, de Loo, & d'Utrecht, par *Vander-Meulen*. Dans la Chambre du Roi, deux ſujets de l'Hiſtoire de Vénus, par *Boucher*, Dans la Chambre à coucher de la Reine, trois Tableaux, de *Vander-Meulen*; & deux Tableaux de fleurs, par *Fontenai*. Dans l'Appartement de M. le Dauphin, les quatre Saiſons, par *Stiemart*. Dans le Cabinet de Madame la Dauphine, deux Tableaux, par *Pierre*, repréfentans; l'un, Jupiter & Io; & l'autre, Vertumne & Pomone. Dans l'Appartement de Madame Adélaïde, quatre deſſus de porte, par *Natoire*, repréfentans un Repos de Diane, Bacchus & Ariane, Apollon avec les Muſes, & Vénus & Neptune. Ces quatre Appartemens du rez de chauſſée ſont encore ornés de grands Tableaux, de *Vander-Meulen*, qui repréfentent des Siéges & des Priſes de Villes.

Sculpture.

Les Sculptures du fronton du grand Pavillon, ſont de *Mazeline*, & de *Jouvenet* frere du Peintre : les ſeize Groupes d'enfans, & les huit Sphinx bronzés, placés

placés aux angles & aux faces des perrons, ont été exécutés par *Lespingola* & *Coustou* : ce grand sallon est orné des quatres Saisons, d'Amours & de Guirlandes, exécutés par *Hurtrelle*, *Coustou* & *Vancleve*.

Dans les deux salles vertes, à gauche du Château, sont les Statues d'Atalante, par *le Pautre*, & d'Hyppoméne, par *Guillaume Coustou*. Dans le Bosquet ensuite, sont un Centaure; un Grouppe en marbre représenteant le Tems qui reléve les Arts; une Venus aux belles fesses d'après l'antique, par *Barrois*; & une Circé. Sur la gauche de ce Bosquet, un jeune Faune : dans une salle ensuite, deux Vases de porphire, Semelé & Milon, deux Thermes antiques, & un Grouppe exécuté par *Sarazin*, qui représente deux enfans qui font manger du raisin à un bouc; en face un jeune Faune, par *le Pautre*. Dans le Bosquet des Sénateurs, qui joint le Mail, sont quatre Statues antiques de Sénateurs; & au bout, une Minerve & un Apollon antiques, dans une petite salle, deux Figures antiques, qui sont Méléagre & Apollon; & deux autres, Eurydice par *Bertin*, & Amphitrite; en tournant, un Caton & un Ciceron antiques, Vénus, Cupidon, & Méléa-

gre; une *Statue* de Diane fur un piedeſ-
tal au milieu d'un baſſin, par *Flamen*: dans
un cabinet de treillage, deux Bacchus,
dont l'un tient une panthere, & au milieu un Faune antique.

Aux extrémités de la baluſtrade, ſont
deux grands piedeſtaux, ſur chacun deſquels eſt un Cheval & un Eſclave, l'un
François, & l'autre Américain, par *Guillaume Couſtou.*

En revenant au Château par leboſquet
de la Louvecienne, derriére les ſix autres pavillons, on trouve quatre Statues, Apollon & Hercule, tous deux
antiques, Narciſſe & Bacchus. Dans la
ſalle des Muſes, leurs Statues antiques,
& un Apollon : au milieu d'un baſſin
ovale, quatre Nayades bronzées, qui tiennent une corbeille d'où ſort une gerbe
de quatre-vingt pieds, le tout exécuté
par *Thierry & Hardy* ; & une Vénus antique. Dans les bains d'Agrippine, eſt la
Figure antique de cette Impératrice aſſiſe, paroiſſant ſortir du bain : plus bas
les trois Figures antiques de Claudia, Julia & Fauſtine; une quatriéme moderne
qui eſt Lucrece, & quatre Vaſes. Dans
la caſcade ruſtique ou champêtre, revêtue de marbre blanc, eſt un grand baſſin, au milieu duquel eſt une coupe de
métal doré portée par trois Tritons, exé

cutée par *Nicolas Couſtou;* huit Vaſes qui
ornent la rampe de cette caſcade, ſont
accompagnés de ſix Figures, qui ſont; l'Air,
par *Bertrand;* l'Eau, par *Thierry;* Vertumne, par *Slodtʒ;* Pomone, par *Barrois;* Flore,
par *Fremin;* & Pan, par *le Lorrain.* La
ſalle du théatre eſt ornée de quatre Vaſes, d'un Berger antique, de Mercure,
Pâris, Bacchus, Siléne, antiques, & de
deux Vaſes de porphire : ſur la droite une
Cérès dans une niche de charmille, &
en pluſieurs endroits de ce boſquet, qui
eſt très-grand, Papirius, & un Sénateur,
Figures antiques; une Rotonde peinte de
guirlandes de fleurs, par *Fontenai.* La
première ſalle verte, à côté & à droite
du Château, eſt décorée des deux Figures antiques, Fabius & Flavia, d'un grouppe de Lutteurs, copié par *Magnier,* d'a-
près l'antique, & de deux Vaſes de marbre. Dans les deux petits cabinets, ſont
une Vénus, copiée par *Coyʒevox,* d'après
celle de Médicis; les Figures antiques de
Papirius le jeune, & d'un Sacrificateur.
Dans la deuxième ſalle, les quatre Statues antiques de Neptune, Flaminia,
Apollon & Pâris; Cléopatre, & un ſanglier copié par *Foggini,* d'après l'antique.

Au perron du premier parterre, deux

grouppes de Bergers & de Bergéres, par *Nicolas Couſtou*. La tête du glacis du gazon, qui entoure la grande piéce d'eau, eſt décorée de huit Vaſes de bronze. La piéce d'eau enſuite eſt accompagnée de deux grouppes de Nymphes en marbre, faits par *Flamen*; & aux extrémités, ſont quatre Vaſes, par *Mazeline*.

En remontant des parterres, on trouve dans les deux ſalles vertes près le Château, les Statues d'Apollon, par *Guillaume Couſtou*; & de Daphné, par *Nicolas Couſtou*. Sur la rampe de l'Amphithéâtre revêtue de panneaux de marbre de différentes couleurs, en face du Château, ſont quatorze Vaſes, par *Couſtou*, *Slodtz*, *Bertin* & *de Dieu*; & aux angles du grand eſcalier, deux Chaſſeurs, dont l'un tue un ſanglier, & l'autre un cerf, par *Nicolas Couſtou*.

La belle fontaine de Marly eſt la piéce des Vents, où étoit autrefois la caſcade appellée la Riviére : cette fontaine eſt ornée à ſa tête, qui eſt du côté de la porte du Trou d'enfer, d'un grouppe de marbre, exécuté par *Guillaume Couſtou*, de dix-huit pieds de long ſur ſeize de hauteur, repréſentant l'Océan appuyé ſur une urne, & la Méditerranée accompagnée d'un enfant pour déſigner le

canal de Languedoc : plus bás , Neptune monté fur un cheval qu'un monftre
épouvante , & Amphitrite , deux morceaux faits par *Coyzevox.* Les murs du
dernier baffin de cette fontaine font re-
vêtus de pilaftres de marbre , entre lefquels font des Têtes de Vents , qui forment autant de jets ; & quatre buffets
d'eau foutenus par des Tritons. Le grand
Tapis de gazon , fubftitué en place de
cette grande cafcade , eft terminé par un
baffin orné de deux grouppes , exécutés
par *Coyzevox* , qui repréfentent ; l'un, la
Seine avec un enfant qui tient les Armes du Roi ; & l'autre , la Marne accompagnée de trois enfans : & dans cet
endroit , deux Vafes & les deux Figures
antiques de Publicanus & d'Attilius Sénateurs. Le Belveder des jardins hauts
eft orné de deux grouppes de bronze ,
qui repréfentent ; l'un, Hercule qui tue
l'Hydre ; & l'autre, Diane jettée en bronze par les *Kellers* , d'après l'antique qui
eft placé dans la galerie de Verfailles.

Les parterres, les eaux, les trois allées d'ifs , de boules & de portiques au
deffous des douze pavillons , & qui bor-
dent ces parterres, les deux Belveders ,
la Ramaffe , enfin tout eft d'une beauté
au deffus de toute expreffion , qui éton-

D iij

ne les ſpectateurs même les plus connoiſſeurs & les plus accoutumés à voir les
belles choſes. Ce goût exquis pour le jardinage, répandu dans tous les endroits
des jardins & du parc de ce ſuperbe
Château, eſt dû au célébre *Duruſé* Architecte.

MARLY (deſcription de la Machine de).

Cette célébre Machine hydraulique,
ſur la route de Paris à S. Germain en
Laye, & ſituée ſur un bras de la riviére
de *Seine* entre Marly & le Village de
la Chauſſée, eſt deſtinée à porter les
eaux de cette riviére à travers une montagne juſques dans les jardins de Marly, & fait voir par ſon exécution la grandeur du génie du *Chevalier de Ville*,
qui en a été l'Inventeur. En effet, cette
Machine eſt la plus ſurprenante & la plus
admirable qu'il y ait au monde, dont
l'invention & ſur-tout l'exécution éton-
nent tous ceux qui la voient. Il faudroit
être le *Chevalier de Ville* lui-même, pour
pouvoir imaginer comment on a pu mé-
nager les forces de la riviére, que l'on
a barrée ſans la détourner, & dans laquelle on a fondé des écluſes avec tant

d'art & de solidité, malgré la profondeur de quarante pieds d'eau, les ébranlemens continuels de quatorze roues de trente-six pieds de diamétre chacune, & les mouvemens de plus de vingt-huit millions de pésanteur à la fois. Cependant tous ces ouvrages & ces fondations résistent depuis plus de quatre-vingts ans aux efforts de toute la riviére, aux débaclemens affreux des glaces & aux inondations.

Cette Machine est composée de quatorze roues, dont sept sont sur le devant & sept sur le derriére. Par le moyen des manivelles & des chaînes qui y sont attachés, ces roues font mouvoir soixante corps de pompes plongeant dans la riviére, soixante-dix-neuf à mi-côté dans un puisard, & quatre-vingt-deux au puisard supérieur; ce qui fait deux cens vingt-un corps de pompe qui élévent les eaux de la riviére cinq cens pieds plus haut que le bout des tuyaux aspirans. De gros tuyaux de fer conduisent les eaux jusqu'à une tour: de-là elles montent par de nouveaux tuyaux dans un aqueduc de trois cens trente toises de long, soutenu par des arcades, d'où elles descendent dans les réservoirs du Château de Marly. Ainsi, pour en donner encore une plus haute idée,

D iv

on ajoutera qu'elle éleve près de foixante - deux toifes de haut les eaux qu'elle
fournit très - abondamment aux Maifons
Royales.

MENAGERIE de Verfailles. Voyez
fa defcription à la fin de celle de Verfailles.

MEUDON (Château Royal de) à
deux lieues de Paris, & à une lieue de
Sévres fur la gauche, eft dans une fituation des plus belles, étant fur le fommet
d'un côteau baigné par la riviére de
Seine. Louis XIV l'avoit acquis de Madame de Louvois, & l'avoit donné à
Monfeigneur.

Architecture.

Ce Château, commencé par *Philibert
de Lorme*, pour le Cardinal de Lorraine,
fous le régne de François I, fut augmenté
par le Comte de Servient Surintendant
des Finances. Le Chancelier le Tellier y
fit faire de magnifiques jardins qu'il en-
ferma d'un très-grand parc. M. de Louvois Miniftre d'Etat l'a depuis fait em-
bellir par *J. H. Manfart*, qui a fait conftruire des terraffes, des foffés & la grille
d'entrée.

Le Château neuf, qui eſt très-conſi-
dérable, a été conſtruit par ordre de
Monſeigneur, à la place de l'ancienne
Grotte.

Peinture.

La ſalle du billard eſt ornée de quatre Tableaux ovales dorés, repréſentans,
le premier, Hercule qui raméne Alceſ-
te des enfers; le deuxiéme, Siléne bar-
bouillé de mûres par la Nymphe Eglée',
tous deux *d'Antoine Coypel*; le troiſiéme, Latone priant Jupiter de la venger
des payſans de Lycie, par *Jouvenet*; &
le quatriéme, Hercule entre le Vice &
la Vertu. Les plat-fonds des trois piéces
ſuivantes, peints par *Claude Audran*. Pſiché qui regarde l'Amour endormi, &
Pſiché abandonnée par l'Amour, tous deux
d'*Antoine Coypel*, dans un appartement
au deſſus de celui du Roi. Ce même Peintre a auſſi fait le Tableau faiſant le deſſus de porte du cabinet des Glaces, qui
repréſente Mars aux forges de Lemnos.
Trois petits ovales dans une petite garde-
robe, par *Bertin*, repréſentant des ſujets de la Fable. Dans une piéce à gauche, quatre Tableaux, dont deux de
Colombel, qui repréſentent; le premier,
Moïſe ſur les eaux; le deuxiéme, les
Filles de Jéthro: & les deux autres, de

Louis de Boulongne, qui font David &
Abigaïl, & la Reine de Saba. Dans la
galerie, douze Tableaux de Campagnes
& de Siéges, par *Martin*. Au maître Autel de la Chapelle, la Réfurrection du
Sauveur ; & au petit Autel, une Annonciation, tous deux d'*Antoine Coypel*. Dans
un Paffage, cinq Chaffes, par *Defportes* ;
& un Buffet, par *Fontenai*. Dans une
falle au rez de chauffée, quatre fujets de
l'ancien Teftament, par *Loir* ; & deux
grands Tableaux avec figures & portiques
d'architecture, par *Vander-Meulen*, aux
deux côtés de la cheminée. La falle à
manger eft ornée de cinq Tableaux, dont
un repréfente un Siége, & les quatre autres, des Payfages, par *Fouquieres* &
Monper.

Sculpture.

Trois Bas-reliefs repréfentans les Saifons, au haut du pavillon du milieu ; &
fur le fronton, deux Figures couchées. Une
Tête de porphire, qui repréfente Alexandre le Grand : la piéce à côté de la
galerie eft encore décorée de deux
grandes Figures dans des niches, de panneaux dorés, & de fculptures qui renferment les douze Tableaux ci-deffus
décrits. Les quatre Saifons en bas-reliefs,
par *le Pautre* ; & deux grandes Figures

dans des niches ornent le Veſtibule qui
eſt de plain pied à la terraſſe ; & au haut
de l'eſcalier , Eſculape , belle Statue en
bronze , par *Bologna*.

Le Gladiateur , très-belle Statue, dans
le milieu d'un grand gazon, qui joint
l'allée nommée du Gladiateur venant à
gauche du Château.

La belle avenuë qui aboutit à une
grande terraſſe de cent trente toiſes de
long, ſur ſoixante-dix de large ; l'Orangerie , l'Etang de Cholais , les Baſſins ,
les Pièces d'eau, les Réſervoirs , & enfin
le Jardin & le Parc replantés par le fameux *le Notre* , tant les hauts que les
bas, ont de ſi grandes beautés & ſi mul-
tipliées, qu'il n'eſt guère poſſible d'en
faire une deſcription exacte.

Les Capucins de Meudon ont ſur le
maître Autel de leur Egliſe une Adoration des Mages, par *Galloche*.

MEUTE (Château Royal de la) à la
porte du bois de Boulogne, clos de murs
par François I en 1526, eſt près Paſſy,
à une lieue de Paris. Un mauvais uſage
a fait prononcer la Meute contre la vé-
ritable étimologie de ce mot, qui ne vient
pas de Meute, mais de Muë ; parce que
c'eſt dans ces maiſons que les Gardes &

autres Officiers de chasse apportent les muës ou bois que les cerf quittent & qu'ils laissent dans les parcs : ainsi on devroit dire la Muette. Et comme ce Château, près la porte du bois de Boulogne, est une maison des plus propres & des mieux entendues en ce genre, on l'appelle par excellence le Château de la Muette, qui dans son origine n'étoit qu'un rendez vous de chasse ; cependant le bâtiment que Sa Majesté y a fait faire, qui est d'un grand extérieur, annonce une Maison Royale.

Peinture.

Dans le Vestibule, quatre Tableaux ; dont deux, de *Vander-Meulen*, représentent les Siéges d'Orsoy & de Rées ; & les deux autres, de *Martin*, d'après *Vander-Meulen*, sont les Siéges de Mons & & de Namur. Quatre dessus de porte, par *Dumont*, dans l'anti-chambre des Seigneurs, représentent la Paix, la Victoire, l'Abondance, & la Générosité. Six Tableaux d'*Oudry* dans la salle à manger, dont deux grands sont la chasse au sanglier, & la chasse aux loups ; & les quatre autres sur les portes sont un renard sur un faisan, une buse qui culbute un liévre, un chien & des canards dans des roseaux, & deux cocqs qui se battent.

Sculpture.

Dans le centre de deux étoiles de gazon, sont deux Statues en marbre, par *Flamen*; l'une est une Nymphe qui revient de la pêche; & l'autre, une Chasseresse: de l'autre côté, l'Enlévement de Proserpine par Pluton, grouppe qui décore un grand tapis verd : près d'un joli bosquet, la Statue de Diane, par *le Moine*; & contre les palissades du parterre, une Chasseresse : en sortant de ce bosquet, Clytie changée en Tournesol, exécutée par *le Pautre*; & une Femme avec un arrosoir, & un Amour qui lui présente des fleurs.

MINIMES (Religieux) du bois de Vincennes ont dans leur Sacristie un admirable Tableau du Jugement universel, fait par *Jean Cousin*, Fondateur de l'Ecole Françoise.

MONTMORENCI (Château de), à présent Enguien, Ville avec titre de Duché & Pairie, située sur une éminence, à quatre lieues de Paris, en passant par *S.* Denys en France , appartient à M. le Prince de Condé.

Architecture.

Ce Château , bâti fur les deſſeins de *Cartaud*, ne forme qu'un corps de bâtiment de deux étages, couronné par une corniche architravée , & par une baluſtrade. A côté de l'Orangerie , eſt un autre bâtiment entouré de portiques, bâti fur les deſſeins de *le Brun* ; & l'Orangerie bâtie fur un plan circulaire , élevée & décorée de trois arcades fur les deſſeins d'*Oppenord.*

Peinture.

La coupe du Veſtibule , peinte par *la Foſſe*, qui y a repréſenté Phaëton , qui demande à ſon pere de conduire ſon char : dans un bâtiment du côté de l'Orangerie , qui a vuë fur une piéce d'eau , *le Brun* y a peint quelques morceaux.

Sculpture.

Sur l'Autel de la Chapelle de ce Château, une Gloire céleſte, par *le Gros*, qui a très-bien décoré cette Chapelle.

Dans la nef de l'Egliſe paroiſſiale de Montmorenci , qui eſt grande & belle , eſt le Mauſolée du fameux Anne de Montmorenci Connétable , mort en 1567, formé d'un corps d'architecture iſolé , par

Prieur, fur les deffeins de *Jean Bullant* :
le Tombeau de forme circulaire eft fur
une bafe de cinq pieds incruftée de marbre tout autour : il eft couvert d'une table de porphire, fur laquelle font couchées les deux Statues, en marbre blanc,
de ce Connétable, & de Magdeleine de
Savoye-Tende fa femme; & fur l'entablement porté fur deux colonnes ifolées,
font à genoux, appuyées fur deux prie-
Dieu, deux autres Figures de bronze de
ce Connétable & de fa femme.

Jardins.

Les Jardins de ce Château ont été
ornés par *Cartaud* & *le Brun*, qui y ont
fait faire des Boulingrins, Baffins, Cafcades, Salle de verdure, Grotte, & tout
ce qu'ils ont cru capable de décorer des
lieux que la nature rend déja agréables
par elle-même.

NE

NEUILLY (Château de), à deux
petites lieues de Paris fur la route
de S. Germain en Laye, & fur les bords
de la riviére de Seine, appartient à
M. le Comte d'Argenfon.

Architecture.

Ce Château élevé fur plufieurs terraffes, & bâti à la Romaine, fur les deffeins de *Cartaud*, n'a qu'un étage, & n'a
pas moins de nobleffe que d'élégance pour
l'ordre Ionique moderne, qui régne dans
tout le corps de ce bâtiment, dont la
façade du côté de la riviére eft la plus
ornée.

Sculpture.

Ce Château eft couronné d'une baluftrade entremêlée de piedeftaux, fur
lefquels font alternativement des Vafes
& des Grouppes d'enfans. Dix Statues,
faites par *Vaffé*, en ornent les quatre
faces ; fçavoir, quatre fur les jardins,
quatre du côté de l'entrée, & deux en
retour : les clefs des arcades décorées
de fculptures ; & aux faces latérales,
deux Statues en marbre, par *Pigalle*, qui
repréfentent la Fidélité & le Silence. Les
appartemens font ornés de fculptures en
ftuc, par *Clerici*. Dans le milieu du parterre, à droite du Château, une Statue
pedeftre du Roi, par *Pigalle*. Dans une
des falles de verdure à côté de ce parterre, eft un Enfant, en marbre, dans une
coquille, qui pleure de la morfure d'un
crabe, par *Adam* l'aîné.

Jardins.

Dans les parterres, les deſſeins de menuiſeries, de gazon, de petits treillages,
de ſalles de diverſes couleurs de fleurs
de toutes ſaiſons, & de cabinets de verdure, forment un lieu enchanté des jardins de ce Château qui ſont décorés avec
beaucoup d'élégance, & d'un goût très-
nouveau.

NOTRE - DAME (Egliſe Paroiſſiale de) à Verſailles.

Architecture.

Cette Egliſe, bâtie par ordre de Louis
XIV, ſur les deſſeins de *J. H. Manſart*,
eſt très-bien éclairée & voutée : ſon portail eſt accompagné de deux clochers un
peu moins élevés que le dôme qui couronne le haut de l'Egliſe, & qui eſt ſur
le milieu de la croiſée. D'un côté de
cette Egliſe, eſt la maiſon des Sœurs de
Charité; & de l'autre, un grand bâtiment que ce Monarque a fait faire, ſur
les deſſeins du même Architecte, pour
le logement du Curé & de la Communauté des Lazariſtes qu'il a établis à Verſailles en 1676, pour deſſervir cette
Egliſe.

Peinture.

Dans la Chapelle de S. Nicolas, un Tableau de ce Saint, par *Jouvenet :* saint Louis au lit de la mort, & le Martyre de saint Julien, tous deux d'*Antoine Coypel,* sur les Autels de la croisée. Au maître Autel, une Assomption, par *Michel Corneille.* Une Cène de *Bon de Boulongne* à la Chapelle du S. Sacrement : un saint Vincent de Paul prêchant devant l'Archevêque de Paris, par *Restout,* dans une Chapelle près du Chœur ; & dans l'autre, le Mariage de Ste Catherine, & un Plat-fond d'architecture, par *Bon de Boulongne.*

Sculpture.

Au coffre de l'Autel de la Chapelle de saint Nicolas, se voit une Tempête, & la pompe funèbre de ce Saint : sur le devant d'un des Autels de la croisée, deux Batailles où S. Louis est en personne. Quatre colonnes de marbre de Rance décorent le maître Autel.

RE

RECOLETS (Religieux) de Versailles ont dans leur Eglise trois Tableaux de grands Maîtres ; sçavoir, sur l'Autel de la Chapelle de S. Louis , ce saint Roi, par *Michel Corneille* ; & dans l'Eglise , les deux autres, par *Jouvenet*, qui repréſentent le Centenier , & la Réſurrection du fils de la veuve de Naïm.

SC

S CEAUX (Château de), à deux lieues de Paris , ſur la route d'Orléans , appartient à M. le Comte d'Eu.

Peinture.

Le plat-fond cintré de la Chapelle à l'extrêmité de la gauche de ce Château, peint par *le Brun*, repréſente Dieu le Pere dans ſa gloire, accompagné d'Anges & d'attributs de l'ancienne & de la nouvelle Loi : aux côtés de l'Autel , quatre ronds en camayeux , peints par *le Brun*, où eſt repréſenté l'hiſtoire de ſaint Jean. Dans le potager eſt le pavillon de l'Aurore , dont le plat-fond a été peint par le même Peintre , qui a y repréſenté cette Déeſſe ſur ſon char avec tous ſes attributs: les Signes du Zodiaque, le Point du jour, & les heures de la nuit. Les plat-fonds des deux cabinets , peints par *De-*

lobel, repréfentent ; l'un , Zéphire & Flore ; & l'autre Vertumne, & Pomone.

Sculpture.

Au fronton du Château , compofé de fept pavillons qui fe communiquent par des galeries, eft une Minerve faite par *Girardon.* Sur l'Autel de la Chapelle , deux Figures de marbre blanc fur un fond noir repréfentent notre Seigneur baptifé par S. Jean , exécuté par *Tuby*, d'après les deffeins de *le Brun.* Deux Bas-reliefs en marbre , aux deux côtés de l'Autel , faits par *Marfy*, qui y a repréfenté des Anges qui font fortir des Lymbes les Patriarches & les Juftes de l'ancien Teftament ; & deux autres Bas - reliefs en plomb doré repréfentans S. Jean prêchant & baptifant. Dans l'appartement du rez de chauffée , fur le petit jardin de fleurs , il y a plufieurs piéces très-ornées de fculpture , & dont les parquets font d'un bois odoriférant & remarquable par la variété des couleurs , & par les compartimens diverfifiés de chaque piéce.

Dans les jardins , le parterre enfuite de celui à l'Angloife conduit à une Statue en bronze du Gladiateur antique. En revenant du petit Château des Princes , dont les jardins fermés ont deux fontaines rocaillées en cafcade, on entre dans

le parc où l'on trouve une Diane en
bronze au milieu d'une demi-lune d'eau:
près de-là est le bois de Pomone, orné
d'un grand baſſin & de Figures de marbre. Dans le boſquet appellé la ſalle des
Tilleuls, eſt le combat de deux Gladia-
teurs en marbre. Près des appartemens,
eſt un petit parterre, orné d'une fontaine, dont la coupe eſt de marbre. Pluſieurs Figures de marbre & Buſtes ſont
placés le long des berceaux formés de
jaſmins & de chevre-feuilles. La face de
l'Orangerie eſt décorée d'une Statue d'Hercule en marbre. Dans la Galerie d'eau,
nommée ſalle des Antiques, ſont deux
rangs de Buſtes placés ſur des ſcabellons
dans des niches. Dans le boſquet appellé la Fontaine d'Eole & de Scylla, ſont
leurs Figures en plomb; des Têtes de vents
& de chiens ſont dans les angles de deux
baſſins qui ſont dans ce boſquet. La Statue du fameux Hercule Gaulois, faite par
Puget, ſert de perſpective dans l'allée du
dernier boſquet. Les Urnes de deux Fleuves, dont un grouppé avec un enfant,
par *Coyzevox*, placées dans les rocailles
d'une terraſſe, fourniſſent l'eau néceſſaire
à la grande caſcade qui eſt très-belle.

Les appartemens, jardins, baſſins,
eaux, boſquets & bois décorés, par le

fameux *le Brun* & le célèbre *le Notre*, qui en avoient été chargés par le grand Colbert maître de ce Château , font d'une beauté, d'une régularité fans égale , & pour lefquels rien n'a été épargné pour rendre ce lieu capable de loger des Princes du fang qui en ont fait l'acquifition depuis.

TR

TRIANON (Château Royal de) eft peu éloigné de Verfailles, près le grand canal du parc qui éft à fa gauche, & eft à l'entrée d'un bois qui donne tout l'agrément poffible. Ce petit Palais que Louis XIV a fait conftruire, eft également galant & magnifique : la ftruĉture & les ornemens font exécutés fur des deffeins très-élégants.

Architecture.

Ce Château, qui eft un très-beau pavillon, démontre par les richeffes & le bon goût qui régnent de tout côté, le génie fublime du célèbre *J. H. Manfart*, qui en a donné les deffeins, exécutés par *Robert de Cotte.* Dans une grande cour fermée d'une porte de fer doré, eft un periftile de vingt deux colonnes de marbre, dont quatorze rouges & huit de verd campan. La façade de ce bâtiment, qui n'a qu'un étage, eft de foixante-quatre toſes de large, accompagnée, de deux aîles terminées par deux pavillons.

Peinture.

Dans la première des piéces, après le fallon qui eft à droite, font deux danfes de Nymphes, par *Blanchard.* La piéce enfuite eft ornée fur fa cheminée d'une Vénus à fa toilette, & Mercure, par *Boulongne l'aîné*, qui a auſſi peint deux deſſus de porte de cette piéce, qui repréſentent, l'un, l'Amour qui travaille en fculpture; & l'autre, une Femme à qui quatre autres font des préfens : les deux autres deffus de porte, peints par *Louis de Boulongne*, font; l'un, Vénus & Adonis; & l'autre, cette Déeſſe avec l'Amour & l'Hymen : en face de la cheminée, l'Amour endormi, de *Pierre Mignard*; & deux autres Tableaux, de *Michel Corneille*, dont l'un eft le Dieu Mars; & l'autre, le Jugement de Midas. Les quatre deſſus de porte de la troifiéme piéce font, le premier, Mercure qui coupe la tête à Argus; le deuxiéme, Junon qui menace Io en préfence de Jupiter, par *Verdier*;

les deux autres, de *Houaſſe*, repréſentent Diane & Endymion, & Mercure qui endort Argus. Ce même Auteur a auſſi peint un Tableau ſur la cheminée, repréſentant Morphée qui s'éveille à l'approche d'Iris ; & *Noël Coypel* a fait celui de Junon avec Hercule qui ſacrifie à Jupiter, & une Pallas. La quatriéme piéce eſt ornée, entre les croiſées, d'une Latone, par *Marot ;* de deux deſſus de porte, par *la Foſſe*, qui repréſentent Diane avec ſes Nymphes ; & Clytie avec le Soleil : ſur la cheminée, Apollon & Thétis, du même Auteur. Dans le ſallon enſuite, quatre Vuës de Verſailles, par *Martin ;* deux petits Tableaux ovales, par *Jouvenet*, où ſont des enfans ; Vertumne & Pomone, par *Bertin*; & Zéphire & Flore. Trois Tableaux, par *Houaſſe*, dans le ſallon d'après, qui ſont Alphée & Aréthuſe, Cyane métamorphoſée en Fontaine, & Narciſſe: ce ſallon eſt encore décoré de quelques Vuës de Verſailles, par *Martin*. Dans la galerie & la ſalle du billard, ſont les plus belles Vuës de Verſailles & de Trianon, peintes par *Martin, Cotelle & Allegrain*. Dans la premiére piéce, de l'autre côté du périſtile, un ſaint Luc, par *Pierre Mignard*, qui a auſſi fait un ſaint Matthieu qui eſt ſur la cheminée de la

ſeconde

seconde piéce ; & un grand Tableau de
l'Affomption de la Vierge fur l'Autel de
la Chapelle ; le S. Marc qui eft dans cette
feconde piéce, eft de *la Foffe* ; dans la
chambre ornée de glace , un excellent
Tableau de S. Jean l'Evangélifte dans
l'ifle de Pathmos, par *le Brun* ; quatre
Tableaux de fleurs & de fruits, par *Fontenai* ; & quatre Payfages, de *Claude le
Lorrain* , repréfentans le Débarquement
de Cléopatre pour joindre Marc - Antoine ; une Marine, un Port de mer, & David facré Roi. L'appartement du Roi eft
décoré de Tableaux de fleurs & de fruits,
peints par *Fontenai & Baptifte.*

Sculptures , Cafcades , & Piéces d'eau.

Une baluftrade régne fur l'entablement
de ce Château couronné par des Vafes &
& de petits Amours armés de fléches &
de dards qui chaffent des animaux.

Deux petits grouppes d'enfans, faits
par *Girardon* , ornent le milieu de deux
baffins du parterre, en defcendant du périftile ; dans le baffin octogone du fecond
parterre, un Enfant entouré de raifin ; la
piéce de Dragon, compofée d'un baffin
foutenu d'une terraffe, eft ornée de deux

Dragons qui jettent de l'eau dans une piéce irréguliére ; à l'une des extrémités de l'allée de la cascade , est un Buffet d'architecture incrusté de différens marbres , décoré d'un Fleuve & d'une Naya-de , Figures en plomb , & accompagnés de deux lions qui jettent de l'eau dans un des premiers bassins, qui fait nape dans un second qui à ses extrêmités des Figures soutenans les coupes de deux champignons , dont l'eau retombe dans un troi-siéme bassin à quatre bouillons , qui, par un buffet à deux étages , jette son eau dans un bassin cintré ; différens buffets & masques placés en plusieurs endroits contribuent au bel effet de cette cascade.

Le Grouppe en marbre du Laocoon , par *Tuby*, d'après l'Antique , orne le parterre du jardin des maronniers décoré de figures & de bassins, dont le principal est orné de quatre vases de marbre de Paros dans ses angles ; sur la gauche, est un bassin sur un théâtre avec des Statues de métal , faites par le même *Tuby*.

Dans les Bosquets , sont différentes salles, dont une appellée la salle des Antiques, où sont divers Bustes placés sur des scabellons dans les trumeaux d'une charmille ouverte en arcades ; d'autres salles sont seulement ornées de gazon, ou de quelques figures antiques en marbre.

Le petit Château du nouveau Jardin du Roi est un petit bâtiment, dans lequel est une salle de jeu pavée de marbre en compartimens & boisée, au bout de laquelle est un cabinet : deux bassins avec des grouppes d'enfans dorés ornent les compartimens des bosquets, qui accompagnent ce petit Palais avec une double galerie de portiques formés par de très-beaux treillages ; la salle à manger qui est au milieu, entourée d'Orangers, est couverte de treillage ; & en face, deux parterres avec des bassins.

Le Château de Trianon, dont les beautés sont dues aux plus grands Artistes, & la régularité des jardins au célèbre *le Nôtre*, sont au dessus de toute expression, tant par les ornemens, la belle distribution de toutes leurs différentes parties, que par les eaux, les bassins, les cascades & les jets d'eau qui se trouvent, pour ainsi dire, à chaque pas dans ces lieux enchantés.

TORCY (Château de) appartenant à M. de Caze, à cinq lieues de Paris au dessus de Champ sur le bord de la rivié.

re de Marne, renferme de très-belles chofes, entr'autres, un fallon & un appartement pour les bains, où l'art & le goût du Poffeffeur fe manifefte de tout côté.

Le Parc de cent quatre-vingts arpens, & le potager de dix-neuf, exécuté fur les deffeins du Propriétaire, font décorés de tout ce que l'on peut défirer en ornemens: tels font les belles allées couvertes, Doulingrins, Berceaux, Labyrinthe, Perfpective, Arc de triomphe, Château d'eau, Piéces d'eau, Canal, Baffin, Sallons de Pomone & de Flore, les belles Vuës qui découvrent un pays immenfe par delà la riviére, l'Orangerie & autres curiofités dans le détail defquelles la Modeftie de M. de Caze a retenu la plume de l'Auteur.

Le potager fournit à fon Maître en tout tems des fruits & des légumes, & furtout dans les tems les plus rudes de l'hiver p. le moyen de nombre de ferres chaudes.

VE

VERSAILLES (Château Royal de) ; Palais de nos Rois , à quatre lieues de Paris , auquel on arrive par les trois avenuës de Seaux , de S. Cloud , qui ont chacune dix toifes de largeur , & par celle de Paris , bordée de quatre rangs d'ormes , formant trois allées , dont celle du milieu eft de vingt cinq toifes de large ; & les deux autres , de dix chacune.

Architecture.

Ce Château , dont partie avoit été bâtie par Louis XIII , a été rendu un des plus beaux Palais , & la huitiéme merveille de l'univers , par Louis XIV , qui y a dépenfé plus de trois cens millions. C'c. par le goût fupérieur de ce grand Monarque & le génie fublime des trois plus habiles Artiftes du dix-feptiéme fiécle , *J. H. Manfart, Charles le Brun & André le Nôtre* , que ce chef-d'œuvre commencé en 1661 , a été conduit à fa perfection après plus de quarante années de travail.

La defcription des bâtimens , tant de ce fuperbe Palais , que de tous ceux des grandes, petites Ecuries , Hôtels du grand

Maître, du grand Veneur, & autres qui
en dépendent, feroit trop longue, &
éloigneroit des bornes que l'on s'eſt preſ-
crite. Ainſi l'on ſe contentera de faire celle
des peintures & ſculptures que l'on dé-
crira ſuivant les lieux qu'elles ornent.

Sculpture.

Aux deux côtés de la grille dorée de
l'avant-cour, ſont deux guérites qui ſervent de piedeſtaux à deux grouppes de
pierre, repréſentant les Victoires de
la France ſur l'Empire & l'Eſpagne, faits
par *Girardon* & *Marſy*. A la porte de
la ſeconde grille, ſont deux autres guérites qui ſervent auſſi de piedeſtaux à
deux grouppes, dont l'un fait par *Tuby*,
repréſente la Paix, & l'autre, l'Abondance, par *Coyzevox*. Aux deux grands corps
de bâtimens, ſur les aîles, ſont ſix Statues de chaque côté entre les colonnes :
celles de la droite, repréſentent Iris,
par *Houzeau* ; Junon, par *Desjardins* ;
Zéphire, par *Roger* ; Vulcain, par *Errard* ;
les deux Cyclopes : Stérops & Bronte,
par *Magnier* & *Drouilly* ; à gauche, Cérès, par *Tubi* ; Pomone, par *Mazeline* ;
Flore, par *Maſſon* ; Neptune, par *Buyſter* ;
Thétis, par *le Hongre* ; & Galathée, par
Houzeau. Le balcon de la grande faça-

de est soutenu de huit colonnes d'ordre dorique de marbre rouge jaspé de
blanc & bleu ; les bases & chapiteaux
de marbre blanc : & au fronton un Hercule, par *Girardon*, & un Mars, par *Marsy*. Sur la balustrade de la façade , & des
aîles de ce Château, sont dix-huit Statues ; les neuf à droite, représentent la
Victoire, par *l'Espingola* ; l'Afrique, par
le Hongre ; l'Amérique & la Gloire, par
Renaudin ; l'Autorité & la Richesse, par
le Hongre ; la Générosité, par *le Gros* ; la
Force, par *Coyzevox* ; l'Abondance, par
Marsy : les neufs du côté de la Chapelle, qui est à gauche du Château, sont
la Renommée, par *le Comte* ; l'Asie, par
Masson ; l'Europe, par *le Gros* ; la Paix,
par *Renaudin* ; la Diligence, par *Raon* ;
la Prudence, par *Masson* ; Pallas, par *Girardon* ; la Justice, par *Coyzevox* ; & la
Richesse par *Marsy*.

La Chapelle.

La Chapelle un chef-d'œuvre de
l'art, est pour l'Architecture le dernier ouvrage de *J. H. Monsart*, qui
étant mort en 1708, n'a pû voir ce beau
morceau fini. Sur le comble de cette
Chapelle, qui a 22 toises de longueur,
12 de largeur, & 14 de hauteur, est
une belle balustrade où sont 28 Statues

de pierre de tonnerre, qui repréfentent les Apôtres, les Peres de l'Eglife & les Vertus Théologales, le tout cour< né d'une Lanterne revêtue de plomb doré, & ornée de confoles, feftons, ornemens & fculptures.

Sculpture & Peinture.

Dans l'intérieur de cette Chapelle, les Autels des bas côtés font ornés de Bas-reliefs en bronze & de Peintures ; fçavoir, le premier Bas-relief repréfente fainte Adelaïde, & S. Odilon Abbé, par *Adam l'aîné* ; le deuxiéme S. Charles, par *Bouchardon* ; le troifiéme, S. Louis, par *Slodtz* ; & dans cette Chapelle, le Tableau de la Cène, par *Sylveftre* ; le quatriéme basrelief, le Martyre de S. Philippe, par *la Datte* ; & le cinquiéme, le Martyre de Ste Victoire, par *Adam le Cadet.* La Chapelle de S. Louis, peinte par *Jouvenet.* A la Chapelle de Ste Thérèfe, un Tableau de cette Sainte, par *Santerre;* cette Sainte en méditation, bas-relief en bronze, fait par *Vinache* ; la mort de cette Sainte, fculptée par *Chauveau*, fur le coffre de l'Autel de cette Chapelle, dont la Sculpture a été faite par le *Pautre.* Le Tableau d'Autel de la Chapelle de la Vierge eft une Annonciation, par *Louis de Boulongne*, qui a auſſi peint le dôme, & les quatre pendentifs repréſentans l'Aſſomption de la Vierge, & ſes attributs. dans les lunettes, l'Amour divin, la Pureté & l'Humilité ; & ſur le rétable de l'Autel, un bas-relief, par *Couſtou*, repréſentant une Viſitation. Le maître Autel en marbre avec beaucoup d'ornemens de bronze, accompagné de deux Anges, eſt couronné d'une gloire en bronze d'un très-bon goût.

Dans la Tribune du Roi, qui eſt vis-à-vis le maître Autel, & au deſſus de la grande porte de la Chapelle, ſont deux belles Lanternes dorées, ou Tribunes Pour la Reine, & Madame la Dauphine, garnies de glaces d'une grande beauté : la voute de cette Tribune, peinte par *Jouvenet*, repréſente une Deſcente du Saint-Eſprit. La grande voute de la Chapelle, peinte par *Antoine Coypel*, repréſente le Pere éternel dans ſa gloire ; & la voute du chevet, peinte par *la Foſſe*, eſt une Réſurrection. La Tribune, ou le corridor du pourtour de cette Chapelle, eſt ornée de baluſtrades de bronze cizelées & dorées au feu, dont les appuis ſont de marbre gris blanc très-rare ; & le long des murs, les Vertus ſont peintes ſur les archivoltes de cha-

E v

que vitreaux. Aux cinq premiéres voutes, en entrant dans cette Tribune, sont cinq Apôtres; peints par *Louis de Boulongne*, à la sixiéme, le Ravissement de *S*. Paul, par *Bon de Boulongne*. Au dessus de l'Orgue, un Concert de Musique, peint en trois grouppes. A la voute de l'autre côté, sont six autres Apôtres, par le même *Bon de Boulongne*.

Le Sallon, sortant de la Chapelle, est décoré de deux Statues, qui sont, la Magnanimité, par *Bousseau*, & la Gloire, par *Vassé*.

Sallon d'Hercule.

En face de l'entrée du Sallon d'Hercule, est un Tableau, de *Paul Veronese*, qui représente notre Seigneur chez Simon le Pharisien, & la Magdeleine à ses pieds, enrichi d'une magnifique bordure, soutenue de consoles de bronze doré, faites par *Vassé*, & celui de Rébecca qui reçoit d'Eliézer serviteur d'Abraham les présens qu'il lui offre de la part de son Maître, sur la cheminée qui est toute revêtue de marbre, & garnie en bronze: l'Apothéose d'Hercule, peinte à l'huile en neuf grouppes, composant 142 Figures, par *le Moine*. Au plat-fond est un des plus beaux morceaux qu'il y ait, tant pour les peintures que pour la composition.

Salle d'Abondance.

Le plat-fond de la falle d'Abondance, peint par *René-Antoine Houaffe*.

Salle de Vénus.

Vénus fur fon char , accompagnée d'Amours qui environnent les Dieux affemblés , peints au plat-fond de cette falle. Au deffus des fenêtres , quatre autres Tableaux , peints par *Houaffe* , qui repréfentent, le premier, Cyrus qui fait paffer fes Troupes en revuë devant une Princeffe : le deuxiéme , le Mariage d'Aléxandre & de Roxane : le troifiéme , Sémiramis qui fait élever les jardins de Babilône ; & le quatriéme, Augufte qui donne au Peuple Romain le plaifir des jeux. Dans cette falle la Statue antique de L. Quintus Cincinnatus, Conful Romain.

Salle de Diane.

La Lune , fous la figure de Diane , avec fes attributs , eft repréfentée au plat - fond de cette falle , par *Blanchard* : les autres Tableaux de cette falle font d'*Audran* & de *la Foffe*. Au-deffous du Tableau de la cheminée , eft une

Fuite en Egypte, petit bas-relief de *Sa-*
razin. Vis-à-vis, l'Ange gardien, par *le*
Féti. Le Buste de Louis XIV, par le
Cavalier Bernin, sur un pied ouche
couronné de deux Enfans aîlés, & huit
Bustes d'Empereurs & d'Impératrices,
dont les têtes sont de porphite ou de
marbre, & les draperies d'albâtre
oriental.

Salle de Mars.

La piéce d'après, est la salle de Mars
qui répréfente ce Dieu dans le milieu
du plat-fond fur un char tiré par des
Loups. *Houaffe* & *Jouvenet* ont peint
les deux autres Tableaux qui l'accompagnent. Six autres Tableaux peints par
Audran, Jouvenet & *Houaffe*, ornent
cette falle, ainfi que le Portrait du Roi
en pied, par *Michel Vanloo ;* celui de
la Reine, par *Carlo Vanloo ;* & deux
excellens Tableaux, dont l'un, de *Paul*
Véronefe, repréfente les Pélerins d'Em-
maüs ; & l'autre, par *Charles le Brun*,
où l'on voit la famille de Darius aux
pieds d'Aléxandre.

Salle de Mercure.

Le plat-fond de la falle de Mercure,
peint par *Champagne*, qui a repréfenté
ce Dieu fur un char tiré par des Coqs.

Plusieurs autres Tableaux faits par ce grand Maître, par *Raphaël*, *Blanchard*, & *le Caravage*; & l'ancienne Horloge du Roi faite en 1706, par *Antoine Morand*, habile Méchanicien, ornent cette Salle.

Salle du Trône.

La salle du Thrône est décorée de plusieurs Tableaux, faits par *la Fosse*. Huit figures de Femmes en relief aux extrêmités des Tableaux qui sont au dessus de la corniche, & sur la cheminée un grand Portrait de Louis XIV en pied, par *Rigaud*. C'est le dernier qui a été fait de ce Monarque.

Sallon de la Guerre.

Le célébre *Charles le Brun* a représenté dans le sallon de la Guerre la France & Bellone, avec des foudres, des boucliers, des trophées d'armes, des ornemens, & quelques actions du régne de Louis XIV; un grand bas-relief ovale dans une bordure de marbre sur un chambranle d'une cheminée feinte, représentant ce grand Roi à cheval.

Grande Galerie.

La grande Galerie qui est sans con-

tredit la plus belle qui foit au monde ;
de 37 toifes de long fur cinq de large,
& de plus de 37 pieds de haut, eft éclairée par 17 grandes croifées, qui répon-
dent à autant d'arcades remplies de
Glaces dans lefquelles on voit répétées
différentes vuës du Parc. Les fenêtres
& les arcades font féparées de pilaftres
de marbre de Rance, & dans chacun
des fonds il y a deux colonnes & fix
pilaftres, le tout de marbre de Rance,
à l'exception des bafes & des chapiteaux
qui font de bronze doré, auffi-bien que
les trophées, les peaux de lions, les
feftons de lauriers & de fleurs, les fo-
leils rhodiens, & les rofes qui ornent
les arcades & les entre-deux des pilaftres. Cette Galerie eft ornée de Buftes,
Vafes de porphire & d'albâtre oriental,
de Tables d'albâtre & d'agathe, & de
huit Statues antiques, fçavoir la Vénus
d'Arles, un Bacchus ; un Germanicus fait
par *Alcmene* ; une Vénus, ouvrage de
Praxitelle ; une Veftale, une Uranie,
une Diane, & une Prêtreffe, ou la
Déeffe de la Pudicité, qui eft de marbre
de Paros.

Au deffus de l'entablement, font des
cartouches & des trophées qui fervent
de couronnement aux arcades. Ces car-

touches remplis d'Inſcriptions pour les
grands Tableaux de la voute ſont accompagnés de deux Griffons ou de deux
Sphinx, & les Trophées ſont ſoutenus
par deux enfans qui tiennent des guirlandes. Ces ornemens & l'entablement
de ſtuc doré ſont de *Coizevox*.

Cette Galerie eſt voutée d'un berceau
en plein cintre, enrichi d'une compoſition d'architecture en perſpective de
divers marbre avec des compartimens
d'or, c'eſt la où l'inimitable *Charles le
Brun*, qui avoit déjà donné les deſſeins
pour l'architecture, les menuiſeries &
ſerrures de ce beau vaiſſeau, a repréſenté, ſous des figures allégoriques, &
par des emblêmes héroïques, une partie
de l'hiſtoire de Louis XIV, depuis 1661
juſqu'en 1678, en neuf grands Tableaux,
& dix-huit petits, dont ſept grands de
différentes formes occupent la longueur
de la voute de la galerie, & deux dans les
fonds ſe communiquent à une portion de
la voute par des draperies & des nuages.

Sous les deux Tableaux des extrêmités vers le Sallon de la Guerre on a peint,
dans les ouvertures d'une architecture
feinte, de grands tapis de Velours où
ſont tiſſus des Trophées des premiéres
campagnes de ce grand Roi, que des

Victoires & des Satyres femblent vouloir détacher, comme pour faire place aux Trophées des derniéres conquêtes. Du côté du fallon de la Paix, les tapis ne paroiffent plus, & les Victoires y ont déja placé des trophées que de jeunes Amours attachent avec des feftons de fleurs, tandis que d'autres Victoires élévent des étendards & tracent des infcriptions fur l'airain. Les bordures de tous ces Tableaux font de ftuc doré, avec des ornemens qui ont raport aux fujets.

Infcriptions mifes au deffus de chacun des Tableaux de la grande Galerie, faits par Charles le Brun.

Premiére partie du premier Tableau, qui eft le plus grand, occupe le milieu de la voute : Le Roi prend lui-même la conduite de fes Etats, & fe donne tout entier aux affaires, en 1661.

Deuxiéme partie du premier Tableau : L'ancien orgueil des Puiffances voifines de la France.

Deuxiéme Tableau à côté du grand, du côté des fenêtres : La réfolution prife contre les Hollandois, 1671.

Troifiéme Tableau au côté droit du

grand Tableau au deſſus des fenêtres:
Le Roi arme ſur mer & ſur terre,
1672.

Quatriéme Tableau au côté gauche du
grand, au deſſus des arcades garnies de
glaces: Le Roi donne ſes ordres pour
attaquer en même tems quatre des plus
fortes places de la Hollande, 1672.

Cinquiéme Tableau qui occupe toute
la voute, comme celui qui eſt au milieu de la Galerie: Le paſſage du Rhin
en préſence des ennemis, 1672.

Sixiéme Tableau au deſſus de l'arcade
du ſallon de la Guerre: La Ligue de
l'Allemagne & de l'Eſpagne avec la
Hollande, 1672.

Septiéme Tableau du grand côté des
glaces: La Franche-Comté conquiſe pour
la ſeconde fois, 1674.

Huitiéme Tableau qui occupe toute
la voute: La priſe de la Ville & de la
Citadelle de Gand en ſix jours, 1678.

Neuviéme Tableau au fond de la Galerie ſur l'arcade du ſallon de la Paix:
La Hollande accepte la paix, & ſe dé-
tache de l'Allemagne & de l'Eſpagne,
1678.

Les dix-huit petits Tableaux où ſont
repréſentées les belles actions que Louis
XIV fit dans l'intérieur de ſon Royau-

me, font rangés entre les grands dans
une architecture feinte, dont fix au ban-
deau de la voute, peints de couleur de
lapis à fond d'or en maniére de bas-
relief dans des bordures à huit pans; &
les douze autres ovales de différentes
grandeurs fur les retombées; chacun entre deux Thermes de bronze rehauffés
d'or, qui portent un fronton enrichi
d'Enfans, de Mafques, de Feftons, &
de Corbeilles de fleurs & de fruits, avec
leurs infcriptions, les unes au deffus dans
des cartouches, les autres au deffous
dans des boucliers attachés avec des
feftons au piedeftal. L'allégorie, fi ingé-
nieufement employée dans les grands
Tableaux, regne encore dans ceux-ci.

Infcriptions des dix - huit petits Tableaux.

Premier Tableau qui eft à la clef de
la voute : Le foulagement du peuple
pendant la famine, 1662.

Deuxiéme Tableau du côté des glaces : La Hollande fecourue contre l'E-
vêque de Munfter, 1665.

Troifiéme Tableau du côté des fenêtres : La réparation de l'attentat des
Corfes, 1664.

Quatriéme Tableau à la clef de la voute : La fureur des duels arrêtées, 1661.

Cinquiéme Tableau du côté des glaces : La défaite des Turcs en Hongrie par les Troupes du Roi, 1664.

Sixiéme Tableau du côté des fenêtres : La prééminence de la France reconnue par l'Espagne, 1662.

Septiéme Tableau à la clef de la voute : La Guerre contre l'Espagne pour les droits de la Reine, 1667.

Huitiéme Tableau du côté des glaces : Le rétablissement de la Navigation, 1663.

Neuviéme Tableau du côté des fenêtres : La réformation de la Justice, 1667.

Dixiéme Tableau à la clef de la voute : La Paix faite à Aix-la-Chapelle, 1668.

Onziéme Tableau du côté des glaces: L'ordre rétabli dans les Finances, 1662.

Douxiéme Tableau du côté des fenêtres: La protection accordée aux beaux Arts, 1663.

Treiziéme Tableau à la clef de la voute : L'acquisition de Dunkerque : 1662.

Quatorziéme Tableau du côté des

glaces : L'établissement de l'Hôtel Royal des Invalides, 1674.

Quinziéme Tableau du côté des fenêtres : Les Ambassades envoyées aux extrêmités de la terre.

Seiziéme Tableau à la clef de la voute : La Police & la sûreté rétablies dans Paris, 1665.

Dix-septiéme du côté des glaces : Le renouvellement d'alliance avec les Suisses, 1663.

Dix-huitiéme Tableau du côté des fenêtres : La jonction des deux mers commencée en 1666, & finie en 1680.

Sallon de la Paix.

Ensuite de la grande Galerie, est le sallon de la Paix, dont la coupe, peinte par *le Brun*, représente la France assise sur un globe dans un char soutenu par des nuages accompagné d'oliviers, d'épics de bleds, & de couronnes de fleurs, avec plusieurs Tableaux qui ont rapport au sujet. Sur la cheminée, Louis XIV donnant la paix à l'Europe, Tableau allégorique peint par *le Moine*; & autour de ce sallon six Têtes antiques de porphire, représentans des Empereurs, montées en buste avec des draperies de bronze doré , faites par *Girardon*.

L'appartement de la Reine est orné de nombre de Tableaux de grands prix , peints par *Michel Corneille* , par *Noël* & *Charles Coypel* , par Mlle *de Boulongne* , par *Vignon* , & par *Paillet*.

Appartement du Roi ; salle des Gardes.

Sur la cheminée de la salle des Gardes de l'appartement du Roi , est un Tableau peint par *Parrocel* le pere , qui est une action des Gardes de Sa Majesté soutenue, par des Officiers.

Salle du grand Couvert.

Dans la salle suivante qui sert au grand Couvert, dix Tableaux représentans des Batailles, par le même Auteur ; & sur la cheminée, la Bataille d'Arbelles, représentée par *Pietre de Cortonne*. La frise rampante de la grande piéce, appellée Œil de bœuf, ornée de sculptures : les dessus de porte, aux côtés de la cheminée, sont du *Bassan* , qui représentent , l'un, la construction de l'Arche ; & l'autre , les animaux que Noë y fait entrer : sur la cheminée, une

Fuite en Egypte, par *Gentilefchi*: les trois Tableaux de Judith, Efther & Betzabée, par *Paul Veronefe*, ornent cette falle, qui a fur fes portes qui communiquent au grand Couvert, notre Seigneur mis au tombeau, & l'Adoration des Bergers.

Chambre de parade.

Dans la chambre du Roi, eft un lit de velours cramoifi, enrichi d'une très-belle & très-riche broderie d'or, quelquefois de drap d'or ou de damas, placé dans l'enfoncement que forme une arcade furbaiffée, fur l'archivolte de laquelle font affifes deux Renommées qui tiennent des trompettes ; dans le cintre au deffus du chevet du lit, eft la France affife : ces trois figures font de *Couftou*. Cette arcade eft enfermée d'une baluftrade dorée. Les Tableaux aux deux côtés du lit font, faint Jean l'Evangélifte dans l'Ifle de Pathmos, par *Raphaël* ; & David qui chante les loüanges de Dieu, par le *Dominiquin*. Les fculptures qui ornent cette pièce, font dorées fur un fond blanc. Les meubles & les glaces font de toute beauté, & fur-tout un grand luftre de cryftal de quarante branches, qui eft un ouvrage admirable.

Salle du Conseil.

Dans la salle du Conseil, un beau
Buste antique, en bronze, de Scipion
l'Africain, qui a les yeux d'argent avec
une draperie de marbre, mise par *Coustou le jeune ;* & plusieurs Tableaux du
Poussin, de *Lanfranc,* & autres.

Chambre du Roi, & Cabinet ensuite.

Dans la chambre du Roi, deux Tableaux ; de *Vandyck,* dont l'un est son
portrait peint par lui-même, & l'autre,
celui du Marquis d'Ayronne. Le Cabinet
renferme une Pendule faite par le sieur
Passemant, Ingénieur du Roi, qui
marque les heures, les minutes, les se-
condes, le froid, le chaud, les noms
& jours des mois, & les révolutions des
planetes, sur une sphére renfermée dans
un globe de glace. La fameuse Corna-
line représentant une Vendange, nommé le Cachet de *Michel-Ange,* est un
morceau unique & le plus curieux du
Cabinet du Roi, faisant partie de la belle
collection que François I avoit commencé à former, & qui est dans une des
petites piéces boisées qui sont à la suite
de ce Cabinet.

Petits Appartemens.

Dans les petits appartemens, huit Tableaux de chasse, par *Boucher*, *Parrocel*, *de Troy*, *Lancret*, & *Carlo Vanloo*.

Appartement de M. le Dauphin.

Quatre Tableaux dans l'appartement de M. le Dauphin, dont deux dessus de porte, par *Natoire*; représentent, l'un, le Songe de Télémaque; & l'autre, ce jeune Prince dans l'Isle de Calypso: les deux autres Tableaux, de *Pierre*, représentent Junon qui demande à Vénus sa ceinture; & Junon qui trompe Jupiter avec cette ceinture.

Appartement de M^{de} la Dauphine.

Dans l'appartement de Madame la Dauphine, deux Tableaux, de *Restout*, qui sont deux sujets de l'histoire de Psyché. Dans les Cabinets intérieurs, six Fables de la Fontaine, représentées par *Oudry*, en six Tableaux, qui sont; le premier, les deux Chévres; le deuxiéme, la Lice & sa compagne; le troisiéme, le Cerf qui se mire dans l'eau; le quatriéme, le Loup & l'Agneau; le cinquiéme,

cinquiéme, les deux Chiens & l'Ane
flottant : & le sixiéme, le Renard & la
Cigogne.

Façade du Château.

Sur la grande Terrasse, du côté du
petit Parc, la façade entiére, y compris
les deux aîles, contient plus de 250
toises, dont le comble est orné d'une
magnifique balustrade à l'Italienne, qui
régne d'un bout à l'autre, sur laquelle
sont posées des Statues, des Trophées,
& des Vases. Les Statues du premier
avant-corps représentent quatre mois de
l'année, qui sont, Novembre, Décem-
bre, Janvier & Février. Sur celui du
milieu, Juillet, Août, Septembre &
Octobre. Sur le troisiéme, Mars, Avril,
Mai & Juin. Les autres Statues sont,
l'Art & la Nature, Cérès, Bacchus,
Comus, & le Dieu de la Bonne-chére.
Les Figures des niches sont Hébé, Ganiméde, Echo, Narcisse, Thétis, Galathée, Flore, Zéphire, Hyacinthe,
Clitie, Thalie, Momus, le Dieu Pan;
la Musique, la Danse, Pomone, Vertumne, une des Hespérides, & la Nymphe Amalthée. Trente-deux Statues de
Vertus & de Divinités ornent l'aîle des
Princes : l'aîle neuve est décorée de la

même quantité de Statues qui repréſentent les Arts. Toutes les clefs des arcades de cette magnifique façade ſont ornées de Têtes d'hommes ou de femmes, & celles des fenêtres du premier étage, de dépouilles de lions & d'autres ornemens de ſculpture.

Pour pouvoir ſe reconnoître dans les Jardins & les Parcs de Verſailles qui ont enſemble plus de dix-neuf lieues de circuit, on les diviſe en grand & petit Parc, qui ſont encore ſubdiviſés en quantité d'autres parties à qui on a donné des noms particuliers que l'on diſtinguera en en faiſant la deſcription.

Petit Parc.

Le petit Parc contient toute l'étendue depuis le Château, juſqu'au grand Canal.

Sculpture.

Sur le grand Perron, ſont à droite Diane, par *Roger* ; à gauche, Apollon, par *Raon* ; & Antinoüs, Silene, Apollon & Bacchus adoſſés au Château, ces quatre derniéres Statues de bronze fondues par les *Keller*s, d'après l'antique. Aux angles du Perron, des Vaſes de marbre d'une grande beauté, ornées de bas-reliefs, par *Tuby* & *Coizevox*.

Parterre d'eau.

Huit grouppes de bronze, fondus par les *Kellers*, qui ornent le Parterre d'eau, repréſentent, à droite, la Garonne, la Dordogne, la Seine & la Marne; à gauche, le Rhône, la Saone, la Loire & une Nymphe. Huit autres petites Grouppes de Nymphes & d'Amours, & les pourtours des deux grands Baſſins ſont décorés de Vaſes de bronze & de marbre.

Fontaine de Diane.

Au Baſſin à droite, appellé la Fontaine de Diane, ſont deux grouppes de bronze, fondus par les *Kellers*; l'un, un lion terraſſant un loup, par *Vancleve*; & l'autre, un lion qui combat un ſanglier, par *Raon*.

Fontaine du Point du jour.

Au baſſin à gauche, appellé la Fontaine du Point du jour, ſont auſſi deux grouppes de bronze, modélés par *Houzeau*, & fondus par les *Kellers*, qui repréſentent un tigre contre un ours, & un limier qui terraſſe un cerf.

Baſſin de Latone.

Plus bas , en deſcendant un eſcalier orné de quatorze vaſes de marbre d'après l'Antique , eſt le baſſin de Latone , au milieu duquel eſt un grouppe de marbre placé ſur pluſieurs gradins de marbre rouge , exécuté par *Marſy*, qui repréſentent Latone avec Apollon & Diane ſes enfans , & dans ce baſſin ſont quantité de grenouilles de plomb bronzé qui jettent de l'eau. Les deux baſſins des Lézards, ornés de quatorze Vaſes de marbre au pourtour , & de grouppes qui repréſentent les payſans de Lycie métamorphoſés.

La grande allée, qui, lorſqu'on eſt au baſſin de Latone, ſe préſente en face, a paru la plus aiſée pour voir le baſſin d'Apollon, & les Statues placées depuis le grand canal juſqu'à la fontaine du point du jour, pour revenir enſuite au parterre des fleurs , & à l'Orangerie près le Château.

Baſſin d'Apollon.

Le baſſin d'Apollon, de ſoixante toiſes de long ſur quarante-cinq de large, eſt orné dans ſon milieu d'un grouppe de bronze, qui repréſente ce Dieu ſur

son char tiré par quatre coursiers, environné de tritons, de baleines & de
dauphins, exécutés par *Baptiste Tuby*,
d'après les desseins de *le Brun*.

Le grand Canal, qui commence au
bassin d'Apollon, a huit cens toises de
longueur, sur trente-deux de largeur, &
est traversé par un autre, long de cinq
cens toises qui mène de Trianon à la
Ménagerie.

DESCRIPTION DES STATUES, THERMES,
   ET VASES DE LA GRANDE ALLÉE
   A GAUCHE.

Dans la demi-lune du Bassin d'Apollon.

Statues.

Un Sénateur,	Antique.
Agrippine,	Antique.
Junon,	Antique.
La Victoire,	Antique.
Titus,	Antique.
Hercule,	Antique.
Brutus,	Antique.

Thermes.

Pomone, de *le Hongre*.
Bacchus, de *Raon*.

Le Printems, d'*Arcis* & de *Maziere.*

Le Dieu Pan, de *Maziere.*

Grouppes.

Ino & Mélicerte, de *Graniere.*

Dans la grande allée.

Statues.

Achille reconnu par Ulyſſe, de *Vigler.*

Une Amazone, de *Joli.*

Un Vaſe, de *Slodtz.*

Un Vaſe, de *Poultier.*

Statues.

Didon, de *Flamen.*

Un Faune, de *Melo.*

Un Vaſe, de *Rayol.*

Statue.

Vénus ſortant du bain, de *Clairion.*

Grande allée à droite, dans la demi-lune du baſſin d'Apollon.

Statues.

Titus,	Antique.
Antinoüs,	Antique.
L'Abondance,	Antique.
Apollon,	Antique.
Orphée, de *Franqueville.*	
Auguſte,	Antique.
Un *Sénateur* Romain,	Antique.

Thermes.

Vertumne, de *le Hongre.*
Junon, de *Clairion.*
Jupiter, du même.
Syrinx, de *Maziere.*

Grouppe.

Ariftée qui lie Prothée, de *Slodtz* le pere.

Un Vafe, de *Hardy.*

Dans la grande allée.

Statues.

Arthemife, de *le Fevre.*
Cyparice careffant un cerf, de *Flamen.*
Un Vafe, d'*Arcis.*
Un Vafe, de *Legeret.*

Statues.

La Vénus de Médicis, de *Frémery.*
L'Empereur Commode, de *Jouvenet.*
Un Vafe, de *Drouilly.*

Grande allée à gauche.

Statue.

La Fidélité, de *le Fevre.*
Un Vafe, de *Poultier.*

Au long de la palliſſade de la grande allée.

Grouppe.

Milon Crotoniate, de *Puget.*
Un Vaſe, de *Herpin.*

Grouppe.

Caſtor & Pollux, de *Coyzevox.*

Thermes.

Le Fleuve Achéloüs ſous la figure d'un taureau, de *Maziere.*
Pandore, de *le Gros.*
Mercure, de *Vancleve.*
Platon, de *Rayol.*
Circé, de *Magniere.*

Le long des palliſſades de la droite du Château.

Statues.

Un Gladiateur mourant, appellé le Mirmillon, de *Monier.*
Apollon Pithien, de *Mazeline.*
Uranie, de *Carlier.*
Mercure, de *Melo.*
Antinoüs, de *le Gros.*
Silene tenant Bacchus, de *Maziere.*
La Vénus aux belles feſſes, de *Clairion.*
Tiridate Roi des Parthes, d'*André.*

Le Feu, de *Dozier.*
Le Poëme Lyrique, de *Tubi.*
L'Aurore, de *Marſy.*
Le Printems, de *Maniere.*
L'Eau, de *le Gros.*
Cléopatre, de *Vancleve.*
  Un Vaſe, de *Barrois.*

Statues.

Jupiter, de *Graniere.*
La Fourberie, de *le Comte.*
  Un Vaſe, de *Herpin.*

Au long de la palliſſade près la grande allée.

Grouppe.

Perſée & Andromede, de *Puget.*
  Un Vaſe, de *Herpin.*

Grouppe.

Cinna, Pœtus & Aria ſa femme, de *l'Eſpingola.*
Thermes.

Hercule, de *le Comte.*
Une Bacchante, de *Dedieu.*
Un Faune, de *Houzeau.*
Diogène, de *l'Eſpagnandel.*
Céres, de *Poultier.*

Le long des palliſſades de la droite
du Château.

Statues.

La Nymphe à la coquille , de *Coyze-*
vox.

Jupiter & Ganimede, de *Laviron.*

Uranie, de *Fremery.*

Commode , de *Couſtou.*

Fauſtine, de *Renaudin.*

Bacchus , de *Graniere.*

Un Faune, de *Hurtrel.*

Tigrane Roi des Daces, de *l'Eſpagnan-*
del.

Antinous, de *la Croix.*

Le Mélancolique , de *la Perdrix.*

L'Air , de *le Hongre.*

Le Soir, de *Desjardins.*

Le Midi , de *Marſy.*

L'Europe, de *Mazeline.*

L'Afrique, de *Cornu.*

La Nuit, de *Raon.*

La Terre, de *Maſſon.*

Le Poëme Paſtoral , de *Graniere.*

Thermes.

Appollonius, de *Melo.*

Iſocrate , de *Graniere.*

Théophraſte , de *Huſtrel.*

Lyſias, de *Dedieu*,
Ulyſſe, de *Maniere*.

Statues.

L'Automne, de *Renaudin*.
L'Amérique, de *Guerin*.
L'Eté, de *Hutinot*.
L'Hiver, de *Girardon*.

Parterre des Fleurs.

Le principal Perron du Parterre des fleurs eſt orné de deux Sphinx, de marbre montés par un enfant de bronze, ſculptés par *Lerambert* ; & ſur les quatre autres perrons & la tablette, ſont dix Vaſes, dont huit en marbre ſont de *Tubi*, *Bertin* & *Hullot*, & les deux autres en bronze, fondus par *Duval*, ſur les deſſeins de *Ballin*.

L'Orangerie.

Le bâtiment de l'Orangerie, dont la façade eſt de 200 toiſes de long, y compris les aîles, eſt orné de quantité de ſculptures, qui ſont Vertumne & Pomone, l'Aurore & Céphale, deux grouppes par *le Gros*, du côté de Verſailles : & deux autres du côté de la Menagerie, qui ſont Zéphire & Flore, & Vénus &

Adonis, par *le Comte* ; les Paniers de fleurs entre les portes & les rampes, exécutés par *Pineau* ; au parterre, deux Vases de marbre, par *Buirette* & *Raon* ; & deux Grouppes, dont l'un repréfente l'Enlévement d'Orithie par Borée, *de Marfy*, fini par *Anfelme Flamen* un de fes élèves, & l'Enlévement de Cybele par Saturne, *de Renaudin*. Au milieu de la principale galerie de ce beau bâtiment, commencée en 1685, & finie fur la fin de l'année 1686, eft dans une niche la Statue en marbre blanc de Louis XIV, haute de dix-neuf pieds, y compris le plinte. Cette Statue qui a été donnée au Roi par le Maréchal de la Feuillade, eft vêtue à la Romaine, avec un manteau royal, tenant de la main droite un bâton de commandement & ayant un cafque à fes pieds : & dans le veftibule qui eft la principale entrée du petit Parc dans l'Orangerie, eft une Statue de pierre de touche de huit pieds de haut, qu'on dit être une Divinité Egyptienne, reftaurée par *Bertin*, qui lui a fait un pied de marbre noir.

La Piéce des Suiffes.

La Piéce des Suiffes de 350 toifes de long fur 120 de large, eft ornée à fon

extrémité d'une Statue équeſtre, faite par
le *Cavalier Bernin*, pour repréſenter
Louis XIV; mais quoique ce ne fut un
ouvrage achevé, comparé à ceux de
Praxitelle, la reſſemblance n'en ayant
pas été trouvée parfaite, on en a changé
les traits du viſage pour repréſenter
Marcus Curtius, qui vers l'an 393 de
Rome ſacrifia ſa vie pour le bien de la République, en ſe jettant de lui-même
dans le gouffre qui s'étoit entr'ouvert
dans la place publique.

Boſquets, Labyrinthe.

Le premier Boſquet eſt le Labyrinthe qui a à chaque détour une fontaine
ornée d'un baſſin de rocaille fine, où eſt
repréſenté une fable d'Eſope, dont le
ſujet eſt marqué par une inſcription de
quatre vers, de *Benſerade*, gravée en
lettres d'or ſur une lame de bronze
peinte en noir. A l'entrée de ce Boſquet ſont deux Statues, l'une d'Eſope,
par *le Gros*, & l'autre de l'Amour, par
Tuby.

EXPLICATION DES FABLES.

A la première Fontaine: *Le Duc & les
Oiſeaux*.

A la deuxiéme : *Le Coq & la Perdrix.*

A la troifiéme : *Le Coq & le Renard.*

A la quatriéme : *Le Coq & le Diamant.*

A la cinquiéme : *Le Chat pendu & les Rats.*

A la fixiéme : *L'Aigle & le Renard.*

A la feptiéme : *Le Geai & le Paon.*

A la huitiéme : *Le Coq & le Coq d'Inde.*

A la neuviéme : *Le Paon & la Pie.*

A la dixiéme : *Le Serpent & la Lime.*

A la onziéme : *Le Singe & fes petits.*

A la douxiéme : *Le Combat des Animaux.*

A la treiziéme : *Le Renard & la Gruë.*

A la quatorziéme : *La Gruë & le Renard.*

A la quinziéme : *La Poule & les Pouffins.*

A la feiziéme : *Le Paon & le Roffignol.*

A la dix-feptiéme : *Le Perroquet & le Singe.*

A la dix-huitiéme : *Le Singe Juge.*

A la dix-neuviéme : *Le Rat & la Grenouille.*

A la vingtiéme : *Le Liévre & la Tortuë.*

A la vingt-uniéme : *Le Loup & la Gruë.*

'A la vingt-deuxiéme : *Le Milan & les Oiseaux.*

'A la vingt-troisiéme : *Le Singe Roi.*

A la vingt-quatriéme : *Le Renard & le Bouc.*

'A la vingt-cinquiéme : *Le Conseil des Rats.*

'A la vingt-sixiéme : *Les Grenouilles & Jupiter.*

'A la vingt-septiéme : *Le Singe & le Chat.*

'A la vingt-huitiéme : *Le Renard & les Raisins.*

'A la vingt-neuviéme : *L'Aigle, le Lapin & l'Escargot.*

'A la trentiéme : *Le Loup & le Porc-Epic.*

'A la trente-uniéme : *Le Serpent à plusieurs têtes.*

'A la trente-deuxiéme : *La Souris, le Chat & le Cochet.*

'A la trente-troisiéme : *Le Milan & les Colombes.*

'A la trente-quatriéme : *Le Dauphin & le Singe.*

'A la trente-cinquiéme : *Le Renard & le Corbeau.*

'A la trente-sixiéme : *Le Cigne & la Gruë.*

'A la trente-septiéme : *Le Loup & la Teste.*

A la trente-huitiéme : *Le Serpent & le Hériſſon.*

A la trente-neuviéme : *Les Cannes & le Barbet.*

Salle du Bal.

La Salle du Bal a d'un côté une belle caſcade formée de baſſins, de coquillages, enrichie de Vaſes & de Girandoles de bronze, ornés de Têtes de Bacchantes, de Muffles de Lions, de feſtons & autres ornemens faits par *Houſſeau & Maſſon*, & de l'autre côté un Amphithéâtre décoré de Vaſes & de Girandoles, de le *Hongre*, au haut duquel eſt un Grouppe repréſentant Papirius & ſa Mere, exécuté par *Carlier*, d'après l'antique.

Baſſin de Bacchus.

Dans le Boſquet enſuite eſt le Baſſin, ou la Fontaine de Bacchus, où ce Dieu eſt repréſenté dans un baſſin octogone, avec quatre petits Satyres, ſculptés par *Marſy*, ſur les deſſeins de *le Brun.*

Boſquet de la Girandole.

Dans le Boſquet de la Girandole eſt un baſſin, au milieu duquel eſt un Faune antique ; & dans différens endroits,

les Thermes fuivans, Morphée, une
Femme qui tient des raifins, Pomone,
un jeune Homme qui tient une maffe,
Flore, Hercule, faits par différens
Sculpteurs, fur les deffeins du *Pouffin ;*
& un Hiver fait à Rome, par *Théo-*
don.

Baffin de Saturne.

Saturne, repréfenté au milieu du baffin rond de ce Bofquet, eft environné de
petits Enfans qui portent fes attributs ;
& la Fontaine qui défigne l'Hiver, a été
éxécuté par *Girardon*, fur les deffeins
de le *Brun.*

L'Ifle Royale.

Le Bofquet de l'Ifle Royale, dont
les charmilles font taillées en arcades,
eft décoré de deux piéces d'eau, dont la
grande a 130 toifes de long fur 60 de
de large, & de fix Statues, dont les
quatre derniéres font antiques, repréfentant ; la premiére, Hercule, par *Cor-*
nu ; la deuxiéme, Flore, de *Raon ;* la
troifiéme, Julia Meffa ; la quatriéme,
Vénus fortant du bain ; la cinquiéme Jupiter Stator ; & la fixiéme, Julia Domna ;
& de deux Vafes, faits par *Legeret* &
le Fevre.

Salle des Maronniers.

Dans les deux enfoncemens de la falle des Maronniers, on trouve deux baffins ronds de marbre blanc, du milieu def- quels il s'en éléve un autre auffi de marbre blanc, décoré chacun d'une Statue an- tique de marbre blanc, qui font, une Mufe & une Dame Romaine. Cette falle eft encore décorée de huit Buftes anti- ques de marbre blanc, & de deux Sta- tues antiques auffi de marbre blanc. Les Buftes font Aléxandre, Cléopatre, Cé- far, Numa, Marc-Aurele, Hercule, Déjanire, & L. Vérus; & les Figures repréfentent Antinoüs & Méléagre, que certains Auteurs difent avoir été copiées d'après l'antique qui eft à Rome.

La Colonade.

La Colonade qui eft un périftile de forme circulaire de 21 toifes & demie de dia- métre, eft formée par 32 colonnes de 20 pouces de diamétre, fur 14 pieds de haut, dont huit de marbre breche vio- lette, douze de marbre du Languedoc, & douze de marbre bleu Turquin, avec des chapiteaux de marbre blanc, lef- quelles colonnes répondant à autant de pilaftres de marbre de Languedoc , forment toutes des arcades, dont les clefs repréfentent des Nymphes, Nayades ou Sylvains. Cet ouvrage eft cou-ronné par une corniche furmontée d'un focle , fur lequel font des Vafes de marbre blanc. Sur les timpans trian-gulaires des arcades , font des bas-re-liefs en marbre blanc , repréfentans les Jeux & les Amours, faits par *Maziére*, *Granier* , *Coyzevox* , *le Hongre & le Comte ;* & dans l'Arène qui eft au mi-lieu , eft l'Enlévement de Proferpine, grouppe en marbre blanc, fculpté par *Girardon.*

Bofquet de l'Encelade.

Dans un Boulingrin octogone que forme le Bofquet de l'Encelade, eft un Baffin circulaire, au milieu duquel eft ce Géant, dont la Statue de 24 pieds de proportion, faite par *Marfy* , paroît être accablé des montagnes d'Offa & d'Olympe.

Bofquet des Dômes.

Dans le bofquet des Dômes font deux petits Temples carrés de marbre blanc d'environ 14 pieds de large, fur 20 de haut , ornés chacun de huit colonnes

de marbre de Givet & de Rance, dont
les frontons de la principale façade font
décorés des Armes de France, posées sur
des Trophées de bronze doré d'or mou-
lu, & les Dômes enrichis de plusieurs
ornemens de métal terminés par deux
Grouppes d'Enfans posés sur des Trophées. Au milieu de ce Bosquet est un
bassin octogone entouré d'une Balustrade
de marbre blanc & de Languedoc :
d'une Terrasse aussi environné d'une autre Balustrade, sur le socle & les pilastres
de laquelle font 44 bas-reliefs, faits par
Girardon, *Guérin* & *Mazeline*, qui
représentent les Armes des différentes
Nations de l'Europe. Les principales faces
de ce Bosquet font ornées de huit Statues de marbre blanc, posées sur des
piedestaux de même, qui représentent,
la première à droite en entrant, le Point
du jour, par *le Gros*; la deuxième,
Ino, par *Rayol*; la troisième, Acis,
par *Tuby*; la quatrième, Flore, par
Manière; la cinquième, une Nymphe
de Diane, par *Flamen*; la sixième,
Galathée, Nymphe marine, par *Tuby*;
la septième, Amphitrite, d'après les
modèles des *Anguyers*; & la huitième,
Arion, par *Raon*.

Fontaine de Flore.

La Fontaine de Flore, ou du Printems, eſt décorée d'un Baſſin rond orné
de la Statue de cette Déeſſe à demi-
couchée, & qui eſt environnée de huit
gros Jets d'eau, & de pluſieurs autres
plus petits. Cette Fontaine a été éxécutée
par *Tuby*, ſur les deſſeins de *le Brun*.

Boſquet de l'Etoile.

En entrant dans le Boſquet de l'Etoile,
ainſi appellé à cauſe de cinq allées qui
y aboutiſſent, on voit un Buſte d'A-
lexandre, dont la Tête eſt antique, & que
l'on croit être de *Phidias*; le Buſte, qui
eſt de *Girardon*, eſt ſur une colonne
d'albâtre oriental antique; Ganiméde un
foudre en main, & un Aigle à ſes
pieds, copié par *Joli*, d'après l'antique.
Une Vénus, antique copie de celle de
Médicis; Livie, antique; la Comédie, antique; une Bacchante, antique; Uranie,
& trois autres Figures qui ne ſont pas
connues.

Boſquet du Dauphin.

Dans le Boſquet du Dauphin, ſont
un Faune de marbre blanc, & les Ther-

mes fuivans ; qui repréfentent l'Abondance, Cérès, Bacchus, un Satyre & Flore, faits à Rome fur les deffeins du *Pouffin* ; & l'Eté, exécuté par *Théodon.*

Fontaine de Cérès.

La Fontaine de Cérès eft un baffin octogone, orné de la Statue de cette Déeffe affife fur des gerbes de bled, & environné d'Enfans, éxécutée par *Renaudin*, d'après les deffeins de *le Brun.*

Bains d'Apollon.

Le bofquet des Bains d'Apollon, de 12 toifes de long fur huit de large, renferme trois Grouppes, dont le plus grand, qui eft celui du milieu, repréfente ce Dieu environné de fix Nymphes de Thétis, dont les trois derriére lui font de *Renaudin*; & le refte du Grouppe, de *Girardon*, eft d'une beauté & d'une correction de deffein à comparer à *Praxitelle.* Le Grouppe, à droite, font deux des courfiers d'Apollon abreuvés par deux Tritons, fculpté par *Guérin* : & celui, à gauche, fait par *Marfy*, repréfente auffi les deux autres courfiers d'Apollon, abreuvés par deux Tritons, qui paroît fi beau aux connoiffeurs, qu'ils n'eftiment

rien au deſſus que la nature. Ces trois
Grouppes ſont couverts par autant de
Baldaquins de métal doré, dont la ſculpture eſt de *Maniere*, *le Moine*, *Frémin*,
& autres.

Théâtre d'Eau.

Le Théâtre d'eau eſt orné d'un
Grouppe de marbre blanc, qui répréſente
Marſyas & l'Olympe, copié par *Goy*,
d'après l'antique. Bacchus, par *Couſtou*
le jeune. Un Buſte de Jupiter, & un
Buſte de Junon, tous deux antiques
trouvés à Beſançon. Dans ce Boſquet
ſont quatre Fontaines avec quatre Grouppes de métal, & une petite Iſle où ſont
ſix enfans qui jouent & qui ſe baignent.

Petit Boſquet.

Les deux Figures du Roi & de la Reine,
ſous les emblêmes de Jupiter & de Junon, faites par les deux *Couſtou*, ſont
dans le petit Boſquet, deſtiné en 1736
pour l'amuſement de M. le Dauphin,
qui eſt contigu aux Bains d'Apollon.

Parterre du Nord.

On deſcend au Parterre du Nord par
un eſcalier de marbre blanc, aux angles

duquel font deux Statues de marbre; la
premiére, la Vénus pudique, copiée par
Coyzevox, d'après l'antique; & la deuxiéme eſt Milicus, ſurnommé le Rota-
tor, Affranchi de *Scerinus*, qui aiguiſe un
couteau, copié d'après l'antique par
Fog Florentin. La Tablette de ce Parterre de marbre blanc eſt ornée de Vaſes
de bronze & de marbre d'Egypte, par
Cornu & *Bettin*. Ce Parterre eſt encore
décoré de deux Baſſins appellés les Baſſins des Couronnes, parce que des Sy-
rènes & des Tritons tiennent des couronnes de lauriers. Les ſculptures ont
été exécutées par *le Hongre* & *Tuby*.

Fontaine de la Pyramide.

Preſqu'au bout de l'allée du milieu du
Parterre du Nord, eſt une Fontaine appellée de la Pyramide, à cauſe d'une
Pyramide faite par *Girardon*, qui eſt
compoſée de quatre baſſins les uns ſur
les autres, dont le plus bas de douze
pieds de diamétre eſt porté par des grif-
fes de lion poſées ſur des maſſifs de marbre; quatre Tritons l'environnent, & au
deſſus ſont des Tritons & des Ecréviſſes,
qui ſoutiennent les autres baſſins. Près
de cette Fontaine, ſont deux Vaſes de
marbre

marbre blanc faits à Rome par les Pensionnaires du Roi, qui repréfentent une Bacchanale, & un Mariage antique.

L'Allée d'Eau.

Le long de la paliffade, font quatre Statues ; la premiére la plus proche du Château, eft le Poëme héroïque, par *Drouilly* ; la feconde, le Flegmatique, par *l'Efpagnandel* ; la troifiéme, l'Afie, par *Roger* ; & la quatriéme, le Poëme fatyrique, par *Buyfter*. Dans les angles de l'allée, font deux Statues, qui font ; la premiére, le Sanguin, par *Jouvenet* ; & la feconde, le Colérique, par *Houzeau*. A la principale face du quarré d'eau au deffous de la pyramide, eft un grand Bas-relief, par *Girardon*, qui repréfente des Nymphes qui fe baignent : les autres faces font auffi des Bas-reliefs, faits par *le Hongre & le Gros*, où l'on voit des Fleuves, des Nymphes, & des Enfans.

L'Allée d'eau eft ornée de chaque côté de fept grouppes en bronze de trois enfans, chacun pofé fur des focles de marbre blanc : les deux premiers font de jeunes Tritons, faits par *le Gros* ; le troifiéme & le quatriéme, par le même,

repréſentent trois jeunes enfans ; le cinquiéme & le ſixiéme, une jeune fille au
milieu de deux Amours, par *le Hongre* ;
le ſeptiéme & le huitiéme, trois jeunes
enfans, par *Lerambert* ; le neuviéme & le
dixiéme, trois jeunes enfans, par le même ; le onziéme & le douziéme, trois
petits Satyres, par *le Gros* ; le treiziéme
& le quatorziéme, trois Thermes, par
Lerambert. Outre ces quatorze, il y en
a encore huit dans la demi-lune de la
Fontaine du Dragon, qui eſt au bout de
l'allée : les deux premiers ſont une jeune
fille, & deux jeunes garçons, par *Ma-*
zeline ; les troiſiéme & quatriéme, par
le même, ſont des enfans qui reviennent
de la chaſſe ; les cinquiéme & ſixiéme,
par *Buyret*, ſont des enfans qui ſemblent admirer l'eau qui tombe du baſſin
qu'ils ont ſur leurs têtes, & les ſeptiéme
& huitiéme, trois jeunes filles, par le
même.

Fontaine du Dragon.

Le baſſin de la Fontaine du Dragon
eſt orné dans ſon milieu d'un grouppe de
bronze doré, fait par *Marſy*, qui repréſente le Serpent Pithon environné de
quatre Dauphins, & autant de Cygnes,
ſur leſquels ſont de petits Amours armés
d'arcs & de fléches.

Baſſin de Neptune.

Au bout de la grande piéce d'eau du baſſin de Neptune, ſont vingt-deux Vaſes de métal enrichis d'ornemens, d'où ſortent des jets d'eau ; & au - delà un grouppe fait à Rome , par *Dominico Guidi*, ſur les deſſeins de *le Brun*, repréſentant la Renommée qui écrit la Vie de Louis XIV, & deux Statues ; la premiére, Fauſtine copiée par *Fremery*, d'après l'Antique, & Berenice auſſi copiée par *l'Eſpingola*, d'après l'Antique. Le 20 Novembre 1739, on plaça au milieu de ce baſſin un magnifique grouppe de bronze, exécuté par *Adam l'aîné*, qui eſt le triomphe de Neptune & d'Amphitrite, grouppés dans une coquille de vingt-ſept pieds d'étenduë ſur quatorze de largeur, richement variée de rocailles & d'ornemens ; une tête de baleine ſert de couronne : les autres figures ſont un Triton ſur un cheval marin ; à l'oppoſé , une Vache marine , des Néréïdes, des Tritons & des Dauphins les accompagnent. Les baſes de ce ſuperbe morceau ſont des rochers percés de trois antres.

Les trois Fontaines qui ſont la France triomphante.

Le boſquet où eſt l'Arc de triomphe, contient trois fontaines admirables dans toutes leurs parties ; la première , est la fontaine de la France triomphan te : elle est représentée vêtue d'une mante royale , assise sur un char environné d'attributs & de trophées d'armes, au milieu de deux Figures , dont l'une représente l'Espagne appuyée sur un lion ; & l'autre, l'Empire sur un aigle ; sur le dernier dégré , un Dragon à trois têtes. Ce beau morceau a été exécuté par *Tuby , Coyzevox & Prou.*

La Fontaine de la Victoire.

Plus haut, vers l'Arc de triomphe , on trouve à main droite entre deux piedestaux, & deux scabellons qui portent des bassins, la Fontaine de la Victoire représentée sur un globe orné de trois fleurs de lys , de trophées d'armes avec les attributs des quatre parties du monde ; tenant d'une main une couronne de laurier ; & de l'autre, une palme. Le tout exécuté par *Mazeline* , sur les desseins de *le Brun.*

La Fontaine de la Gloire.

A gauche & vis-à-vis , est une autre Fontaine , surnommée de la Gloire, dont

l'ordonnance eſt la même que celle de la
précédente, & ſes Figures de métal doré ont été faites par *Coyzevox*, ſur les deſſeins de *le Brun*.

Les quatre Pyramides.

Des deux côtés & près de l'Arc de
triomphe, ſont quatre Obéliſques ou Pyramides à jour , & à trois faces, de fer
doré ſur des piedeſtaux de marbre de
Languedoc qui ſoutiennent des baſſins.

Arc de Triomphe.

Au milieu de ces Obéliſques ou Pyramides, eſt l'Arc de triomphe ſur l'endroit
le plus élevé du boſquet des trois Fontaines , dont on vient de donner la deſcription. Cet Arc de triomphe eſt compoſé
de trois portiques de fer doré, au deſſus deſquels ſont ſept baſſins. On monte
à ces portiques par pluſieurs dégrés de
marbre.

La Ménagerie.

La Ménagerie , petit Château iſolé , au
bout de la croiſée gauche du grand canal du parc de Verſailles, a été bâti par
J. H. Manſart, & ne conſiſte qu'en deux
appartemens de cinq piéces de plain pied

de chaque côté, féparés par un fallon octogone, & remplis de glaces & de tableaux d'animaux, ornés à l'extérieur d'un balcon de fer doré. Sur les dégrés de ce fallon, font deux grandes Urnes de marbre, fculptées par *Jouvenet*

Peinture.

Les piéces de l'appartement à droite ont été peintes d'après d'excellens deſſeins fous la conduite de *Claude Audran*, éleve de *le Brun*. Dans la premiére piéce, ſix Payſages, ſçavoir, deux de *Coſſio*, deux de *Speyman*, & deux d'*Allegrain*. Dans la ſeconde, dix Tableaux repré-ſentans des jeux enfans, peints par *Chriſtophe*, *Simpol*, *Bertin*, *de Dieu*, *Hallé* & *Poërſon*. Dans les troiſiéme & cinquiéme piéces, il n'y a point de Tableaux, mais il y a des orne-mens des plus riches, & où régne le plus de goût : & la quatriéme eſt or-née de deux Tableaux ; le premier, par *Sylveſtre*, repréſente Arion jouant de la lyre, & porté par un Dauphin ; & le ſecond, par *Colombel*, repréſente Or-phée.

Sur la cheminée de la premiére piéce de l'appartement à gauche, eſt un Ta-

bleau de *Vernanſal*, qui repréſente Diane environnée de ſes Nymphes & Ac-
téon ; & ſur les portes , quatre Tableaux
de chaſſe , par *Deſportes*. Dans la ſeconde piéce , cinq Tableaux ; ſçavoir ,
le premier , Vénus & Vulcain ; & le
ſecond , Enée , tous deux de *Louis de
Boulongne* ; le troiſiéme , Vénus à ſa
toilette ; le quatriéme , la Naiſſance de
Vénus, tous deux de *Bon de Boulongne*;
& le cinquiéme , Vénus dans une conque portée par des Tritons, de *Noël Coypel.* Dans la troiſiéme piéce , deux petits
Tableaux, par *Blanchard*, dont on igno-
re le ſujet ; Minerve qui conſidére l'ouvrage d'Arachné , & un autre qui repréſente Minerve & Arachné , tous deux
d'*Alexandre* ; la Diſpute de Neptune &
de Minerve, par *Poërſon*. La quatriéme
piéce eſt décorée de trois Tableaux ; le
premier, par *Chriſtophe* , eſt la Fortune
qui éveille un jeune homme endormi ſur
le bord d'un puits ; le ſecond, ſur la
cheminée, eſt une chaſſe, par *Deſportes*;
& le troiſiéme, la Juſtice qui avale l'hui-
tre , & par là met les Plaideurs d'accord,
par *Simpol.*

Les ſept cours, où ſont tous les animaux rares & curieux, & tout ce qui eſt
néceſſaire ou commode, aboutiſſent à la

cour octogone qui eſt en face de ce petit Château , & ſont fermées par des grilles de fer, ornées de thermes de pierre,
qui repréſentent quelques ſujets de la mé-
tamorphoſe.

EGLISE de S. Louis, Paroiſſe de Verſailles. Voyez Louis.

EGLISE de Notre – Dame , Paroiſſe de
Verſailles. Voyez Notre-Dame.

EGLISE des Recolets de Verſailles. Voyez
Recolets.

VILLEROI (Château de) à huit lieues
de Paris au deſſus d'Eſſone , en remontant la riviére de Seine , appartient à
M. le Duc de Villeroi.

Peinture.

Sur l'Autel de la Chapelle placée au
fond de la cour à droite, eſt une Deſcente de croix, grand Tableau copié par
Rubens, d'après l'original qui eſt à Anvers. Dans la ſalle des Gardes de l'appartement du Roi , ſont dix Portraits en
pied de Seigneurs de la maiſon de Villeroi. La piéce au deſſus , qui eſt de

l'appartement de la Reine au premier étage, eſt ornée de portraits de la Famille Royale. Dans une piéce enſuite du ſallon, eſt le plan de Villeroi parfaitement exécuté par l'union & le rapport des différens marbres; il eſt poſé ſur un pied doré, & forme une grande table entre les croiſées.

Sculpture.

Au bout de la terraſſe du milieu du parc, eſt une demi-lune ornée de quatre Statues de bronze d'après l'Antique, qui ſont Apollon, Diane, Antinoüs & Hercule Commode. Dans les centres de la terraſſe à droite, ſont de petites Figures en marbre. Dans une demi-lune au bout d'une belle allée du côté de la terraſſe à gauche, eſt la Statue en bronze d'un homme tenant un ceſte, poſée ſur une colonne antique de marbre blanc veiné. En revenant au Château, ſont dans un joli labyrinthe pluſieurs buſtes de marbre, & près de-là au milieu d'un grand tapis de gazon, un Gladiateur de bronze antique. La Statue équeſtre de Louis XIV en bronze, par *Couſtou l'aîné*, orne une petite galerie, à côté de la Chapelle.

Ce Château & ſon parc qui a plus d'une demi-lieue d'étendue, renferment des beautés, tant pour les dedans, que pour les dehors, comme le réfervoir qu'on peut comparer à la Lavanderie de l'Ecole Royale Militaire, les baffins, la glacière qui fert de promenade à ceux qui s'amufent à faire retentir du fon de leur voix l'écho que rend cette voute, fur laquelle eft un belveder exécuté dans le goût d'un limaçon, comme au Jardin du Roi à Paris.

VINCENNES (Château Royal de) à une lieue de Paris, du côté de l'Orient, au deffus du Fauxbourg S. Antoine, renferme dans fon intérieur une tour en forme de Donjon ou Château fort qui fert de prifon pour les perfonnes de confidération. Son parc, de plus de quatorze cens arpens, au milieu duquel eft le Couvent des Minimes, a été fermé de murailles par Philippe Augufte en 1183. Les bois en ont été arrachés en 1731; & dans celui qui a été replanté, on y a formé différentes allées ou routes pavées, qui conduifent aux villages qui l'avoifi-nent: au milieu de la plus grande de ces allées, qui eft celle de S. Maur, eft un fort bel obélifque terminé d'une aiguille dorée.

Architecture.

Ce Château, bâti en place du vieux, que Philippe de Valois fit démolir, a été commencé en 1328 par ce Prince : le Roi Jean son successeur le continua, & Charles V, fils de Jean, le fit achever, & fonda en 1379 les Canonicats de la sainte Chapelle, qui a été bâtie par Pierre de Montereau. En 1614, la Reine Marie de Médicis fit commencer cette belle galerie qui est du côté de Paris. Louis XIII fit élever les deux grandes aîles de la cour royale, qui forment le Château neuf; & enfin, en 1660, Louis XIV a fait construire, par *Louis le Veau*, en forme d'arc de triomphe, la porte qui sert d'entrée au parc du côté du village de S. Mandé.

Peinture.

L'appartement du Roi composé de cinq piéces, peintes par *Philippe* & *Jean-Baptiste de Champagne*, représente la Paix des Pyrénées, & le mariage de Louis XIV avec Marie-Thérèse d'Autriche. Dans la salle à manger, quatre frises des batailles d'Aléxandre, par *le Manchole* Peintre Flamand. Dans la chambre du trône, le Roi paroît sous la figure de Jupiter, avec les Figures de la France, de la Paix & de tous les Arts personnifiés avec des a-

G vj

tributs dans la frise, & des Figures qui tiennent les chiffres du Roi & de la Reine. Au plat-fond de la chambre à coucher, sont Jupiter & Junon ; & dans le petit cabinet ensuite, des Amours qui soutiennent de pareils chiffres. La salle des Pages de l'appartement de la Reine est décorée d'une Marine & de quatre Paysages, par *François-Marie Borson*, qui a aussi peint douze petits Paysages, & des Marines dans la frise de la salle des Dames de la Reine. Les peintures du plat-fond de la salle du Concert sont de toute beauté : on y voit la Reine sous la la figure de Vénus avec Mercure, les Graces & Iris qui la suivent ; au dessous sont les grouppes de Zéphire & Flore ; l'enlévement d'Europe, Mars & Vénus, Apollon & Daphné, Hercule & Omphale, & différentes Figures qui jouent des instrumens ; & aux encoignures, quatre Camayeux. Le plat-fond du sallon représente la Reine soutenue par Mercure, qui lui présente Jupiter ; différentes Divinités accompagnées de Génies sont aussi peintes dans ce plat-fond, qui est orné aux encoignures des chiffres du Roi & de la Reine, soutenus par des Figures ailées, & d'autres qui prennent des fleurs dans des corbeilles, peintes par *Baptiste*. La Vie de Ste Thérèse, peinte par *Gil-*

bert de Séve , dans le petit Oratoire de la Reine. Au plat-fond de la chambre à coucher de la Reine mere , font les Vertus Théologales , peintes par *Dorigny* ; & dans les lambris, huit petits Tableaux , par *Borzon*. Dans le cabinet d'affemblée, on y a peint un Prince foutenu par des Génies, dont le plus grand s'avance pour le couronner ; & dans les lambris , treize Tableaux, par *Borzon*. Au milieu du plat-fond de la falle du Confeil, eft la Prudence & la Paix ; aux quatre encoignures , font les quatre parties du monde avec des petits enfans, qui tiennent des fleurs. Le plat-fond de la falle à manger repréfente le Tems , qui foutient un jeune Prince, & le remet entre les mains de l'Innocence. Les vitres de la Ste Chapelle de ce Château , peintes par *Jean Coufin* , repréfentent les fept Trompettes de l'Apocalypfe, & les quatre Saifons. Les peintures de la Voute, par *Charles Carmoy*.

Sculpture.

La face intérieure de la principale porte eft décorée de Statues de marbre & de bas reliefs. Dans les niches des deux galeries pareilles à celles qui joignent cette grande porte , font des Figures de marbre. Au plat-fond de la falle à manger de l'appartement de la Reine, font des enfans fculptés, & des bas-reliefs, qui accompagnent les Peintures.

COUVENT des Minimes de Vincennes. Voyez Minimes.

Fin de la Defcription.

CATALOGUE
PAR ORDRE ALPHABÉTIQUE,

Des plus fameux Architectes, Peintres, Sculpteurs & Graveurs, Orfévres, & Monétaires, anciens & modernes; le fiécle où ils fe font illuftrés, & la date de leur mort, en quatre parties, précédées d'un Difcours fur chacun de leurs Arts.

DISCOURS SUR L'ARCHITECTURE.

L'ARCHITECTURE, ou l'Art de bâtir des édifices, n'eft pas fi ancien que l'ufage des bâtimens : car d'abord on a conftruit des maifons ou plutôt des barraques pour la feule néceffité de fe mettre à l'abri des intempéries des faifons; & comme les premiers hommes chan-

geoient de demeures, ils ne se mettoient
guère en peine de la durée ni de la beauté de leurs habitations. Mais dans la suite,
chacun cherchant à s'établir dans un pays
particulier, on commença à bâtir des
logemens plus solides pour résister aux
injures du tems. Enfin le luxe s'étant répandu parmi les nations les plus puissan-
tes & les plus riches, on voulut de la
magnificence dans les édifices : ce qui
donna lieu d'inventer des régles certaines pour cet Art.

Pour ce qui regarde l'antiquité de l'Architecture, l'Ecriture Sainte nous apprend
que Caïn bâtit une Ville qu'il appella
Henoch du nom de son fils vers l'an 500
de la création du monde : que Noë fit
l'Arche où il se retira pendant le déluge,
l'an du monde 1655 : que Nembroth,
qu'on nomme aussi Belus, éleva la tour
de Babel 144 ans après le déluge, & l'an
1800 du monde : que Ninus son fils fit
construire la superbe Ville de Ninive vers
l'an 1950 ; & la Reine Semiramis la fameuse Babylone, vers l'an 2000. Ce fut
vers ce tems-là que l'on vit paroître en
Egypte le fameux Labyrinthe qui fut l'ouvrage de plusieurs Rois, les grandes Villes de Thébes & de Memphis ; que s'é-
levérent ces belles Pyramides, & que les

plus anciennes Villes de la Gréce & de divers autres pays, civilisés par les Egyptiens, commencérent à être fondées.

On ne sçait pas qui furent les Architectes de tant d'édifices qu'on fit alors, si ce n'est qu'on voulût dire que les Princes & les Rois étoient eux-mêmes les conducteurs de ces grands desseins, comme ils semblent en avoir été les inventeurs : & cette pensée ne s'éloigne peut-être pas trop de la vérité, du moins à l'égard d'une partie de ceux qu'on a nommés ; puisqu'il est constant, selon le sens de l'Ecriture, que Caïn & Noë prirent soin eux-mêmes des ouvrages qu'ils firent faire. Quelques Historiens assurent aussi que la Reine Semiramis dressa, non-seulement le plan de Babylone, mais encore qu'elle se réserva la conduite générale des travaux qu'elle fit exécuter, chargeant les principaux Seigneurs de sa cour d'en avoir soin, & de veiller sur les ouvriers.

Dans la suite cette science, qui avoit passé de l'Egypte dans la Gréce & dans la Judée, y éleva quantité de beaux Monumens, dont les Architectes sont connus : tels sont entr'autres le fameux Labyrinthe de Créte, bâti par *Dédale* ; le

superbe Temple de Salomon (*a*), bâti
par *Hiram* ou *Chiram* ; celui de Delphes,
conftruit par *Trophonius* & *Agamédes* :
celui d'Ephèfe (*b*), élevé fur les deffeins de
Ctéfiphon & *Métagenes fon fils* ; la Ville
d'Aléxandrie, bâtie par ordre d'Aléxandre
lors de fes conquêtes , fur les deffeins

(*a*) On ne donnera pas ici la defcription du
Temple de Salomon, que l'on peut trouver
dans les anciens Auteurs facrés.

(*b*) Le Temple de Diane à Ephèfe fut bâti
fur les deffeins de *Ctéfiphon*, ou *Chréfiphron*
de Crete, & fut brûlé l'an 355 avant J. C.
la même nuit que naquit Alexandre le Grand,
par Eroftrate , qui vouloit immortalifer fon
nom par cet horrible facrilége. L'Afie avoit
employé 220 ans a le bâtir, & toutes fes Provinces avoient contribué a fa dépenfe. Sa longueur étoit de 425 pieds , & fa largeur de 220.
Il avoit 127 colonnes de marbre , faites par
autant de Rois, dont partie avoit 60 pieds de
hauteur, & dont 37 étoient cifelées. On croit
que la Statue de Diane qui étoit autrefois dans
le Louvre a Paris , étoit celle de ce Temple.
Alexandre le Grand qui avoit pris la Ville
d'Ephèfe l'an 333 avant J. C., avoit refpecté
ce Temple : mais l'Empereur Néron qui fem-
bloit être né pour la ruine des plus belles chofes,
le dépouilla de fes richeffes vers l'an 60 de l'Ere
Chrétienne. Enfuite, fous l'Empire de Galien,
les *Scythes* ou les *Gots* le ruinerent entiérement
200 ans après.

de *Dinocrate* ou *Stenocrate*; & un autre Labyrinthe à Samos, bâti par *Théodorus*,

Plusieurs siécles après, la Gréce & presque tout le monde connu alors, étant devenus Provinces Romaines; cette science vint se refugier dans l'Italie, & surtout à Rome maîtresse de l'Univers, & y étala des chefs-d'œuvres de l'art. Mais les citoyens de cette Capitale, énervés par l'oisiveté, le luxe & les plaisirs, se virent insensiblement contraints de subir le joug de leurs concitoyens ambitieux, qui par la suite prirent le nom d'Empereurs. Leurs successeurs au Trône Impérial, par leur cruauté, leur fainéantise & leur inexpérience, virent bientôt arborer les étendards du crime, de l'ambition, de la mollesse & de l'ignorance, sources inévitables de guerres intestines entre différens rivaux, qui, tous prétendans à la dignité suprême, ravagerent l'Empire, & attirerent par leurs discordes toutes sortes de nations barbares, qui chacune s'en appropriant différentes parties, mirent aussi la Capitale dans les fers, & plongérent insensiblement tous les peuples dans la plus profonde ignorance.

Cependant malgré le dévastement qu'ont fait les Barbares chez cette Maîtresse du monde, lors de sa décadence, cette

grande Ville eſt encore remplie de ſuperbes Monumens de l'antiquité, qui dé-
montrent le goût des citoyens de l'ancienne Rome pour les ſciences, & à quel
dégré de perfection elles étoient parve-
nues.

En France dans le neuviéme ſiécle ;
l'Empereur Charlemagne & ſes enfans
voulurent faire renaître l'Architecture ;
mais la ſoif de régner de pluſieurs Princes leurs deſcendans la fit totalement négliger ; & elle ne reparut avec quelqu'é-
clat, que ſous le régne de S. Louis neuviéme du nom, dans le treiziéme ſiécle,
qui a donné naiſſance à trois Architectes
célèbres, *Jean de Chelles* (a), *Pierre de
Montereau*, (b) & *Eudes de Montreuil*, (c)

(a) *Jean de Chelles* a bâti entre autres en
1257, la porte méridionale de la croiſée de
l'Egliſe de Notre-Dame de Paris.

(b) *Pierre de Montereau*, mort en 1266, a
bâti les deux ſaintes Chapelles de Paris & de
Vincennes, les deux plus beaux ouvrages go-
thiques de l'Europe ; le Réfectoire de S. Martin des Champs, qui eſt d'une architecture très-
légere ; le Réfectoire, le Dortoir, le Chapitre,
& la petite Egliſe intérieure de la Vierge de
l'Abbaye de S. Germain des Prés, où ce grand
homme eſt enterré.

(c) *Eudes de Montreuil*, mort en 1289, a

pour tomber encore dans un oubli total jusqu'au seizième siécle, où sous les régnes de François I, pere & restaurateur des beaux Arts, & Henri II son fils, parurent les fameux *Jean Bullan,* (a) *Philibert de Lorme*, (b) *Pierre Lescot,* (c) *Louis de Foix,* (d) & *Sébastien*

---

bâti par ordre de S. Louis les Eglises de la Couture de sainte Catherine, des Mathurins, des Chartreux, des Cordeliers où cet homme célèbre a été inhumé, & quantité d'autres.

(a) *Jean Bullan,* mort en 1578, a donné le dessein de la Colonne de l'Hôtel de Soissons pour la Reine Catherine de Médicis, veuve du Roi Henri II, qui la fit construire pour étudier l'Astronomie. Ce grand homme a aussi donné les desseins du Château des Thuilleries conjointement avec *Philibert de Lorme.*

(b) *Philibert de Lorme* de Lyon, mort en 1577, a donné les desseins de la Chapelle des Orfèvres près le grenier à sel de Paris, & celui du Château des Thuilleries avec *Jean Bullan.*

(c) *Pierre Lescot,* mort en 1578, commença le vieux Louvre, & donna les desseins de la Fontaine des Innocens.

(d) *Louis de Foix* vivoit en 1583, & ce fut sur ses desseins que fut bâti le magnifique Palais de l'Escurial en Espagne, où il demeura long-tems. Revenu en France, il fit en 1579 le nouveau Canal de l'Adour près Bayonne, & a bâti depuis la fameuse Tour de Cordouan à l'embouchure de la Garonne.

Sorlio. Mais les guerres continuelles entre les deux maifons de France & d'Autriche, & celles de Religion firent éclip-
fer encore une fois le goût de la belle
Architecture, & il ne lui falloit rien moins
q ie le fiécle de Henri IV., pour lui pro-
mettre des jours plus heureux qu'àce grand
Roi. Auffi fous le régne de fes fucceffeurs Louis XIII, Louis XIV, & Louis
XV, on l'a vu renaître & venir par dégré au haut point de perfection où nous
la voyons aujourd'hui.

Les anciens avoient comme nous deux
fortes d'Architectures, l'une qu'on appelle
civile, & l'autre militaire. La première
a toujours fubfifté, & ou en fuit encore
à préfent les régles dans tous les édifices publics & particuliers; mais l'autre,
qui regarde la fortification des places de
guerre, a changé à caufe de la manière différente dont on attaque les Places,
& dont on les défend, fur-tout depuis
l'ufage des canons ; & les Architectes
qui s'appliquent à cette forte d'Architecture, ont été appelles Ingénieurs, parce
qu'ils font fouvent obligés de mettre en
ufage des inventions ingénieufes, tant
pour la fortification que pour l'attaque,
ou la défenfe des Places.

Les Maîtres de cet Art ont compofé

divers Ordres d'Architecture , dont les proportions & les ornemens conviennent aux édifices selon la grandeur , la force , la délicatesse & la beauté qu'on y veut faire paroître. Ces Ordres sont le Toscan , le Dorique , l'Ionique , le Corinthien & le Composite. La différence de ces cinq Ordres se prend de la colonne, & de l'entablement qui comprend l'architrave , la frise & la corniche.

L'Ordre Toscan est le plus simple & le plus dépourvu d'ornemens: il est même si grossier , qu'on le met rarement en usage , si ce n'est pour quelque bâtiment rustique ou pour quelque grand édifice, comme Amphithéâtre ou autres ouvrages qui doivent être solides. On croit qu'il a pris son origine dans la Toscane en Italie. M. de Chambrai dit » que la co-» lonne Toscane , seule & sans aucune » architrave , est propre pour éterniser la gloire des grands hommes.

L'Ordre Dorique, qui est solide, quoique moins grossier, a la colonne fort souvent canelée, & la frise ornée de triglyphes & de métopes. Les triglyphes sont des ornemens composés de trois bandes ou régles , séparées par des canelures ; & les métopes sont des têtes de bœufs , des bassins ou des vases placés

entre les triglyphes. Cet Ordre a été inventé
par les Doriens, peuples de la Gréce.

L'Ordre Ionique, plus délié, a la colonne canelée avec un chapiteau à volutes qui font des ornemens tortillés en
lignes spirales, & sa corniche est ornée
de modillons ou piéces saillantes de Figure quarrée. Il tire son origine de l'Ionie Province de l'Asie.

L'Ordre Corinthien, beaucoup plus riche que les précédens, a la colonne ordinairement canelée avec un chapiteau à
feuilles ou panaches, & des volutes tout
autour. Il fut inventé à Corinthe Ville
du Péloponèse, par *Callimachus* Architecte, Peintre & Sculpteur, vers l'an 537.
avant Jesus-Christ.

L'Ordre Composite participe de l'Ionique & du Corinthien; mais il est encore
plus orné que le Corinthien, n'ayant cependant que quatre volutes. Il fut ajouté aux
autres par les Romains, après qu'Auguste
eût donné la paix à l'Univers.

Lorsqu'on se sert de plusieurs Ordres
dans un édifice, ils sont disposés de maniére, que le plus délicat est posé sur le
plus fort & le plus solide. Ainsi sur le
Dorique on met l'Ionique; sur l'Ionique, le Corinthien; & sur le Corinthien,
le Composite.

Outre

Outre ces cinq Ordres, il y a des Architectes qui en mettent encore deux ; fçavoir, l'Ordre de Caryatides & l'Ordre Perfique. Le premier n'eft différent de l'Ionique qu'en ce qu'on met des Figures de femmes au lieu de colonnes ; l'autre eft l'Ordre Dorique avec des Figures de Perfe, ayant les mains liées comme des captifs en la place des colonnes.

ARCHITECTES.

ANCIENS ET MODERNES,

Par ordre Alphabétique.

Æ

Æ,Therius de Conftantinople, très-eftimé de l'Empereur Anaftafe, vivoit dans le fixiéme fiécle.

Agamedes Grec bâtit le Temple d'Apollon à Delphes avec Trophonius vers l'an 198; avant J. C.

Agapitus Grec vivoit vers l'an 54 avant J. C.

Agefandre Grec, Architecte & Sculpteur,

Tome II. H

affocié avec Polidore & Alexandre pour la Statue du Laocoon Sacrificateur d'Apollon, (a) trouvée à Rome dans le feiziéme fiécle parmi les ruines du Palais de Vefpafien.

Alberti (Léon-Baptifte) de Florence; mort en 1540.

Aloïfius qui vivoit dans le fixiéme fiécle, fut chargé par Théodoric Roi d'Italie de faire & de rétablir les bains & les aqueducs de la Ville de Rome.

Alypius d'Antioche qui vivoit l'an 363 de J. C. fut chargé par Julien l'apoftat de rebâtir le Temple de Jérufalem, qui n'eut pourtant pas lieu.

Anchafius Grec vivoit vers l'an 1983 avant J. C.

André di Cione Orgagna, le plus grand Architecte de fon tems, étoit de Florence, & fit quantité de beaux ouvrages pour cette Ville : il mourut en 1389, âgé de 60 ans.

_____

(a) Laocoon fils de Priam & d'Hécube, & Prêtre d'Apollon, voulant diffuader les Troyens de recevoir le cheval de bois que les Grecs feignoient d'avoir confacré à Minerve, fut entouré dans le même inftant de deux ferpens d'une monftrueufe grandeur qui le tuerent avec fes deux fils.

André de Pise fut chargé de la part des Florentins de plusieurs beaux ouvrages, & mourut en 1345, âgé de 75 ans.

Andronicus Grec vivoit vers l'an 541 avant J. C. Il fit à Athènes une tour toute en marbre.

Androuet du Cerceau (*Jacques*) François vivoit dans le sixiéme siécle.

Ange de Sienne de la Ville de Sienne, Architecte & Sculpteur, vivoit dans le commencement du quatorziéme siécle.

Ange (*Etienne-Martel*) Frere Jésuite de Lyon, mort en 1641, âgé de 72 ans.

Anthenicus de l'Asie, Architecte & Sculpteur, vivoit dans le sixiéme siécle.

Antimachides Grec qui vivoit vers l'an 541 avant J. C. commença à bâtir, par ordre de Pisistrate, à Athènes, le fameux Temple de Jupiter Olympien, avec Antistates, Calleschros & Perinos.

Antiphilus Grec vivoit vers l'an 370 avant J. C.

Antistates Grec qui vivoit vers l'an 541 avant J. C. commença à bâtir, par ordre de Pisistrate, à Athènes, le fameux Temple de Jupiter Olympien, avec Antimachides, Calleschros & Perinos.

Antoninus de Corinthe, Sénateur, vivoit

H ij

au commencement du deuxiéme fiécle.

Aphrodifius Romain vivoit l'an 363 de
J. C.

Apollodore, Architecte & Peintre Grec,
vivoit l'an 410 avant J. C.

Apuleïus d'Efpagne vivoit vers l'an 80
de J. C.

Archias de Corinthe vivoit vers l'an
212 avant J. C.

Archimedes de Syracufe en Sicile vivoit
l'an 212 avant J. C.

Argelius Grec vivoit vers l'an 541 avant
J. C.

Argos Grec, qui bâtit le navire des Argonautes, vivoit vers l'an 1192 avant
J. C.

Ariftote de Bologne, de la famille des
Alberti, vivoit dans le quinziéme fiécle.

Arnolpo di Lapo de Florence, né en
1232, grand Architecte & Sculpteur
célèbre, eft mort en 1300, âgé de
68 ans.

Athenée de Syracufe en Sicile vivoit
vers l'an 212 avant J. C.

Aubert (*Jean-François*), mort en 1725.

Auguftin de Sienne, de la ville de Sienne, Architecte & Sculpteur, vivoit dans
le commencement du quatorziéme fiécle.

Auxentius Romain vivoit vers l'an 363 de J. C.

Axon Religieux François vivoit vers l'an 1020 de J. C.

BA

*B*Arbante *d'Urbin* de Rome, mort en 1514.

Bathycles Magnesien, Architecte & Sculpteur, vivoit l'an 541 avant J. C.

Bernin (*Jean-Laurent*, dit *le Cavalier*) de Naples, mort en 1680, étoit aussi Sculpteur célèbre. Voyez son article au Catalogue des *Sculpteurs.*

Bezeléel Israëlite, neveu de Moïse, vivoit l'an 1528 avant J. C.

Biton Grec vivoit vers l'an 318 avant J. C.

Blondel (*François*), né à Paris en 1624, mort en 1689, âgé de 65 ans.

Boëce Italien vivoit dans le sixiéme siécle.

Boffrand (*Germain*), né à Nantes en 1667, mort en 1754, âgé de 87 ans.

Boilliviis de Provence vivoit en 1178.

Bonanno de Pise, Architecte & habile Sculpteur, vivoit dans le douziéme siécle.

H iij

Bonhomme (....) François, mort vers l'an 1720.

Boscri (.....) mort dans le cours du dix-huitiéme siécle.

Boule (*André-Charles*), né à Paris en 1642, étoit Architecte, Peintre & Sculpteur en mosaïque : il est mort en 1732, âgé de 90 ans.

Bonosus Romain vivoit l'an 363 avant J. C.

Bourgeois (*le Pere Nicolas*) Religieux Augustin, vivoit dans le dix-septiéme siécle.

Bramante né à Rome en 1444, mort en 1514, âgé de 70 ans.

Bratrachus ou *Batrachus* de Lacédemone vivoit l'an 104 avant J. C.

Briseux (*Charles-Etienne*) François, mort en 1754.

Bruant (*Libéral*), le pere, vivoit dans le dix-septiéme siécle.

Bruant le fils (.....) vivoit dans le dix-septiéme siécle.

Bullan (*Jean*) François, mort en 1578.

Bullet (*Pierre*) mort sur la fin du dix-septiéme siécle.

Bupalus Grec, Architecte & Sculpteur célèbre, vivoit l'an 541 avant J. C.

Buono Vénitien, Architecte & habile Sculpteur, vivoit en 1154 de J. C.

Busas de Rome vivoit dans le septiéme siécle.

Buschetto da Dulichio Architecte Grec célèbre vivoit en Italie dans le onziéme siécle.

CA

C. *Bochius Musæus* Romain vivoit l'an 75 de J. C.

C. *Julius Lacer* Allemand vivoit l'an 96 de J. C.

C. *Julius Posphorus* Romain vivoit l'an 14 de J. C.

C. *Licinius Alexander* Romain vivoit l'an 14 de J. C.

C. *Mutius* Romain vivoit l'an 104 avant J. C.

C. *Posthumius* Romain vivoit la premiére année de J. C.

C. *Sevius Lupus* Portugais vivoit l'an 80 de J. C.

Calendario (*Philippe*) de Venise, mort en 1354, étoit aussi Sculpteur.

Calleschros Grec vivoit vers l'an 541 avant J. C.

Callias de Phénicie vivoit vers l'an 307 avant J. C.

H iv

Callicratès Athénien vivoit vers l'an 458 avant J. C.

Callimachus Grec, Architecte, Peintre & Sculpteur, vivoit l'an 537 avant J. C. il a inventé le Chapiteau Corinthien.

Callinicus Egyptien vivoit l'an 667 de J. C. il inventa le feu grégeois dont l'Empereur Constantin Pogonate, fils & successeur de Constans, fit faire la premiére épreuve sur une flotte Arabe qu'il défit.

Calus Athénien, neveu de *Dédale*, vivoit l'an 1184 avant J. C. ce fut lui qui inventa la scie & le compas.

Carpion Athénien vivoit l'an 439 avant J. C.

Cassiodore Italien vivoit l'an 526 de J. C.

Cartaud (*Silvain*) vivoit dans le commencement du dix-huitiéme siécle.

Cetras de Calcédoine vivoit l'an 439 avant J. C.

Charidas Grec vivoit l'an 439 avant J. C.

Cheiromocrates de Macédoine vivoit l'an 331 avant J. C.

Chelles (*Jean de*) de Paris vivoit en 1257.

Cheréas d'Athènes vivoit l'an 331 avant J. C.

Cherficrates de Macédoine vivoit l'an 331 avant J. C.

Chinocrates de Macédoine vivoit l'an 331 avant J. C.

Chyrofophus de l'Ifle de Crete vivoit l'an 541 avant J. C.

Chyfes d'Aléxandrie vivoit l'an 537 de J. C.

Circammon de Crete vivoit l'an 1184 avant J. C.

Cléodamus de Byfance vivoit l'an 235 de J. C.

Cléomenes de Macédoine vivoit l'an 331 avant J. C.

Cn. Cornelius Romain vivoit la premiére année de J. C.

Cn. Coffutius Agathangelus Romain vivoit l'an 180 avant J. C.

Cn. Coffutius Caldus Romain vivoit l'an 180 avant J. C.

Cornelius Celfus Romain vivoit l'an 94 avant J. C.

Coræbus Athénien vivoit l'an 439 avant J. C.

Coffutius Romain vivoit l'an 190 avant J. C.

Cottard (*Pierre*) François vivoit dans le dix-feptiéme fiécle.

Courtonne (*Jean*) François vivoit fur la fin du dix-feptiéme fiécle.

H v

178 DA

Creil (Pierre de) Religieux de Ste Geneviéve, vivoit dans le dix-septiéme siécle.

Ctecibius d'Aléxandrie vivoit l'an 224 avant J. C.

Ctesiphon ou Chersipron de Crete vivoit l'an 550 avant J. C.

Cyriades Romain vivoit l'an 363 de J. C.

DA

Daniel de Ravenne vivoit l'an 526 de J. C.

Dante (Vincent), né en 1530, mort à Pérouse en 1576, âgé de 46 ans, étoit aussi grand Peintre & habile Sculpteur que bon Architecte.

Dante (Jean-Baptiste) de Pérouse, contemporain de Vincent Dante, étoit un excellent Machiniste: il inventa une Machine pour voler, & il en fit plusieurs fois l'expérience sur le Lac Thrasiméne; mais un jour qu'il s'étoit élevé extrêmement haut, un des fers qui dirigeoit ses aîles artificielles ayant manqué, il tomba sur une Eglise de Pérouse, & se cassa la cuisse; il fut aſſez heureux pour guérir de cette chute, qui apparemment le rendit ſage. Il mourut à Veniſe âgé de 40 ans.

Daphnis de Milet en Grece vivoit l'an 400 avant J. C.

Daviler (*Auguſtin-Charles*) né à Paris en 1653, mort en 1700, âgé de 47 ans.

Decotte (*Robert*) né à Paris en 1657, mort en 1735, âgé de 78 ans.

Dédale Athénien vivoit l'an 1243 avant J. C. il étoit auſſi grand Sculpteur.

Demetrius Grec vivoit l'an 421 avant J. C.

Democrates de Macedoine vivoit l'an 331 avant J. C.

Democrite Athénien vivoit l'an 439 avant J. C.

Demophilos Grec vivoit l'an 421 avant J. C.

Demophon de Chypre vivoit l'an 28 avant J. C.

Denoſtrates Macédonien vivoit l'an 300 avant J. C.

Desbroſſes (*Jacques*) François vivoit ſous la régence de Marie de Médicis mere du Roi Louis XIII.

Deſgodets (*Antoine*) né à Paris en 1653, mort en 1728, âgé de 75 ans.

Desgots (. . . . . .) mort il y a environ 30 ans.

Detrianus Romain vivoit l'an 96 de J. C.

Dexiphanes de Chypre vivoit l'an 28 avant J. C.

Diades Grec vivoit l'an 331 avant J. C.

Dinocrates Macédonien vivoit l'an 330 avant J. C.

Dioclides de Rhodes vivoit l'an 331 avant J. C.

Diognete de Rhodes vivoit l'an 304 avant J. C.

Diphilus Grec vivoit l'an 421 avant J. C.

Dorbay (*François*) François mort en 1698.

Doucet (*Jacques*) François mort au commencement du dix-huitiéme siécle.

Dubois (*Pierre*) François vivoit dans le dix-septiéme siécle.

Duc (*Charles le*) François vivoit dans le dix-septiéme siécle.

Durusé (　　　　) François vivoit dans le dix-septiéme siécle.

EN

E Ntinopus ou *Eutinopus*, de Candie, vivoit dans le cinquiéme siécle.

Epeus Grec vivoit l'an 1184 avant J. C.

Epimachus d'Athènes vivoit l'an 331 avant J. C.

Errard (*Charles*) né à Nantes en 1606 mort en 1689, âgé de 83 ans, étoit aussi bon Peintre.

Erwin de Steinbach vivoit l'an 1386 de J. C.

Etienne Persan vivoit l'an 674 de J. C.

Euclide d'Aléxandrie vivoit l'an 318 avant J. C.

Euctemon Grec vivoit l'an 269 avant J. C.

Eudes *de Montreuil* François, mort en 1289 de J. C.

Eudoxus de Cnide Grec vivoit l'an 350 avant J. C.

Eupalinus de Mégare vivoit l'an 550 avant J. C.

Eufranor Grec vivoit l'an 421 avant J. C.

Eupolemus d'Argos vivoit l'an 541 avant J. C.

FL

F Lavius Vegetius Renatus de Conftantinople vivoit l'an 650 de J. C.

Foix (Aléxis de) François mort en
1583.

Foix (Louis de) du Comté de Foix vivoit dans le feixiéme fiécle.

Friand (Rolland) du Maine vivoit en
1650.

Frontin Romain vivoit l'an 96 de J. C.

Fuccio de Florence vivoit l'an 1231
de J. C. il étoit aufli Sculpteur.

Fuffuius Romain vivoit l'an 104 avant
J. C.

GA

G Abriel (Jacques), né à Paris en
1667, mort en 1742, âgé de 75
ans.

Gamard (. . . .) François vivoit fous
le régne de Louis XIII.

Giarini (. . . . .) Italien, mort au
commencement du dix-huitiéme fiécle.

Giotto Florentin vivoit l'an 1336 de
J. C. il étoit aufli bon Peintre.

Giovanni Fiorentino Jacobin vivoit en 1278 de J. C.

Girard (. . . .) François vivoit fous le régne de Louis XIV.

Gittard (*Daniel*) François vivoit dans le dix feptiéme fiécle.

Guarini (*Camille Guarino*) Religieux Théatin Italien, né en 1624, mort en 1683, âgé de 59 ans.

Guillaume Allemand vivoit l'an 1180 de J. C.

HE

H Éraclides de Tarente vivoit l'an 190 avant J. C.

Hermodorus de Salamine vivoit l'an 104 avant J. C.

Hermogénes de l'Afie mineure vivoit l'an 1012 avant J. C.

Hildouard, Religieux Bénédictin de Chartres, vivoit l'an 1170 de J. C.

Hilts (*Iean*) de Cologne vivoit l'an 1305 de J. C

Hippias Romain vivoit l'an 117 de J. C.

Hiram ou *Chiram* de Tyr, Ifraélite d'origine, vivoit l'an 1012 avant J. C.

Hormisdas Grec vivoit dans le quatriéme fiécle.

Hugues Libergier François mort en 1263 de J. C.

Humbert, Archevêque de Lyon, vivoit l'an 1050 de J. C.

JA

*J*Acobello Vénitien vivoit l'an 1383 de J. C. & étoit Sculpteur.

Jacopo, frere d'André Orgagna de Florence, vivoit l'an 1389 de J. C.

Jacopo ou *Lapo* d'Allemagne vivoit l'an 1200 de J. C.

Jacopo di Casentino d'Arezzo, Eleve du Giotto, vivoit l'an 1389 de J. C. il étoit aussi Peintre.

Jacopo Lanfrani de Venise vivoit l'an 1349 de J. C. il étoit aussi Sculpteur.

Jamin (François) vivoit sous le régne de Henri IV.

Januarius Romain vivoit l'an 674 de J. C.

Icare d'Athènes, fils de Dédale, vivoit l'an 1200 avant J. C.

Ictinus Grec vivoit l'an 458 avant J. C.

Jean de Chelles François vivoit l'an 1257 de J. C.

Jean de Milet de Syrie vivoit l'an 537 de J. C.

Jean de Pise vivoit l'an 1305 de J. C. il étoit aussi bon Sculpteur.

Jean Ravi de Paris vivoit l'an 1351 de J. C. il étoit aussi bon Sculpteur.

Ingelramne de Normandie vivoit en 1212 de J. C.

Jousselin de Courvault François vivoit l'an 1260 de J. C.

Isidore Bysantin vivoit l'an 537 de J. C.

Isidore de Milet vivoit l'an 537 de J. C.

Isles (*Jean-Charles Garnier d'*) François, né en 1697, mort en 1755, âgé de 58 ans.

Joconde (*Jean*) de Vérone, Religieux Jacobin, a bâti le Pont Notre-Dame & le petit Pont en 1507 : il vivoit sous le régne de Louis XII.

Joubert (*Charles*) François vivoit dans le dix-septiéme siécle.

Jules-Romain (*Julio Pippi* dit) étoit aussi grand Peintre. Voyez son article au Catalogue des Peintres.

KO

K Oeck (Pierre) natif d'Aloft, mort en 1550 de J. C. étoit auffi grand Peintre.

LA

L Ambert de Keule, Abbé des Dunes en Flandre, vivoit l'an 1262 de J. C.

Laffurance (. . . . .) François mort dans le dixhuitiéme fiécle.

Léocrates d'Olympie vivoit l'an 370 avant J. C.

Léon, Evêque de Tours, vivoit l'an 564 de J. C.

Léonides Grec vivoit l'an 439 avant J. C.

Le Pautre (Antoine) né à Paris en 1614, mort en 1691, âgé de 77 ans.

Le Lion (. . . . .) François mort au commencement du dix-huitiéme fiécle.

Lefcot (Pierre) François, né en 1510, mort en 1578, âgé de 68 ans.

Libon Grec vivoit l'an 479 avant J. C.

Lino de Sienne en Italie vivoit l'an
1336 de J. C.

Lisle (*Pasquier de*) François mort sur
la fin du dix-septiéme siécle.

L. *Ancharius Philostorgus* Romain vivoit
l'an 75 de J. C.

L. *Antius* Romain vivoit l'an 104 avant
J. C.

L. *Cocceius Auctus* Romain vivoit l'an
premier de J. C.

L. *Vitruvius Cerdo* de Vérone vivoit
l'an premier de J. C.

Lombard (*Lambert*) de Liége, mort dans
le seiziéme siécle, étoit aussi Peintre.

Lorme (*Philibert de*) né à Lyon, mort
en 1577.

MA

MAglione de Florence vivoit l'an
1254 de J. C.

Maire (. . . . *le*) François mort vers
l'an 1710.

Mandrocles de Samos vivoit l'an 508
avant J. C.

Manlius Romain vivoit l'an premier
de J. C.

Mansard (*François*) né à Paris en 1600,
mort en 1697, âgé de 97 ans.

Manfard (*Jules-Hardouin*) né à Paris en 1645, mort en 1708, âgé de 63 ans.

Marchand (*Guillaume*) vivoit fous le régne de Henri IV.

Marchione d'Arrezzo en Italie vivoit l'an 1200 de J. C.

Marco Juliano de Venife vivoit l'an 1120 de J. C.

Marcus Aurelius Romain vivoit la premiére année de J. C.

Marot (*Jean*) François vivoit dans le dix-feptiéme fiécle.

M. Terentius Varro Romain vivoit l'an 104 avant J. C.

M. Valerius Artema Romain vivoit l'an 94 avant J. C.

M. Vitruvius Pollio de Vérone vivoit la première année de J. C.

Margaritone né à Arezzo en Italie vivoit en 1289, & mourut âgé de 77 ans : il étoit Architecte, Peintre & Sculpteur.

Megacles Grec vivoit l'an 370 avant J. C.

Megacles d'Olympie vivoit l'an 370 avant J. C.

Melampus Grec vivoit l'an 439 avant J. C.

Menandre Grec vivoit l'an 28 avant J. C.

Menon Grec vivoit l'an 269 avant J. C.

Mercier (*Jacques le*) de Pontoise, premier Architecte de Louis XIII.

Metagenes de Crete vivoit l'an 550 avant J. C.

Metagenes Grec natif de Xipere vivoit l'an 439 avant J. C.

Métezeau (*Clément*) de Dreux vivoit en 1627 de J C.

Meticus Grec vivoit l'an 541 avant J. C.

Metrodorus Persan vivoit l'an 295 de J. C.

Mexaris Grec vivoit l'an 439 avant J. C.

Michaëlo Mansarto de Paris vivoit l'an 989 de J. C,

Mnesicles Athénien vivoit l'an 439 avant J. C.

Mnestes de Magnésie en Grece vivoit l'an 687 avant J. C.

Moccio de Sienne en Italie vivoit l'an 1349 de J. C.

Muet (*Pierre le*) né à Dijon en 1591, mort en 1669, âgé de 78 ans.

Mustius Romain vivoit l'an 96 de J. C.

NI

*N*Icolas *de Belle*, Abbé des Dunes en Flandre, vivoit l'an 1200 de J. C.

Nicolas de Pise en Italie vivoit l'an 1231 de J. C. étoit aussi Sculpteur.

Nicomedes de Thessalie vivoit l'an 94 avant J. C.

Nicon de Pergame en Italie vivoit l'an 161 de J. C.

Nimphodorus Grec vivoit l'an 421 avant J. C.

Noſtre (*André le*) né à Paris en 1625, mort en 1700, âgé de 75 ans.

OP

*O*Don François vivoit l'an 1078 de J. C.

Ooliab neveu de Moïse vivoit l'an 1528 avant J. C.

Oppénord (*Gilles-Marie,*) né à Paris en 1672, mort en 1742, âgé de 70 ans.

PA

Palladio (*André*) de Vicence en Lombardie, mort en 1580.

Péonius d'Ephèse vivoit l'an 421 avant J. C.

Pephasmenos de Tyr vivoit l'an 439 avant J. C.

Perrac (*Etienne du*) de Paris mort en 1601.

Perrault (*Claude*) Médecin & Architecte, né à Paris en 1613, a donné les desseins du nouveau Louvre du côté de S. Germain l'Auxerrois, qui furent préferés à ceux du Cavalier Bernin. Perrault est mort en 1688, âgé de 75 ans.

Perrault (*Charles*) né à Paris en 1627, mort en 1705, âgé de 78 ans.

Phéax de Sicile vivoit l'an 479 avant J. C.

Phileos d'Athènes vivoit l'an 439 avant J. C.

Philippe de Nismes en Languedoc vivoit l'an 80 de J. C.

Philon Athénien vivoit l'an 318 avant J. C.

Phoenix Egyptien vivoit l'an 204 avant J. C.

Phyros Grec vivoit l'an 439 avant J. C.

Phytecus de la Ville d'Halicarnasse vivoit l'an 363 avant J. C.

Pierre de Montcreau François est mort en 1266.

Pierre Paul Vénitien vivoit l'an 1349 de J. C. il étoit aussi Sculpteur.

Pline le jeune Romain vivoit l'an 96 de J. C.

Poelis Grec vivoit l'an 439 avant J. C.

Polyclete d'Argos vivoit l'an 342 avant J. C. il étoit grand Sculpteur.

Polydus de Thessalie vivoit l'an 439 avant J. C.

Possidonius Grec vivoit l'an 318 avant J. C.

Pothoeus d'Olympie vivoit l'an 370 avant J. C.

Primatice (*François le*) né à Bologne en 1490, mort en 1570, étoit aussi Peintre célèbre. Voyez son article au Catalogue des Peintres.

Proclus de Constantinople vivoit l'an 515 de J. C:

P. Cornelius Romain vivoit la premiére année de J. C.

P. Minidius Romain vivoit la premiére année de J. C.

P. Septimus Romain vivoit l'an 104 avant J. C.

Puget

Puget (*Pierre-Paul*) étoit auſſi bon Peintre & Sculpteur. Voyez ſon article au Catalogue des Sculpteurs.

Pythius d'Athènes vivoit l'an 439 avant J. C.

Pyrrhus d'Olympie vivoit l'an 370 avant J. C.

____

QU

Q Uintinie (*Jean de la*) né près de Poitiers en 1626, mort fort âgé.

Q. *Ciſſonius* de Naples vivoit l'an 75 de J. C.

____

RE

R Enaldini (*Jean*) d'Ancone , célébre Ingénieur, mort en 1620.

Renault de Cormont , de Picardie, vivoit l'an 1220 de J. C.

Rhicus de Samos vivoit l'an 687 avant J. C.

Rholus de Samos vivoit l'an 687 avant J. C.

Richer (*Jean*) François vivoit dans le dix-ſeptiéme ſiécle.

Tome II.   I

Riſtoro da Campi de Florence, Jacobin, vivoit l'an 1278 de J. C.

Robert de Coucy de Reims eſt mort en 1311.

Robert de Luzarche vivoit l'an 1220 de J. C.

Romain (le Frere François) Jacobin, né à Gand en 1646, mort en 1735, âgé de 89 ans.

Roux (. . . . . le) né en 1671, mort en 1740, âgé de 69 ans.

SA

S Alomon de Gand, Abbé des Dunes en Flandre, vivoit l'an 1230 de J. C.

Sarnacus Grec vivoit l'an 439 avant J. C.

Satyrus d'Halicarnaſſe vivoit l'an 363 avant J. C.

Saurus de Lacédemone vivoit l'an 104 avant J. C.

Scamozzi (. . , .) vivoit l'an 1597 de J. C.

Scopas de Paros vivoit l'an 363 avant J. C.

Sergius de Conſtantinople vivoit l'an 814 de J. C.

Servandoni (le Chevalier Jean) de Flo-

rence fleuriſſoit dans le commencement du dix-huitiéme ſiécle.

Sextus Pompeïus Agaſius Romain vivoit l'an 10 de J. C.

Silanion Grec vivoit l'an 439 avant J. C.

Silenus Athénien vivoit l'an 439 avant
J. C.

Simmaque Romain vivoit l'an 526 de
J. C.

Soriau Architecte & Peintre. Voyez Soriau au Catalogue des Peintres.

Soſtratus Egyptien vivoit l'an 259 avant
J. C.

Spintharus de Corinthe vivoit l'an 550
avant J. C.

Splanchnoptes d'Athènes vivoit l'an 439
avant J. C.

Stephano de Florence, mort en 1350,
âgé de 49 ans, étoit auſſi un Peintre
célébre.

Strozzy (*Kivico*, ou *Quiric*) Florentin,
mort en 1565.

―――――――――――

TA

*T*Addes *Gaddi* de Florence mourut
l'an 1350, âgé de 50 ans : il étoit auſſi
Peintre célébre.

Tarchesius Grec vivoit l'an 541 avant
J. C.

Tenicus Grec vivoit l'an 1184 avant
J. C.

Téocides Grec vivoit l'an 539 avant
J. C.

Théodore Phocéen vivoit l'an 550 avant
J. C.

Théodore de Conſtantinople vivoit l'an
537 de J. C.

Théodore ou *Théodorus* de Samos vivoit l'an 687 avant J. C. il étoit auſſi
Sculpteur célébre.

Théodoric, Abbé des Dunes en Flandre,
vivoit l'an 1230 de J. C.

Thomas de Cormont de Picardie vivoit
l'an 1220 de J. C.

Thomas de Piſe de Florence vivoit l'an
1345 de J. C. a auſſi été Sculpteur
célébre.

Tiberius Claudius Vitalius Italien vivoit
l'an 80 de J. C.

Tour (. . . . *de la*) mort au commencement du dix-huitiéme ſiécle.

Triphon d'Aléxandrie vivoit l'an 307
avant J. C.

Trophonius Grec vivoit l'an 1983 avant
J. C.

VA

V Al (. . . , *du*) François vivoit dans le dix-septiéme siécle.

Valerius d'Oſtie vivoit l'an 104 avant J.C.

Veau (*Louis le*) né en 1612, mort en 1670, âgé de 58 ans.

Vignole (*Jacques Barrozzi*, dit) né à Vignole en Italie en 1507, mort en 1573, âgé de 66 ans.

Vitruve (*M. Pollio*). Voyez *M. Vitruvius Pollio.*

Ulin (*Nicolas d'*) né à Paris en 1672, mort en 1751, âgé de 79 ans.

Waultier de Meulan vivoit l'an 1212 de J. C.

Wirmbolde de Picardie vivoit l'an 1078 de J. C.

XE

X Enocles d'Athènes vivoit l'an 439 avant J. C.

ZE

Z Oilus de Samos vivoit l'an 687 avant J. C.

DISCOURS

SUR LA PEINTURE.

LA Peinture eſt l'art de repréſenter des Figures, des Villes, des Campagnes, & autres ſujets avec des couleurs, pour imiter la nature. On ne peut pas douter que la Peinture ne ſoit auſſi ancienne que la Sculpture, ayant toutes deux le Deſſein pour principe ; mais il eſt difficile de ſçavoir au vrai le tems & le lieu où elles ont commencé à paroître. Les Egyptiens & les Grecs qui ſe ſont attribués l'invention des beaux Arts, n'ont pas manqué de ſe donner la gloire d'avoir été les premiers Sculpteurs & les premiers Peintres. Quoi qu'il en ſoit, on ne connoît pas bien le premier Auteur du Deſſein, ni à quel tems on doit en faire remonter l'époque ; on convient ſeulement en général, que ce fut la fille d'un nommé Dibutade, Potier de terre, & Sculpteur de Sicyone Ville du Péloponèſe en Gréce, aujourd'hui la Morée, qui en trouva l'invention en traçant l'image de son Amant sur l'ombre que la lumière d'une lampe marquoit contre une muraille. Il est certain que, depuis, cette découverte a eu de foibles commencemens. Ceux à qui l'Antiquité a attribué le talent d'avoir réduit cet Art en pratique, sont *Philoclès* d'Egypte, *Cléanthe*, *Ardice* de Corinthe, & *Telephane* de Clarentia, qui n'ont commencé à dessiner qu'avec du charbon ; & que le premier qui se soit servi de couleurs, ait été *Cléophanthe* de Corinthe. Après lui *Higiénontes*, *Dinias* & *Charmas* furent les premiers à peindre avec une seule couleur. *Eumarus* d'Athènes peignit ensuite les hommes & les femmes d'une différente manière. Son Disciple *Cimon* Cléonien commença à poser les corps en diverses attitudes, & à représenter les jointures des membres, les veines du corps, & les plis des draperies. La Peinture, après ces commencemens qui sembloient vouloir approcher du beau, a paru dans sa perfection chez les Grecs. Les principales écoles étoient à Sicyone, à Rhodes & à Athènes ; & il est constant que dès le tems de Romulus, Fondateur de la Ville de Rome vers l'an 715 avant Jesus-Christ, Candaule surnommé Myrsilus, Roi de Lydie, acheta au poids de l'or un Tableau du

Peintre *Bularchus* où étoit repréfentée la Bataille des Magnéfiens. *Panæus* frere de *Phidias* parut avec eftime 448 avant Je-Chrift. *Polignotus* Thracien fut le premier qui trouva des couleurs vives & éclatantes, qui mit de l'expreſſion dans ſes têtes, & qui fit pluſieurs Tableaux eftimés à Athènes & à Delphes : *Micon* ſon contemporain ſe rendit auſſi célèbre. Environ l'an 400 avant Jeſus - Chriſt, parurent *Aglaophon, Céphiſodorus, Phrillus* & *Evenor* pere & maître de *Parrhaſius*, qui excellérent dans leur Art ; mais *Apollodore* les ſurpaſſa tous. Il fut ſuivi d'un autre *Parrhaſius* & de *Zeuxis*, qui mourut de trop rire, en conſidérant le portrait d'une vieille qu'il venoit d'achever. Après ceux-ci vinrent nombre de Peintres depuis l'an 327 avant Jeſus-Chriſt, juſqu'au régne d'Auguſte, entr'-tres *Aſclépiodore, Protogenes,* & *Apelles*, nommé le Prince des Peintres. Ce dernier eut ſeul le droit de peindre Aléxandre le Grand, qui lui donna pour fem-Campaſpe ou Pancaſté de Lariſſe, l'une des ſiennes, dont ce Peintre étoit devenu amoureux en la peignant.

De la Gréce, cet Art paſſa en Italie, où il fut en réputation ſur la fin de la République Romaine, & ſous les premiers Empereurs. Enfuite on s'apperçut que la Peinture perdoit infenfiblement de fon éclat, à mefure que le luxe & les guerres diminuoient la grandeur de l'Empire Romain. On ne fçait pas quels font les Peintres qui travaillérent en Italie pendant ces tems de calamités : on trouve feulement dans les Hiftoriens que les Conftantin & les Théodofe Empereurs firent faire quelques morceaux en peinture & en fculpture pour l'ornement des Eglifes ; mais il ne nous refte prefque rien de ces ouvrages.

Vers le milieu du treiziéme fiécle, la Peinture parut faire quelques efforts pour recouvrer une partie de fon premier luftre. Des Peintres Grecs, attirés à Florence par les libéralités & les faveurs du Sénat, y travaillérent avec beaucoup plus de zéle que de fuccès. Le fameux *Cimabué* noble Florentin, mort en 1300, âgé de 70 ans, retira d'entre les mains de ces Peintres Grecs les déplorables reftes de cet Art, fe mit à travailler & acquit quelque réputation, ainfi que le *Giotto* fon éleve, mort en 1336 : quelques Florentins les ayant fécondés, illuftrérent leur fiécle. *André Tafi* Peintre, né à Florence en 1213, mort en 1294, contemporain de *Cimabué*, prévenu de la

réputation de ce Reftaurateur de la Peinture, s'attacha aux ouvrages de Mofaï-
que, dans lefquels il fe perfectionna.
Néanmoins par une fatalité qu'on ne peut
attribuer qu'aux barbares qui avoient
inondé toute l'Italie, il fe paffa beaucoup de tems fans qu'il s'élevât aucun
Peintre qui pût faire eftimer fes ouvrages
de la poftérité.

La fin du quinziéme fiécle fut l'époque du renouvellement de la Peinture en
Italie : l'on y vit paroître *Dominique
Ghirlandaïo*, maître de *Michel-Ange
Bonarota*, qui fe fit une réputation, quoique fa maniére fût gothique & fort féche :
mais *Michel-Ange* fon éleve, mort en
1564, âgé de 88 ans, effaça la gloire
de tous ceux qui l'avoient précédé, &
forma l'Ecole de Florence. *Pietro Perugin* de Péroufe en Italie, mort en 1524,
âgé de 78 ans, eut pour éleve *Raphaël*,
mort en 1520 d'une débauche outrée,
âgé de 37 ans, qui furpaffa de beaucoup
fon maître, & *Michel-Ange* lui-même,
& qui établit l'Ecole Romaine compofée
des plus grands Peintres. Dans le même
tems l'Ecole Vénitienne fe rendit recommandable fous les trois freres *Jacques*,
Gentil, & *Jean Bellin*, qui en furent les
Fondateurs. Celle de Lombardie, fondée

par *le Correge* en 1520, fut illuftrée fous
les *Giorgions*, les *Titien* & autres. Outre ces Écoles, il y avoit en de-çà des
monts des Peintres qui n'avoient nul com-
merce avec ceux d'Italie, tels qu'*Albert-
Durer* en Allemagne, *Holbens* en Suiffe,
Jean Van-Eyck, furnommé *Jean de Bruges*, qui fut le premier inventeur de la
Peinture à l'huile ; *Lucas de Leyde* en
Hollande, & plufieurs autres qui travailloient de différentes maniéres. Mais l'I-
talie, & fur-tout Rome, étoit le lieu où
cet Art avoit acquis plus de perfection,
& où de tems en tems il s'élevoit d'excellens Peintres. A l'Ecole de *Raphaël* fuccéda celle des *Carraches*, qui a duré prefque jufqu'à préfent dans leurs Eleves ;
mais il en refte peu aujourd'hui en
Italie.

La France avoit auffi fes Peintres ;
dont les talens étoient bornés à fçavoir
peindre fur le verre : tel entr'autres *Claude*
de Marfeille. On ne fe formera pas fans
doute une haute idée de leur capacité,
fi on en juge par les tapifferies faites fur
leurs deffeins, & qui fe voient encore
aujourd'hui dans quelques-unes de nos
Eglifes de Paris.

Il étoit dû au fiécle du Roi François I,
ce grand amateur des beaux Arts, de

renouveller la Peinture en France, & de nous offrir grand nombre de Peintres, qui furent employés à travailler sous *le Rosso* ou *Maître Roux* de Florence, & *François le Primatice* de Boulogne, que ce Prince avoit attirés dans ses Etats pour faire refleurir cet Art par les riches Peintures du Château de Fontainebleau, qui en font un des plus beaux ornemens.

François Clouet surnommé *Jeannet*, & *Jean Cousin*, Fondateurs de l'Ecole Françoise, *Corneille* de Lyon, & *Dumoutier*, furent parmi nos Artistes François ceux qui sçurent le mieux profiter des leçons des deux Peintres Italiens.

Après la mort de François I, que la France & les beaux Arts ont sincérement regretté, la Peinture ne fit plus que languir sous les régnes de Henri II, François II, Charles IX & Henri III, & ne nous offre aucun Peintre qui ait mérité quelque considération. Sous Henri IV, parut *Jean Freminet*, qui nous rapporta d'Italie le bon goût de la Peinture. La Chapelle de Fontainebleau, peinte en partie de sa main, lui mérita d'être honoré de l'Ordre de saint Michel. *Jacques Blanchard* & *Simon Vouet* illustrérent par leur capacité le régne de Louis XIII; & on leur dut en partie les grands progrès que la

Peintúre fit fous le régne fuivant. De l'Ecole du fecond, on vit fortir les *le Brun*, les *Mignart*, les *le Sueur*, les *Dufrenoy*, & quantité d'autres célèbres Artiftes, qui ont immortalifé leur nom, & donné un grand luftre au régne de Louis le Grand.

Le fecret de la Peinture en émail, trouvé en 1632 par *Jean Toutin* Orfévre François fous le régne de Louis XIII, fe perfectionna fous celui de Louis XIV. Les grands Maîtres qui adopterent ce genre de Peinture, font entr'autres *Dubié*, *Morliere*, *Vauquer* de Blois, *Pierre Chartier*, *Petitot*, *Louis Hance*, & *Henri Toutin*, qui a repréfenté en émail, d'après *le Brun*, la mere & la fille de Darius aux pieds d'Aléxandre le Grand en un Tableaux de fix pouces de long, où les caractéres & les belles expreffions font parfaitement rendus.

Pour nous former une grande idée du haut dégré de perfection de la Peinture, jettons les yeux fur les beaux Ouvrages des grands hommes qui ont paru fous le régne de Louis XIV, & fur la maniére dont ce grand Monarque fçavoit honorer le mérite, récompenfer les talens & chercher tous les moyens de faire fleurir les Arts & les Sciences dans fes

Etats. En effet, non content d'établir des Académies au Louvre & aux Gobelins, de fonder des prix destinés à être la récompense des jeunes éleves qui se signaloient le plus, d'élever à Rome une Ecole fondée pour leur instruction, & d'établir à Paris des Professeurs en Géométrie, en Perspective & en Anatomie pour la perfection des Arts; ce grand Roi augmenta les pensions des principaux Académiciens, donna des gratifications fréquentes, & toujours dignes du Prince qui les accordoit, & illustra de titres les plus honorables ceux d'entre les Académiciens qui s'étoient fait le plus grand nom dans leur profession. C'est par d'aussi grands bienfaits, qui se continuent sous le régne de Louis XV, que la Peinture a passé en France, qu'elle y est accueillie avec tant de distinction, & qu'elle nous a produit d'aussi grands hommes que ceux qui ont paru sous le régne de Louis XIV, & que nous voyons de nos jours.

Les sentimens varient sur le nombre d'Ecoles de Peinture en Europe. Les uns font autant d'Ecoles qu'il y a eu de grands Maîtres, comme l'Ecole de *Raphaël*, l'Ecole des *Carraches*, l'Ecole de *Rubens* &c. D'autres dans une signification plus étendue les comptent de plufieurs maniéres differentes.

M. le Chevalier de Jaucourt dans l'article, *Ecole de l'Encyclopédie*, en compte huit ; & pour faire ce nombre, il diftingue l'Ecole Romaine de la Florentine , & l'Ecole Flamande de l'Allemande & de l'Ecole Hollandoife ; pendant que le Comte de Teffin, dans fa vingt-fixiéme Lettre au Prince Royal de Suéde , les réduit à trois qui font la Romaine , la Flamande & la Françoife. Mais comme le fentiment général a toujours été d'admettre cinq Ecoles, on fe fervira de cette derniére maniére dans la dénomination que l'on en va faire.

L'Ecole Romaine ou Florentine, qui s'eft principalement attaché au deffein, a été fondée en 1240 par *Cimabué*.

L'Ecole Vénitienne, qui s'eft attachée au coloris, a eu en 1450 les trois freres *Jacques*, *Gentil* & *Jean Bellin* pour Fondateurs.

L'Ecole de Lombardie & de Naples, fondée par le *Correge* en 1520 , s'eft attaché à l'expreffion.

L'Ecole Flamande, Hollandoife & Allemande, qui s'eft attachée au naturel, a eu *Hubert* & *Jean Van - Eyck* freres, pour Fondateurs vers l'an 1400. Ce der-

nier eſt l'inventeur de la Peinture à
l'huile.

L'Ecole Françoiſe qui a varié dans
ſes principes, a eu dans le ſeiziéme ſiécle pour Fondateurs *François Clouet*, dit
Jeannet, & *Jean Couſin*. Ce dernier a excellé dans ſon Art, & ſur-tout dans la
Peinture ſur le verre.

PEINTRES

ANCIENS ET MODERNES

Par ordre Alphabétique.

AL.

AGathareus d'Athénes, grand dé-
corateur pour la Perſpective, vivoit 480 avant J. C.

Aglaophon Grec, vivoit 420 ans avant
J. C.

Albane (nommé *François Albani*, dit)
de Bologne, né en 1578, & mort en
1660, âgé de 82 ans.

Alciſthene femme Grecque qui faiſoit
des ouvrages en Peinture fort eſtimés des
anciens.

Albert - Durer de Nurembert, né en
1471, excelloit auſſi dans la Gravure.
Il fut le Fondateur de l'Ecole Allemande. Dès ſon jeune âge, il eut de grandes diſpoſitions pour les Méchaniques,
la Géométrie, la Peinture & la Gravure,
dans leſquelles il fit de ſi grands progrès,
qu'il fut eſtimé des Empereurs & des
Princes d'Allemagne. Dans un voyage
qu'il fit à Veniſe, il lia amitié avec Jean
Bellin, & rechercha celle de Michel-
Ange. Il compoſa pluſieurs Traités de
Géométrie. Dans ſes ouvrages on remarque une imagination vive, de grandes
compoſitions, un génie facile, beaucoup
d'exécution, un beau pinceau, & un fini
précieux & correct. Albert - Durer eſt
mort en 1528, âgé de 58 ans.

Aldegraf (*Albert*) célèbre en 1540,
étoit natif de Weſtphalie. Voÿez ſon
article au Catalogue des Graveurs.

Amphion Grec, Peintre célèbre.

André di cione Orgagna Florentin,
mort en 1389 de J. C. âgé de 60 ans,
étoit auſſi Architecte célèbre.

André Verrochio de Florence, mort
dans le ſeiziéme ſiécle, âgé de 56 ans.
Voÿez ſon article au Catalogue des
Sculpteurs.

Agnolo Gaddi de Florence vivoit dans le quatorziéme siécle.

Apelles de l'Isle de Co vivoit l'an 330 avant J. C. & est appellé le Prince des Peintres. Il eut seul le droit de peindre Aléxandre le Grand, qui lui donna pour femme Campaspe ou Pancasté de Larisse une des siennes, dont ce Peintre étoit devenu amoureux en faisant son portrait. Ses plus beaux ouvrages, dont parlent Pline & les Anciens, sont les portraits de Vénus, de la Victoire, de Castor & Pollux, de la Calomnie, de Clytus, de Magabise, d'Archélaüs, de Philippe & d'Aléxandre.

Apollodore Grec qui vivoit 400 ans avant J. C. étoit meilleur Architecte que bon Peintre. Il surpassa tous les Peintres qui l'avoient précédé : mais il ne fut qu'un Peintre médiocre, en comparaison de ceux qui le suivirent, & sur-tout de Zeuxis qui fut son Elève.

Arellius Romain vivoit sous le regne d'Auguste.

Aristides de Thebes fleurissoit & étoit contemporain d'Apelles.

Aristolaüs Grec, que Pline met au nombre des Peintres les plus célèbres.

Asclépiodore Grec, Peintre célèbre, contemporain d'Apelles, vendit les portraits des douze Dieux 300 mines d'argent chaque.

Asselin (*Jean*) de Hollande, mort en 1660, âgé de 50 ans.

Audran l'oncle (*Claude*) de Lyon, mort en 1684, âgé de 47 ans.

Audran (*Gérard*) né à Lyon en 1642, mort à Paris en 1703.

Audran (*Louis*), mort en 1734, Peintre & Dessinateur du Roi, a rendu son nom célèbre par son génie & sa capacité, accompagnés d'une ardeur infatigable pour le travail. Il a laissé un grand nombre d'excellens ouvrages marqués au coin du génie le plus riche & le plus fécond, qui se voient à Versailles, à la Ménagerie, à Meudon, à Sceaux, à l'Hôtel de Toulouse, au Temple, à l'Hôtel de Bouillon, au Château d'Anet, à Grosbois, & dans beaucoup d'autres endroits. Ce grand Artiste, non moins estimable par les qualités du cœur & de l'esprit, que par ses talens, est mort Concierge du Palais du Luxembourg, âgé de 76 ans.

Audran (*Claude*) frere de Louis, fut aussi Peintre du Roi. Parmi une grande quantité de beaux ouvrages qui sont sortis de son pinceau, on admire les douze Mois de l'année, dont on voit les Eſtampes, & qui ont été exécutés en tapiſſerie pour Sa Majeſté.

***

BA

Baccarelle (*Gilles*) } freres d'Anvers, Baccarelle (*Guillaume*) } étoient grands Payſagiſtes.

Backer (*Jacques*) de Harlingen, mort dans le ſeiziéme ſiécle.

Bacici (nommé *Jean-Baptiſte Gauli*) de Gènes, mort en 1709, âgé de 50 ans.

Badite (*Antonio*) oncle de Paul Veroneſe.

Backhuiſen (*Ludolff*) de Embden, mort en 1709, âgé de 78 ans.

Bailli (*Jacques*) de Gracci en Berri, mort en 1679, âgé de 50 ans, étoit grand Peintre en miniature.

Bamboche (nommé *Pierre de Laar*). Voyez ſon article au Catalogue des Graveurs.

Baptiſte (appellé *Jean-Baptiſte Monoyer*, dit) de Lille en Flandre, mort en 1699, âgé de 64 ans.

Baroche (*Fréderic*) d'Urbin en Italie, mort en 1611, agé de 84 ans.

Barthelemi Baccio Jacobin, (nommé

Bartholomeo da Savignano) Italien, mort en 1517, âgé de 48 ans.

Baſſan (nommé *Jacques de Ponte*, dit) de Baſſano, mort en 1592, âgé de 82 ans, a laiſſé quatre fils, qui ſont :

Baſſan (*François*) mort en 1594.

Baſſan (*Léandre*) mort en 1623.

Baſſan (*Jean-Baptiſte*) mort en 1613.

Baſſan (*Jérôme*) mort en 1622.

Bavere ou *Bawr* (*Jean-Guillaume*) de Straſbourg, mort en 1640, âgé de 30 ans.

Beccafumi (nommé *Dominique Pacis*) Berger d'origine de Sienne, mort en 1549, âgé de 65 ans, a excellé dans la Peinture en moſaïque.

Bellin (*Jacques*) le pere, de Veniſe, qui fleuriſſoit en 1420 & 1430, après avoir été éleve de Gentil de Fabricano, eut pour diſciples ſes deux fils Gentil & Jean Bellin, qui ont été les Fondateurs de l'Ecole Venitienne. Jacques Bellin le pere fit, entr'autres, différens morceaux de Peinture & Portraits qui furent eſtimés, comme ceux de Pétrarque & de la belle Laure.

Bellin (*Gentil*) de Veniſe, fils aîné de Jacques Bellin, naquit en 1421. Il orna de ſes ouvrages la ſalle du Conſeil de Veniſe. Etant à Conſtantinople à travail-

ler pour Mahomet II, Empereur des
Turcs, & à faire une Décollation de faint
Jean-Baptiste, le Grand Seigneur en ad-
mira la difpofition & le coloris, & ne
trouva d'autre défaut, que le col qui étoit
trop haut & trop large, étant féparé de
la tête : & pour lui prouver la vérité de
fon obfervation, il appella un Efclave,
& lui fit couper la tête en préfence de
Bellin, auquel il fit remarquer que le col
féparé de la tête fe retréciffoit extrêmement. Mais ce jeu ne plaifant pas au
Peintre, il fut faifi d'une frayeur mor-
telle qui ne le quitta pas qu'il n'eût ob-
tenu fon congé. Il revint enfin à Venife
avec de riches préfens & une chaîne d'or
de grand prix, que Mahomet II lui mit
lui-même au col. A fon tour, la République de Venife lui affigna une penfion
confidérable, & il fit encore plufieurs
morceaux très-beaux, & mourut en 1501,
âgé de 80 ans.

Bellin (*Jean*) fils de Jacques & frere
de Gentil, né à Venife en 1422, fit
auffi de très-beaux ouvrages pour la falle
du Confeil de cette Ville, qui ont beaucoup plus d'art & de douceur que ceux
de fon frere, & qui ont eu plus de réputation. Il mourut en 1517, âgé de 90
ans.

Benedette (nommé *Benoît Cafliglione* , dit) de Genes, mort en 1670, âgé de 54 ans.

Benedetto (nommé *Benoît Lutti*) de Florence, mort en 1724, âgé de 58 ans.

Benoît (*Gabriël* ou *Antoine*) de Joigny, mort en 1717, âgé de 86 ans.

Berchem ou *Berkem* (*Nicolas*) d'Amfterdam, mort en 1683, âgé de 59 ans.

Bernafit (*Nicafius* , dit *Nicafius*) d'Anvers, mort en 1678, âgé de 70 ans.

Bernazzano de Milan, excellent Payfagifte fous le regne de l'Empereur Charles-Quint.

Bertin (l'aîné) de Paris, mort en 1705.

Bertin (*Nicolas*) de Paris, mort en 1736, âgé de 69 ans.

Bianchi (*Pierre*) de Rome, mort en 1739, âgé de 45 ans.

Blain de Fontenai (*Jean-Baptifte*) de Caën, mort en 1715, âgé de 61 ans.

Blanc (*Horace le*) vivoit fous le regne de Charles IX.

Blanchard (*Jacques*) de Paris, mort en 1638, âgé de 38 ans.

Blanchet (*Thomas*) de Paris, mort en 1689, âgé de 72 ans.

Blocmaart (*Abraham*) de Crokum,

mort en 1647, âgé de 80 ans.

Bol (*Ferdinand*) de Dorchecht, mort dans le dix-septiéme siecle.

Bol (*Jean*) de Malines, peignoit en miniature, à l'huile, & en détrempe, mort en 1593, âgé de 59 ans.

Bolognese (*Jean-François Grimaldi*, dit) de Bologne, mort en 1680, âgé de 74 ans.

Bordonne (*Paris*) vivoit sous le regne de François I, & est mort à 75 ans.

Borzoni (*François*, dit *Luciano*) de Gènes, mort en 1645, âgé de 55 ans.

Borzoni (*Jean-Baptiste*), mort en 1657.

Borzoni (*Carlo*), mort en 1657.

Borzoni (*François-Marie*) de Gènes, mort en 1679, âgé de 54 ans.

Both (*Jean*) d'Utrecht, mort en 1650, âgé de 40 ans.

Botticelli (*Sandro*) de Florence, Dessinateur, mort en 1460.

Bottifanga (*Jules-César*) d'Orvietto vivoit au commencement du dix-septiéme siécle.

Boule (*André-Charle*) né à Paris en 1642, mort en 1732 étoit Architecte, Peintre & Sculpteur en Mosaïque.

Boulongne le pere (*Louis de*) de Paris, mort en 1674, âgé de 65 ans, fut un un des Professeurs de l'Académie. On voit de ce grand Maître de très-beaux morceaux, entr'autres, trois Tableaux dans l'Eglise de Notre-Dame de Paris, qui sont; l'un, le Miracle de S. Paul à Ephèse; l'autre, son Martyre, & le troisième, S. Siméon. Mais ce qui illustre plus la mémoire de cet Artiste, sont ses deux fils Bon & Louis, & ses deux filles Geneviéve & Magdeleine, qui tous quatre ont mérité d'être reçus avec distinction membres de l'Académie Royale de Peinture & Sculpture. Les Connoisseurs ont trouvé les ouvrages de Bon & Louis dignes d'être comparés à ceux des plus fameux Peintres de l'Ecole de Lombardie; & ont appellé, l'un, le *Guide*; & l'autre, *le Dominiquin* de leur siécle.

Boulongne (*Bon de*), né à Paris en 1649, eut pour maître Louis son pere, qui lui forma le goût sur celui de la belle Antiquité. A son retour de Rome, il fut reçu à l'Académie, & présenta pour son Tableau de réception, le Combat d'Hercule contre les Centaures & les Lapithes. Ce grand homme imitoit si parfaitement le Guide, que Monsieur, frere de Louis XIV, voyant un Tableau qui paroissoit venir de Rome, ordonna à Pierre Mignart, son premier Peintre, de l'exami-

ner , & de décider du prix. Mignarr,
après l'avoir bien considéré , jugea
qu'il étoit véritablement de ce grand
Maître de l'Ecole de Lombardie , & en
releva toutes les beautés. Ce Tableau fut
acheté , & placé dans l'appartement de ce
Prince , à côté d'un autre de Raphaël.
Malgré son application continuelle au
travail , Bon de Boulongne eut toujours
l'humeur égale & enjouée. En voici un
trait. L'Auteur du Mercure galant s'é-
tant fort mal à propos égayé à parler
mal des Peintres , des Sculpteurs & des
Poëtes , cet Artiste intéressé à les venger
fit graver une planche pour l'Almanach
de 1674 , où l'imprudent Journaliste étoit
représenté sous la figure de Mercure ,
cruellement étrillé par les deux Déesses
qui présent à la Peinture & à la Sculpture. L'on voyoit dans la même planche
la Poësie , qui , pour se préparer à re-
commencer , étoit occupée à lier une
poignée de verges ; & au dessous de la Figure de Mercure, on lisoit ces mots :
*Ah ! ah ! galant , vous raisonnez en igno-
rant.* Cet homme célèbre mourut en
1717 , âgé de 68 ans.

Boulongne (*Louis de*) , né à Paris en
1653 , devint un Artiste célèbre. Eleve
d'un pere habile , des dispositions les plus
heureuses , & un travail continuel & as-

ſidu, lui méritérent d'être envoyé à Rome en 1675, comme Penſionnaire du
Roi, d'être reçu membre de l'Académie
en 1681, d'être choiſi par Louis XIV
pour décorer les Maiſons Royales, d'ê-
tre gratifié d'une penſion par ce Monarque, d'être fait en 1722 Chevalier de
l'Ordre de S. Michel, & premier Peintre de ce grand Roi, d'être aſſocié à l'A-
cadémie Royale des Inſcriptions & Belles-Lettres, & enfin d'être nommé Directeur de celle de Peinture : place qu'il
a occupée avec diſtinction juſqu'à ſa mort
qui arriva en 1733, âgé de 80 ans.

Boulongne (*Gene-*
viéve)
}
filles & ſœurs des
Boulongne, mor-
tes dans le com-
mencement du
18ᵉ ſiécle.

Boulongne (*Mag-*
deleine)

Bourdon (*Sébaſtien*) de Montpellier,
mort en 1671, âgé de 55 ans.

Bourguignon (*Jacques Courtois*, dit
le) de Franchecomté, mort en 1676,
âgé de 55 ans.

Brandi (*Hyacinthe*) de l'Etat Eccléſiaſtique, mort en 1691, âgé de 68
ans.

Braur ou *Brouwer* (*Adrien*) d'Oudenarde, mort en 1640, âgé de 34 ans.

K ij

Breemberg (*Bartholomée*) d'Utrecht; mort en 1660, âgé de 40 ans.

Breugel le vieux (*Pierre*) de Breugel, mort en 1661, âgé de 106 ans.

Breugel de Velours (*Pierre*) de Breugel, mort en 1642, âgé de 67 ans.

Breugel (*Jean*) de Breda, mort en 1665, âgé de 90 ans.

Brice (*Jean*) de Rome, mort en 16.0.

Bril (*Matthieu*) d'Anvers, mort au commencement du dix-septiéme siécle.

Bril (*Paul*) d'Anvers, frere de Matthieu, mort en 1626, âgé de 72 ans.

Brouzin (*Alexandre Allori*, dit *le*) de Florence, mort en 1607, âgé de 72 ans.

Brugle (*Pierre*) de Breda a été aggrégé à l'Académie d'Anvers en 1551.

Brun (*Charles le*) l'un des plus grands Peintres que la France ait produit, naquit à Paris en 1619. Son penchant naturel dès l'âge de trois ans fit juger ce qu'il seroit par la suite. En effet, à douze ans il fit le Portrait de son ayeul; à 15, deux Tableaux qui font partie du cabinet de M. le Duc d'Orléans, représentans; l'un, un Hercule assommant les chevaux de Dioméde; & l'autre, ce Héros en Sacrificateur. A l'Ecole de Simon Vouet, il fit de si grands progrès, qu'il mérita l'estime & la protection du Chancelier Seguier. De retour de Rome, où il avoit fait de continuelles études d'après l'Antique, il peignit la magnifique galerie du Président Lambert, & le plat-fond du Seminaire de S. Sulpice, qui lui acquirent une réputation si bien méritée, que M. Fouquet Surintendant des Finances voulut se l'attacher : & le gratifia d'une pension de douze mille livres qu'il lui assura, outre les présens dont il le combla. Après la disgrace de ce Ministre, cet Artiste célèbre qui trouva dans M. Colbert un nouveau protecteur, fut nommé premier Peintre du Roi, & Directeur général des Manufactures des Gobelins, ennobli & créé Chevalier de S. Michel. Par les Mémoires qu'il présenta à Louis XIV & à son Ministre, il affermit les fondemens de l'Académie Royale de Peinture & Sculpture, & eut l'honneur d'en être Recteur, Chancelier & Directeur. Ce fut aussi sur ses Mémoires que fut établie celle de S. Luc à Rome, dont il fut nommé le Prince. Il ne dut toutes ces graces & ces honneurs qu'à la supériorité de son mérite, & aux chef-d'œuvres que produisit son pinceau : tels entr'autres, les Batailles d'Aléxandre le Grand, la Chapelle & le pavillon de l'Aurore du Château de Seaux, le grand escalier & la grande galerie de Versailles, ouvrage admirable, où l'histoire de Louis le Grand est traitée allégoriquement ; sa Magdeleine pénitente aux Carmélites, & quantité d'autres beaux morceaux qui feront passer sa mémoire à la postérité la plus reculée. Pour avoir traité avec autant de dignité, de noblesse & de génie toutes sortes de sujets, cet homme inimitable avoit l'esprit pénétrant, grand, & magnifique dans ses ordonnances, possédant la poëtique de son art, sçavant dans l'allégorie & dans toutes les parties de la Peinture ; il avoit beaucoup de correction & d'élégance ; ses airs de têtes sont nobles & gracieux : aucun Peintre n'a mieux observé le costume que ce grand homme, qui nous a laissé deux Traités ; l'un sur la physionomie, & l'autre sur le caractère des passions. Cet illustre Artiste mourut en 1690, âgé de 71 ans.

Brunetti (. . . .) de Gaëte en Italie, mort à Paris vers l'an 1755.

Buffalmalco (*Buonamico*) Italien, mort en 1340.

Bularchus Grec, sous le regne de Candaules Roi de Lydie, vivoit vers l'an 730 avant J. C.

Bunel (*Jacob*) de Blois, mort dans le seiziéme siécle.

Buonacorsi (*Perrin del Vague*, dit) mort en 1547.

C Alabrois (*Mathia Prali*, dit *le*) de la Calabre, mort en 1699, âgé de 56 ans.

Callimachus Grec vivoit vers l'an 537 avant J. C. il étoit aussi Sculpteur & Architecte.

Callot (*Jacques*) de Nanci, mort en 1635, âgé de 41 ans, a aussi excellé dans la Gravure. Voyez son article au Catalogue des Graveurs.

Calvard (*Denys*) d'Anvers, mort en 1641, âgé de 86 ans.

Calvi (*Lazaro*) de Gènes, mort en 1607, âgé de 105 ans.

Calvi (*Pantaleon*) de Gènes, mort en 1587, âgé de 84 ans.

Canta Gallina de Rome, Peintre en réputation au commencement du dix-septiéme siécle, s'appliquoit aussi à la Gravure, & a été le premier Maître de Jacques Callot.

K iv

Carle Maratte de la Marche d'Ancone, mort en 1713, âgé de 88 ans.

Carlone (*Jean*) de Gènes, mort en 1630, âgé de 40 ans.

Carmoy (*Charles de*) vivoit fous le régne de François I.

Carpaccio (*Vittore*) de Venife vivoit fur la fin du quinziéme fiécle.

Carrache (*Louis*) né à Bologne en 1555, éleva avec Auguftin & Annibal Carrache fes coufins une Ecole particuliére qui a produit de grands hommes. Ils formérent un plan d'Académie, fondé fur les principes de la nature & des antiques, pour y enfeigner toutes les parties de la Peinture, dont Louis fut déclaré le Chef. Il mettoit dans fes ouvrages, qui étoient gracieux, beaucoup de correction : fon goût de deffein eft noble, fa maniére fçavante & grande : il faifoit parfaitement le Payfage : fes deffeins à la plume font précieux : il y régne beaucoup d'expreffion, de correction & de fimplicité, jointes à une touche délicate & fpirituelle. Ce grand homme mourut en 1619, âgé de 64 ans.

Carrache (*Auguftin*) né à Bologne en 1558, mort en 1602, étoit auffi excellent Graveur. Voyez fon article au Catalogue des Graveurs.

Carrache (Annibal) né à Bologne en 1560 eut, un goût fi grand & fi décidé pour la Peinture, qu'accompagnant un jour fon pere dant un voyage, des voleurs les dévaliférent entiérement. Annibal retint fi bien leur phyfionomie, & les deffina fi reffemblans chez le Juge où le pere porta fa plainte, qu'on les reconnut, & on leur fit rendre ce qu'ils avoient pris. Il fut enfuite à Parme & à Venife, ou il lia amitié avec Paul Véronefe, le Tintoret, & Jacques Baffan ; & après s'être inftruit à l'Ecole de ces grands hommes, il revint à Bologne, & y fit des ouvrages admirés de tous les connoiffeurs. Il fe propofa pour modèle le Correge, le Titien, Michel Ange & Raphaël, fur lefquels il fe fit une maniére belle & élégante qui caractérife fes ouvrages. Il puifa chez fes grands Maîtres un ftyle noble & fublime, des expreffions vives & frapantes, un deffein correct & fier, une grande nobleffe & un pinceau hardi. Il fut mandé à Rome pour y peindre la Galerie de Farnèfe qu'il fit en huit années, & qui eft fon chef-d'œuvre. Ses débauches pour les femmes, & le chagrin, joints à une fiévre

K v

violente, le mirent au tombeau en 1609, âgé de 49 ans.

Carrache (*Antoine*) fils naturel d'Auguftin, né à Bologne en 1585, mort en 1618, a été Eleve d'Annibal. Ses ouvrages qui furent fort eftimés, faifoient juger qu'il égaleroit fon oncle, mais une mort prématurée l'enleva au commencement de fa carriére.

Caravage (*Polidore de*) du Milanois, né en 1495, fut un Peintre célébre fous le Pape Léon X. De fimple manœuvre à fervir les Maçons, le Caravage s'appliqua fi fort à confidérer les ouvrages de Jean da Udine & autres Peintres qui travailloient au Vatican à Rome fous le célébre Raphaël d'Urbin, qu'il fit des morceaux qui étonnérent fur-tout ceux qui l'avoient vu fervir les Maçons. Il fit une étude particuliére de l'antiquité, fut à Naples, & paffa en Sicile, où il fit dreffer des Arcs de triomphe pour l'Empereur Charle-Quint, & où il fut affaffiné en 1543, âgé de 48 ans, par fon valet accompagné de plufieurs voleurs, qui le volerent enfuite.

Carravage (*Michel-Ange Amerigi*, dit *le*) du Milanois, mort en 1609, âgé de 40 ans.

Carrey (*Jacques*) de Troyes, mort en 1726.

Caracci (*Giacomo*, ou *Jacques Porcome*) de Toscane, mort en 1556.

Castagno (*André del*) de Toscane, mort en 1478.

Castelli (*Bernard*) de Gènes, mort en 1629, âgé de 72 ans.

Castelli (*Valério*) de Gènes, mort en 1659.

Cavedonne (*Jacques*) du Modenois, mort en 1660, âgé de 80 ans.

Cazes (*Pierre-Jacques*) de Paris, mort en 1734, âgé de 58 ans.

Champagne (*Philippe de*) de Bruxelles, né en 1602, avoit les plus heureuses dispositions pour la Peinture qu'il cultiva par un travail continuel & assidu chez plusieurs Maîtres, & entr'autres chez le célébre Fouquiére, où il apprit le Paysage. Arrivé à Paris en 1621, il se lia d'une amitié intime avec le célébre Poussin, & travaillérent ensemble au Palais du Luxembourg pour la Reine Marie de Médicis, sous la direction de Duchesne, premier Peintre de cette Princesse. La jalousie que ce Maître eut des ouvrages de Champagne, obligea ce jeune Flamand à retourner dans sa patrie, où à peine arrivé il apprit la mort de Duchesne, & sa promotion à la place de premier Peintre de la Reine. Il revint à

Paris en 1628, où il épousa la fille de
son prédécesseur. Ce grand homme s'est
signalé par un nombre infini de beaux
ouvrages qui éterniseront sa mémoire ;
tels, entr'autres, les six Tableaux de
l'Eglise des Carmélites du Fauxbourg
S. Jacques, & un Crucifix peint dans
la voute qui est un chef-d'œuvre en
perspective, paroissant sur un plan per-
pendiculaire, quoique horizontal, la petite Galerie du Palais Royal, le Dôme
de la Sorbonne, l'appartement de la
Reine au Val de grace, différens Tableaux à Notre-Dame & dans le Chapitre aux grands Augustins, le plat-fond
du Roi à Vincennes, les Portraits du
Roi & de la Reine, de M. le Dauphin,
& du Cardinal de Richelieu. Cet illustre
Artiste avoit un génie facile qui s'atta-
choit fort au naturel, un dessein correct, & un bon ton de couleurs : il
faisoit bien le Portrait, le Paysage, &
entendoit très-bien la Perspective. Il fut
Professeur de l'Académie, ensuite premier Recteur de cette illustre Compagnie, & mourut à Paris en 1674, âgé de
72 ans.

Champagne (Jean-Baptiste de), neveu de Philippe, naquit à Bruxelles en
1643, mort en 1688, fut héritier de

talens de son oncle, dont il suivit la maniére, & qu'il se proposa pour modèle
malgré son séjour en Italie. On voit
quelques-uns de ses ouvrages dans l'appartement bas des Thuilleries. Il mourut Professeur de l'Académie, âgé de
43 ans.

Charmeton (*George*) de Lyon, mort
en 1674, âgé de 55 ans.

Chauveau (*François*) de Paris. Voyez
son article au Catalogue des Graveurs.

Cheron (*Elizabeth Sophie*) née à
Paris en 1648, a illustré son sexe, com-
la Rosa Alba , Catherine Duchemin
femme de François Girardon *Sculpteur*
célébre, & quantité d'autres, non-seulement dans la Peinture, mais encore
dans la Poësie & la Musique. Cette illustre Fille fit bientôt connoître son mérite par les Portraits qu'elle fit, dont la
parfaite ressemblance étoit la moindre
qualité. Elle a fait aussi beaucoup de
Tableaux d'histoire, & il y a une suite
de cornalines gravées sur ses desseins. De
si rares talens lui méritérent une place
à l'Académie où elle fut reçue en 1676.
Ses ouvrages ont un bon ton de couleur, un dessein correct, & de bon
goût, une entente de l'harmonie, des
draperies bien jettées, joints à une grande

facilité de pinceau. Elle se maria dans un âge un peu avancé à M. le Hay Ingénieur du Roi, & mourut à Paris en 1711 âgée de 83 ans.

Chéron (*Louis*), frere d'Elisabeth-Sophie, naquit à Paris en 1660, & est mort à Londres en 1713, âgé de 53 ans. Il étudia long-temps en Italie, & en rapporta ce caractére antique & ce vrai goût si rare dans la Peinture.

Cidias Grec, qui vivoit l'an 342 avant J. C. fit le Tableau des Argonautes.

Cignani (*Charles*) de Bologne, mort en 1719, âgé de 91 ans.

Cimabué de Florence, mort en 1300, âgé de 70 ans.

Cimon Cléonien, ancien Peintre Grec, trouva les racourcissemens dans les corps, & commença à les poser en diverses attitudes, & différentes postures : il fut le premier qui représenta les jointures des membres, les veines du corps, & les différens plis des draperies.

Cirro Ferri de Rome, mort en 1689, âgé de 55 ans.

Civoli ou *Cigole* (*Louis Carli*, dt) de Toscane, mort en 1613, âgé de 54 ans.

Cléophante de Corinthe fut un de deux qui inventérent les premiers ornemens de la Peinture, & qui deſſina les traits du viſage avec de la brique pilée: c'eſt pour cela qu'il fut ſurnommé *Monocromatos*.

Cléſide Grec, mort l'an 280 avant J. C. étoit Peintre d'Antiochus Roi de Syrie & de la Reine Stratonice. Ce Peintre ayant eu quelque mécontentement de cette Reine, la peignit dans une attitude fort immodeſte, & dont ne femme moins coquette que Stratoııce ſe ſeroit offenſée ; mais elle ſe rouva ſi belle & ſi bien peinte, qu'elle ardonna à Cléſide, & qu'elle conſentit que ſon Tableau reſtât ſur le port, où 'e Peintre avoit eu la hardieſſe de l'expoſer. Les Auteurs remarquent que cette rinceſſe étoit, ou bien indulgente, ou bien coquette.

Clodio (*Julio*) Italien, mort en 1578.

Coeſar (*da Sexto*) de Milan vivoit dans le ſiécle de Charle-Quint.

Colombel (*Nicolas*) de Rouen, mort n 1717, âgé de 71 ans.

Contarini (*Jean*) de Veniſe, mort en 1605.

Corona (*Léonardo*) Vénitien, mort n 1605.

Correge (*Antoine*, ou *Antonio de*

Allegris de Corregio de Corregio dans
le Modenois, naquit en 1475, & felon
d'autres, en 1494. Sans avoir vû Rome,
Venife, ni avoir confulté aucun antique,
ce grand homme a atteint prefque la
perfection de la Peinture, & s'eft fait
une maniére qu'il ne dut qu'à lui même, tant il avoit de difpofition pour
les Arts : aufïi tout enchante dans les
peintures de cet illuftre Artifte ; on y
voit un grand goût de deffein, tout en
eft moëlleux, & un heureux choix du
beau ; enfin, quoique fes ouvrages ne
foient pas toujours de la derniére correction, on peut dire que fon pinceau
eft divin ; & que tout ce qui en eft
forti, eft d'un fini qui fait fon effet de
près comme de loin. En effet fes ouvrages ont étonné fes contemporains, & font
l'admiration des plus grands Maîtres. Son
défintéreffement fut fi grand, qu'il mettoit
un prix très-modique à tous fes ouvrages,
& qu'il n'eft pas mort riche. Il aidoit beaucoup les pauvres, & fur-tout fa famille
éloignée de quatre lieues de fa demeure,
à qui il fut porter dans les grandes cha-
leurs 200 livres en monnoie de cuivre
qu'on lui avoit donnée pour le prix d'un
de fes ouvrages ; ce qui lui occafionna
une pleuréfie qui le mit au tombeau

à la fleur de fon âge. Les Arts perdirent ce Fondateur de l'Ecole de Lombardie en 1534.

Corneille le pere (*Michel*) d'Orléans, mort en 1664, âgé de 63 ans.

Corneille fils aîné (*Michel*) de Paris, mort en 1708, âgé de 66 ans.

Corneille le jeune (*Jean-Baptifte*) de Paris, mort en 1695, âgé de 49 ans.

Cofimo (*Pierre*) a été Maître d'André del-Sarte, & eft mort en 1521, âgé de 80 ans.

Coffiau Flamand travailla quelques-années à Paris fous le régne de Louis XIV.

Cottelle (*Jean*) de Paris, mort en 1708.

Courtin (*Jacques*) de Sens mort en 1752.

Courtois (*Guillaume*) frere du Bourguignon, de Franche-Comté, mort en 1679 à Rome, âgé de 51 ans.

Coufin (*Jean*) Peintre célébre, & un des Fondateurs de l'Ecole Françoife; étoit de Soucy, près Sens en Bourgogne, & fut un des Eléves de François le Primatice. Il fçavoit la Géométrie, & deffinoit parfaitement bien. Ses plus beaux ouvrages en Peinture font: le Jugement univerfel qui eft aux Minimes du bois de Vincennes : les vîtres du Chœur de l'Eglise de saint Gervais à Paris, peintes en 1586; le Martyre de saint Laurent, la Samaritaine , l'histoire du Paralytique, & le Jugement universel dans l'Eglise de saint Romain de Sens, où ce grand homme a peint la figure d'un Pape en Enfer au milieu des démons; ce qui l'a fait soupçonner dans son siécle, qui étoit celui de la superstition & du fanatisme, d'être Protestant. Il étoit aussi très-bon Sculpteur & en a donné des preuves par le Tombeau de l'Amiral Chabot, qui est aux Célestins à Paris. Il a encore laissé des marques d'une profonde érudition par les Traités qu'il a faits , où il donne des regles certaines pour la Géométrie , la Perspective , & les Figures en racourci. Cousin aussi grand Courtisan qu'excellent Artiste, eut le talent de plaire à la Cour où il étoit fort aimé, & où il passa une bonne partie de sa vie sous les regnes de Henri II, François II , Charles IX , & Henri III. Il vivoit encore en 1589, quoique fort âgé.

Coxis (Michel) de Malines , mort en 1592.

Coypel (Noël) de Paris, mort en 1707, âgé de 79 ans.

Coypel (*Antoine* fils de Noël) de Paris, mort en 1722, âgé de 61 ans.

Coypel (*Noël-Nicolas*) de Paris, mort en 1737, âgé de 45 ans.

Coypel (*Charles*) fils d'Antoine, mort en 1752, âgé de 53 ans.

Crayer (*Gaspard de*) d'Anvers, mort en 1669, âgé de 84 ans.

Credi (*Lorenzo di*) de Florence, mort en 1530.

Crépi (*Joseph-Marie*) de Bologne, mort en 1747, âgé de 82 ans.

Ctefideme Grec fit de beaux ouvrages en Peinture, suivant Pline.

Ctefilochus Grec fit, entr'autres ouvrages en Peinture, un Tableau qui représentoit Jupiter coëffé en matrone, & environné de sages-femmes, qui se plaint des douleurs de l'accouchement, & qui est prêt d'accoucher de Bacchus.

DA

*D*Ante (*Vincent*) mort à Pérouse en 1576, âgé de 46 ans, étoit aussi grand Architecte & fameux Sculpteur.

De Cortonne (*Pierre Borretini, dit Pietre*) de Cortonne, mort en 1669.

De l'Abate (*Nicolo*) de Modène, né en 1512, mort fort âgé.

Délien (....) de Gand, mort à Paris en 1761.

Del-Sarte (*André*) de Florence, mort en 1530, âgé de 52 ans.

Del-Sole (*Jean-Joseph*) de Bologne, mort en 1747, âgé de 63 ans.

Del-Vaga Buonacorsi (*Perrin*) de Toscane, mort en 1547, étoit aussi Sculpteur habile.

De Messine (*Antoine* ou *Antonello da Messina*) de Messine en Italie, le premier Peintre qui en 1430 peignit à l'huile, qu'il avoit appris de Jean Van-Eyck, dit Jean de Bruges, Peintre Hollandois, qui en avoit été le premier inventeur.

Demon d'Athènes, qui vivoit 400 ans avant J. C., s'étudia à donner de l'expression à ses têtes. Il fit un Tableau, entr'autres, qui représentoit le Grand Prêtre de Cybele, qui étant à Rome fut acheté 25 mille sexterces, qui font environ 3000 livres de notre monnoie.

Des Batailles (*Michel-Anne Cerquozzi*, dit) de Rome, mort en 1660, âgé de 58 ans.

Desportes (*François*), né en 1661 à Champigneul, Diocèse de Rheims en

Champagne, dut le grand nom qu'il s'eſt fait dans la Peinture au talent merveilleux qu'il eut à peindre les animaux. Arrivé à Paris âgé de douze ans, il fut placé chez Nicaſius Peintre Flamand célèbre qui mourut peu de tems après. Pour lors le jeune Deſportes ne prit plus d'autres maîtres que la nature & l'antique, & ſuppléa par ſon application & par l'uſage qu'il fit de ſes talens aux leçons des grands Maîtres. Il eſt aiſé de remarquer les progrès qu'il fit par les Portraits, les Chaſſes, les Vaſes & les Bas-reliefs ſortis de ſon pinceau qu'il faiſoit entrer dans ſes compoſitions. Lié d'amitié avec Claude Audran, neveu du fameux Graveur, il ſe livra à toutes ſortes d'ouvrages, & travailla avec ſon ami au Château d'Anet, à Clichy, à l'Hôtel de Bouillon, à la Ménagerie de Verſailles, & en beaucoup d'endroits. En 1692 il paſſa en Pologne, où il fit les portraits du Roi Jean Sobieski, de la Reine, des Princes & Princeſſes de cette Cour, où il demeura deux ans. En 1699, ce célèbre Ariſte fut reçu membre de l'Académie, & donna pour ſon Tableau de réception ſon Portrait en chaſſeur avec des chiens & du gibier. Depuis il fit nombre de Tableaux pour les Châteaux de

Marly, Meudon, Compiégne, & pour Son Alteffe Royale le feu Duc d'Orléans, Régent de France. Louis XIV le gratifia de huit cens livres de penfion & d'un logement aux Galeries du Louvre. On remarque dans les ouvrages de cet homme célèbre une vérité étonnante, une touche vraie, légére & facile, une entente parfaite des couleurs locales, de la perfpective aërienne, & du bel effet du tout enfemble. Il eft mort en 1743, âgé de 82 ans, & a laiffé un fils, fon éleve, héritier de fes talens.

De Troy le pere, (*François*) de Touloufe, mort en 1730.

De Troy le fils, (*Jean-Fran-çois*) de Paris, mort en 1752.

} Voyez Troy.

De Volterre (*Daniel Ricciarelli*, dit) mort en 1566, âgé de 57 ans, excelloit auffi dans la Sculpture.

Diepenbeck (*Abraham*) de Bois-le-Duc, mort en 1662, âgé de 42 ans.

Diognete Romain montra à peindre à l'Empereur Antonin le Philofophe, qui mourut l'an 161 de J. C.

Dionyfius ancien Peintre Grec en portraits, contemporain de Sépion qui peignoit l'Architecture.

Di Sancto-Marco (*Barthelemi*) de Florence, mort en 1517, âgé de 48 ans.

Dobſon (*Guillaume*) de Londres , mort en 1667 , âgé de 37 ans.

Dominiquin (*Dominique Zampicri*, dit *le*) de Bologne , mort en 1641 , âgé de 60 ans.

Dorigni (*Michel*) de Saint-Quentin , mort en 1665 , âgé de 38 ans , a travaillé auſſi en Gravure.

Dorigni (*Louis*) de Paris , mort en 1742 , âgé de 88 ans.

Doſſes (*les*) freres , de Ferrare en Italie , ont excellé dans les Payſages , & vivoient du temps de l'Arioſte Poëte qui eſt mort en 1533.

Dubreuil (. . . .) vivoit ſous le régne de Henri IV.

Duchemin (la célébre Catherine) femme de l'illuſtre François Girardon Sculpteur , morte en 1698 , s'eſt ſi fort diſtinguée par le talent ſingulier qu'elle avoit à peindre les fleurs avec tant d'art & de goût , qu'il lui mérita d'être reçue Membre de l'Académie Royale de Peinture & Sculpture.

Duchesne (. . . .) mort en 1628 , premier Peintre de la Reine Marie de Médicis.

Dufreſnoy (*Charles Alphonſe*) de Paris , mort en 1665 , âgé de 54 ans.

Dujardin (*Karle* ou *Carle*) de Hollande, a auſſi excellé dans la Gravure; & eſt mort âgé de 43 ans.

Dulin (*Pierre*) de Paris, mort en 1748, âgé de 79 ans.

E L

Elſyeme, ou *Elsymer* (*Adam*) né à Francfort en 1574, mort à Rome, âgé d'environ 40 ans.

Englebert (*Corneille*) de Leyden, mort dans le ſeiziéme ſiécle.

Englebert (*Lucas Cornelii*) fils de Corneille, mort dans le ſeiziéme ſiécle.

Errard (*Charles*) de Nantes, mort en 1689, âgé de 83 ans, étoit auſſi Architecte.

Euphranor Grec, grand Peintre & habile Sculpteur, vivoit l'an 342 avant J. C. & fit quelques Traités touchant l'Enſemble du deſſein & les couleurs,

Eupompe de Sicyone, Ville du Péloponèſe, vivoit l'an 330 avant J. C. ſous le regne d'Aléxandre le Grand.

F A

Fage (*Raimond de la*) de Toulouſe, mort en 1690, âgé de 42 ans, étoit le plus

plus grand Deſſinateur de ſon tems.

Farinato (*Paolo*) de Vérone, mort en 1606 très-grand Peintre, fit des ouvrages à Vérone, à Mantoue, à Milan, à Rome, & à Veniſe, & étoit auſſi habile Architecte.

Ferrari (*Gaudenzio*) mort dans le ſeiziéme ſiécle.

Ferret (*Jean-Baptiſte*) de Dreux, mort dans le dix-ſeptiéme ſiécle.

Féti (*Dominique le*) de Rome, mort en 1624, âgé de 35 ans.

Fevre (*Claude le*) de Fontainebleau, mort en 1675, âgé de 42 ans.

Fiaſello, ſurnommé *El-Sarzana* (*Dominique*) de l'Etat de Gènes, mort en 1669.

Fiaſello (*Jean-Baptiſte*), neveu de Fiaſello, vivoit dans le dix-ſeptiéme ſiécle.

Flamel (*Nicolas*) de Pontoiſe, mort en 1409, étoit Poëte, Peintre, Philoſophe, Mathématicien, & ſur-tout grand Alchymiſte.

Flémael (*Bertholet*) de Liége, mort en 1675, âgé de 61 ans.

Floris (*François*) d'Anvers, mort en 1570, âgé de 50 ans.

Foler (*Antoine*) Vénitien, qui, quoiqu'il eût beaucoup de réputation, eſt

Tome II. L

mort à 80 ans fi pauvre & fi miférable;
qu'il ne laiffa pas de quoi fe faire en-
terrer.

Foreft (*Jean*) de Paris, mort en
1712, âgé de 56 ans.

Foffe (*Charles de la*) de Paris, mort
en 1716, âgé de 76 ans.

Fouquiéres (*Jacques*) d'Anvers, mort
en 1659, âgé de 79 ans.

Franck (*Jérôme*) de Herentals, mort
fous le regne de Henri III.

Francefchini (*Marc-Antoine*) de Bologne, mort en 1729, âgé de 81 ans.

Franc-Flore d'Anvers, appellé le Raphaël de la Flandre, eft mort en 1570.

Francia (*François le*) de Bologne,
mort en 1518, âgé de 68 ans.

Francifque Millé, mort en 1680, âgé
de 36 ans.

Francifque (*Jean Millet*, dit) de Paris, mort en 1723, âgé de 57 ans.

Franco (*Baptifta*) de Venife, mort
en 1561, étoit plus grand Deffinateur
que grand Peintre.

François (*Simon*) de Tours, mort
en 1671, âgé de 65 ans.

Fréminel (*Martin*) de Paris, mort en
1559, âgé de 52 ans.

Fréminet (*Jean*) de Paris, mort en
1619, âgé de 52 ans.

GA

*G*Abiani (*Antoine-Dominique*) mort au commencement du dix-huitième siécle.

Galli Bibiano (*Ferdinand*) de Toscane ou de Bologne, mort en 1729, âgé de 72 ans.

Garnacci (.... *le*) de Florence, mort en 1543.

Garofalo (*Benvenuto Tiſio*, dit) de Ferrare, mort en 1659, âgé de 80 ans.

Garzy (*Louis*) de Piſtoia, mort en 1721, âgé de 83 ans.

Gentile da Fabriano, de l'État Eccléſiaſtique, mort dans le quinziéme siécle, âgé de 80 ans.

Gentileſchi (*Horace*) de Piſe vivoit en 1621, & eſt mort âgé de 48 ans.

Gentilhomme d'Utrecht (*Jean Griffier*, dit *le*) d'Amſterdam, mort au commencement du dix-huitiéme siécle, étoit né en 1658.

Gerard Dou, né à Leyden en 1613, ſe fit une maniére particuliére, quoiqu'il ait eu Rembrant pour maître, dont il ne retint que l'intelligence des couleurs & le clair-obſcur. Sa touche eſt legére &

L ij

fpirituelle, & la nature eft rendue dans fes ouvrages avec une vérité féduifante ; fon grand fini ne paroît pas lui avoir rien fait perdre de la liberté de la touche qu'exige la Peinture. Enfin tout eft frais, plein d'art, & précieux dans fes fujets. Ce grand homme eft mort en 1666, fuivant les uns, âgé de 53 ans ; & fuivant d'autres, dans un âge fort avancé.

Giorgion (*George* ou *Giorge*, dit), né à Caftel-Franco dans le Trevifan, fe rendit très-habile, en imitant parfaitement Léonard de Vinci par le fecret qu'il trouva de bien faire paroître les jours & les ombres, & par l'étude de la nature qui le perfectionna en peu de tems. On remarque avec admiration le relief de fes Figures, l'harmonie de fes couleurs, la beauté & le frais de fon coloris, fon intelligence du clair-obfcur, & la grande vérité à avoir bien fçu imiter la nature. Il donnoit la vie & l'efprit à fes Portraits. Ses Payfages ne font pas moins eftimés, & la touche y égale la belle couleur. Il auroit cependant mis plus de correction & d'ordonnance dans fes ouvrages, fi dans le tems qu'il étoit le plus appliqué à fon art, la mort ne l'eût pas couché dans le tombeau en 1511, âgé de 34 ans.

Giottino (*Thomas*) éleve de Giotto, étoit de Florence, & mourut en 1356, âgé de 32 ans.

Giotto natif d'un village près Florence, ayant été rencontré par Cimabué à la campagne, gardant les moutons qu'il deſſinoit ſur une brique, fit concevoir de lui une ſi bonne opinion, que ce Maître le demanda à ſon pere pour en faire ſon éleve. Ce jeune enfant fit en effet de ſi grands progrès en peu de tems, qu'il devint le plus habile homme de ſon ſiécle. La réputation du Giotto fut bientôt répandue dans toute l'Italie, ſur tout lorſqu'il eût commencé à faire le portrait; de ſorte que le Pape Benoît XI ayant envoyé à Sienne & à Florence un exprès pour lui rapporter quelque deſſein de chaque Peintre qu'il trouveroit, eut du Giotto pour tout deſſein un cercle tracé ſur du papier ſans le ſecours d'aucun inſtrument que d'un pinceau. La Cour de Rome le trouva ſi parfait dans ſa rondeur & ſa figure, que ce Pape le fit venir dans ſa Capitale pour y finir différens ouvrages, & entr'autres un grand Tableau en moſaïque, qui eſt au deſſus de la grande porte de l'Egliſe de S. Pierre, repréſentant ce Saint marchant ſur les eaux. Le Giotto ſuivit le S. Père à

Avignon, & il demeura en Provence
jufqu'à la mort de Clement V. Il retourna en 1316 en Italie, se lia d'une
amitié étroite avec le Dante, paffa à
Naples, & dans d'autres Villes où il
laiffa de fes ouvrages, & mourut l'an
1336 à Florence, où on lui éleva une
Statue de marbre fur fon tombeau.

Giovan-Antonio. da-Vercelli de Rome, mort en 1554.

Girardini (*Melchior*), mort dans le
dix-feptiéme fiécle.

Girolamo (*Genca*) natif d'Urbin, mort
en 1551.

Girolamo (*Barthelemi*), mort dans
le feiziéme fiécle.

Gobert (*Pierre*) né à Fontaine, reçu
à l'Académie en 1701.

Gobbo (*Pierre-Paul*) de Cortonne,
grand Payfagifte, faifoit auffi parfaitement les fruits.

Goltzius ou *Goltz* (*Roger*) de Wirz-
burg, mort dans le quinziéme fiécle.

Goltius (*Henri*) du pays de Juliers,
né en 1558, mort en 1617, âgé de
59 ans. Voyez fon article au Catalogue
des Graveurs.

Goulay (*Thomas*) mort dans le dix-
feptiéme fiécle.

Goy (*Jean-Baptifte*) de Paris, mort

en 1738, Curé de sainte Marguerite, âgé de 70 ans.

Grimaldi (*Jean-François*), dit Bolognese. Voyez Bolognese.

Grimou (*Jean*), mort dans le commencement du dix-huitiéme siécle.

Guerchin (*Jean-François Barbieri da-Cento*, dit *le*) de Bologne, né en 1597, fut surnommé le Guerchin, parce qu'il étoit louche. Il montra dès l'âge de 8 ans une inclination naturelle & décidée pour la Peinture : & comme il n'eut pour Maîtres que des Peintres de son pays peu habiles, il aima mieux étudier les beaux ouvrages des Carraches, & autres grands Maîtres, & donner à ses Tableaux plus de force & de fierté, que de suivre les maniéres du Guide & de l'Albane. Son génie fécond & son imagination vive lui firent enfanter ces belles compositions, ce grand & ce sublime qui remue & qui enchante dans ses ouvrages, qui seroient parfaits, si on n'y remarquoit pas des défauts de correction, d'expression & de noblesse. Peu de Peintres ont travaillé autant que le Guerchin, qui a fait cent six Tableaux d'Autels, plus de cent cinquante grands Sujets, & dix gros volumes de Desseins qui sont pleins de feu; mais dont les Figures sont un peu cour-

tes, incorrectes, & qui ont les yeux po-
chés ; fans compter les coupoles , les
plat-fonds , les morceaux peints fur les
murs des Chapelles , & les Tableaux de
chevalet. Il eft mort riche en 1667, âgé
de 70 ans , eftimé des Princes , aimé de
fes égaux qu'il cherchoit à obliger dans
toutes fortes d'occafions de fa bourfe, de
fon crédit ou de fes confeils, chéri & refpecté des pauvres qu'il cherchoit à fou-
lager de toutes maniéres.

Guide (*Guido Reni*, dit *le*), né à Bologne en 1575. Après avoir appris les
premiers principes fous Denys Calvart
Peintre Flamand, il devint un des éleves d'Annibal Carrache, & fit des progrès étonnans. Il fe fit une maniére toute
oppofée à celle de Michel Ange, de Caravage, qui affectoit les obfcurités & les
ombres de la nuit. C'eft cette maniére
plus claire & plus vague, qui lui a acquis
une réputation immortelle, jointe à une
correction, une légereté de la touche ,
une noblefle , une grandeur , une fpiri-
tualité & un coulant du pinceau, qui font
admirer fes ouvrages , dans lefquels on
remarque une grande délicatefle , une
riche compofition, un coloris frais , un
grand goût de draperies, des airs de tête, des mains & des pieds admirables.

Ce grand homme travailloit avec une facilité si grande, qu'il fit en deux heures, & si parfaitement, une tête d'Hercule pour le Prince Jean - Charles de Toscane, qu'il lui donna soixante pistoles dans une boëte d'argent avec une chaîne d'or. Ce grand Artiste, après avoir été fort riche, devint dans l'indigence par l'extrême passion qu'il eut pour le jeu, & mourut vieux, misérable & poursuivi de ses créanciers en 1642, âgé de 67 ans.

Guide (*Lubin Baugin* dit *le petit*), mort dans le dix septiéme siécle.

HA

*H*Allé (*Daniel*) de Paris, mort en 1674.

Hallé (*Claude-Gui*) de Paris, mort en 1736, âgé de 85 ans.

Hals (*François*) de Malines, mort en 1666, âgé de 82 ans.

Heem (*Jean-David de*) d'Utrecht, mort en 1674, âgé de 70 ans.

Hemskerk (*Martin*) de Harlem, mort en 1574, âgé de 76 ans, dessinoit correctement.

L v

Helmbreker (*Théodore*) de Harlem, mort en 1683, ou en 1694 felon d'autres, âgé de 70 ans.

Hemskerk (*Martin*) Hollandois, mort à Harlem en 1574, âgé de 76 ans, laiffa par teftament au lieu de fa naiffance de quoi marier une fille tous les ans, à condition que les gens de la noce iroient le jour du mariage danfer fur fa foffe.

Hoey (*Jean*) de Leyde, mort en 1615.

Holbeins (*Jean*) *le jeune*, pour le diftinguer de fon pere & de fon frere, qui étoient Peintres de mérite inférieur à Jean, qui étoit de Bafle en Suiffe, & qui mourut en 1554, âgé de 56 ans. Ses plus confidérables ouvrages font la Danfe des morts, le Triomphe des richeffes, & la Pauvreté.

Honderkooter (*Melchior*) d'Utrecht, mort en 1695, âgé de 64 ans.

*Hantorft (*Gérard*) d'Utrecht, né en 1592, mort dans le dix-feptiéme fiécle. Il montra à deffiner aux enfans de la Reine de Bohême, fœur de Charles I Roi d'Angleterre, & à la Nobleffe d'Anvers.

JA

Jacopo di Casentino d'Arezzo, éleve du Giotto, vivoit l'an 1389, & étoit aussi bon Architecte.

Janson (Abraham) d'Anvers, contemporain de Pierre-Paul Rubens, s'est illustré par ses beaux ouvrages. Son génie le portoit pour les grands morceaux d'histoire, qui avoient un coloris admirable.

Jean-da-Udine du Frioul, éleve du Giorgion, mort à Rome en 1564, âgé de 70 ans, a travaillé sous Raphaël pour les Loges du Vatican. Ce Peintre trouva à Rome dans les ruines du Palais de Titus, des bas-reliefs de stuc, dont on avoit perdu la composition, qu'il chercha, trouva & en fit des ornemens grotesques : aussi nous lui avons obligation de cette découverte.

Jeannet (François Clouet, dit) Peintre des Rois François I, & Henri, II a été un des Fondateurs de l'Ecole Françoise.

Innocent dà-Imola est mort vers le milieu du seizième siécle, âgé de 56 ans.

L vj

Jordaans (*Jacques*) d'Anvers , mort en 1678 , âgé de 84 ans.

Jordans (*Lucas*) de Naples , mort en 1705 , âgé de 73 ans.

Jofepin (*Jofeph-Céfar Darpinas*, dit *le*) de Naples , mort en 1640 , âgé de 80 ans.

Joubert (. . . . .) Deffinateur du dix-feptiéme fiécle.

Jouvenet (*Jean*), né à Rouen en 1644, fils & petit fils de Peintre , eft regardé comme un des premiers Peintres de France. Il fit à 29 ans , pour Notre-Dame, le Tableau de la guérifon du Paralytique , qui fut trouvé fi beau, qu'il fut reçu en 1675 à l'Académie , à qui il préfenta pour fon morceau de réception, Efther devant Affuérus. Son Tableau de la Pêche miraculeufe lui valut de Louis XIV une penfion de douze cens livres. Un autre qui eft fon dernier ouvrage, appellé le *Magnificat* , placé dans le Chœur de Notre - Dame de Paris , fut fait par ce grand homme de la main gauche étant paralytique de la droite. Il mourut en 1717 , âgé de 73 ans.

Jules Romain (*Julio Pippi* , dit) de Rome , éleve de Raphaël d'Urbin , & le plus grand Peintre de fon tems, naquit en 1492. Il travailla fous Raphaël

tant qu'il vécut, & devint le plus sçavant
& le plus illustre des éleves de ce grand
Maître. Jules mettoit beaucoup plus de
feu dans ses Tableaux, plus de vie &
d'action que Raphaël : il étoit grand dans
ses ordonnances, d'un génie fécond, sça-
chant l'Histoire, la Fable, l'Allégorie,
l'Architecture & la Perspective, qui toujours présentes à son esprit étoient ju-
dicieusement placées ; joignant à tous
ces talens une très grande connoissance
de l'Antique & des Médailles. Il fit construire, comme Architecte, un Château
pour le Duc de Mantoue, la Vigne Madame, autrefois nommée Vigne de Médicis. Ce grand homme, nommé pour
Architecte de S. Pierre de Rome, se dis-
posoit à aller en faire les fonctions, lorsque sa santé le retint à Mantoue, où il
mourut en 1546, âgé de 54 ans.

KE

KEyen (*Adrien*), mort dans le seiziéme siécle.

Kneller (*Godefroy*) de Lubec, mort
en 1717, âgé de 69 ans.

Koeck (*Pierre*) Peintre & Architecte , natif d'Aloſt , mort en 1550.

Koeck ou *Kock* (*Matthias*) d'Anvers,, fameux Payſagiſte , vivoit au commencement du ſeiziéme ſiécle.

LA

LA Hire (*Laurent de*) de Paris , né en 1606 , devint habile en peu de tems, & ſe fit une maniére plus fine & plus naturelle que celle de Simon Vouet. Sa touche eſt légére , ſon coloris frais , les teintes des fonds de ſes Tableaux ſont noyées , de maniére qu'il y paroît une vapeur répandue par-tout , qui rend ſon ſtyle précieux. Ses plus beaux ouvrages ſont , le Martyre de S. Barthelemi à ſaint Jacques du Haut-pas, & un Crucifix au Château de Vincennes. Il mourut en 1656, âgé de 50 ans.

Laicreſſe (*Girard*) de Liége , mort en 1711 , âgé de 71 ans.

Lala, fille native de Cyzique , Ville de l'Aſie mineure , s'eſt rendue célèbre à Rome vers l'an 215 avant J. C. par ſes Peintures, & par l'adreſſe qu'elle avoit à travailler l'yvoire. Elle s'appliqua particuliérement à peindre des femmes , &

elle fit même fon portrait dans un miroir. Ses
ouvrages étoient estimés fi beaux , qu'ils
étoient vendus beaucoup plus chers que
ceux des plus habiles Peintres fes contemporains , tels que Sopile & Denis,
dont les Tableaux fe voient encore dans
les Cabinets des curieux. Cette célèbre
fille eft morte fans avoir été mariée. Sa
Statue fe voit à Rome dans le Palais du
Prince Juftiniani.

Lamy (*Charles*) de Mortagne, mort
en 1743 , âgé de 54 ans.

Lancret (*Nicolas*) de Paris , mort
en 1743 , âgé de 53 ans.

Lanfranc (*Jean*) de Parme, mort en
1647 , âgé de 66 ans.

Largilliere (*Nicolas*) de Paris , né en
1656 , qui a mérité avec Bon de Boulongne & Rigaud d'être appellé le Vandyck de la France, fut depuis 12 jufqu'à
18 ans à l'Ecole chez Antoine Goubeau,
Peintre Flamand , renommé pour les
Bambochades. Largilliere avoit un talent particulier à peindre les femmes ,
dont les graces fembloient augmenter
fous fon pinceau : il étoit auffi Peintre
d'hiftoire, & a fait, entre autres, trois
grands Tableaux; dont un dans l'Eglife
de fainte Geneviéve , à l'occafion d'un
vœu fait par la Ville de Paris en 1694,

& les deux autres dans la grande falle
de l'Hôtel de Ville : le premier eſt le
mariage de M. le Duc de Bourgogne;
& le deuxième, le Repas donné par la
Ville à Louis XIV & à ſa Cour en 1687.
Ce grand homme reçu à l'Académie en
1686, en fut Recteur & Directeur, &
mourut en 1746, âgé de 90 ans.

Lauri (*Philippe*) de Rome, mort en
1674, âgé de 71 ans.

Le Lorrain (*Robert*) de Paris, mort
en 1743, âgé de 77 ans.

Le Maire (*Jean*) de Dammartin,
mort en 1632, âgé de 35 ans.

Le Moine (*François*), né à Paris en
1688, & éleve de Galloche, fit bientôt
connoître ſes grands talens pour la Peinture, qu'il cultiva par un travail aſſidu, qui
le firent recevoir en 1718 à l'Académie,
& donna pour ſon Tableau de réception
Hercule qui tue Cacus. Le Chœur des
Jacobins du Fauxbourg S. Germain, &
la coupole de la Chapelle de la Vierge
de l'Egliſe de S. Sulpice, le firent nommer Profeſſeur de cette illuſtre Compagnie, & choiſir par le Roi pour peindre
le grand Sallon de Verſailles, qui repréſente l'Apothéoſe d'Hercule en 142 Figures. Ce beau Monument de la ſcience
de ce grand Maître, & du progrès de

la Peinture en France fous le régne de Louis XV, eft d'une fraîcheur, d'une vérité, d'une noblesse & d'un fini admirable, & engagérent Sa Majesté de le faire fon premier Peintre avec une penfion de 3500 livres. Mais le chagrin de la mort de fa femme, joint à celui de ne pas croire être affez bien récompensé de ce grand ouvrage, lui dérangea l'efprit à un point, qu'il fe tua par frénefie en 1737, âgé de 49 ans. Ses éleves ont été MM. Natoire, Boucher & Nouotte.

Le Nain (*Antoine*) de Laon, mort en 1648, âgé de 63 ans.

Le Nain (*Louis*) de Laon, mort en 1648, âgé de 65 ans.

Leonard de Vinci, né près de Florence en 1455, éleve de Cimabué le reftaurateur de la Peinture en Europe, aimoit les beaux Arts, la Poëfie, la Mufique, l'Anatomie, les Mathématiques & l'Architecture : il étoit profond dans la théorie & la pratique de la Peinture, & en fit un Traité qui eft fort eftimé. Il étoit grand Deffinateur, Peintre judicieux & naturel, inftruit à fond des mouvemens que les paffions excitent : il les a rendus avec force & avec vérité, & a donné à chaque chofe le caractére qui lui convient. La grace & la nobleſſe ſont répandues dans toutes ſes compoſitions. Ses Deſſeins à la mine de plomb, à la ſanguine, à la pierre noire, & ſur-tout à la plume, ſont fort recherchés. Un Tableau de ce grand homme dans l'Egliſe de S. Germain l'Auxerrois fait avouer qu'on ne peut trop louer l'Auteur, & qu'il eſt encore plus difficile de l'imiter. Ce beau morceau, qui eſt une Cène, eſt dans la ſalle des Marguilliers. Devenu ennemi déclaré de Michel-Ange, Léonard vint en France, où il fut très-bien reçu par François I, qui lui marqua ſon eſtime par les careſſes qu'il lui fit à ſon arrivée, & par les graces & les faveurs qu'il en reçut pendant le peu de tems qu'il y vécut, étant mort entre les bras de ce Monarque en 1520, âgé de 75 ans.

L'Eſpagnolet (*Joſeph Ribera*, dit) de Valence en Eſpagne, mort en 1656, âgé de 67 ans.

Leyde ou *Leyden* (*Lucas de*) de Leyden, mort en 1533, âgé de 39 ans, excelloit auſſi dans la Gravure, & la Peinture ſur le verre qu'il a beaucoup perfectionnée. Voyez ſon article au Catalogue des Graveurs.

Licinio de Pordenone (*Jean-Antoine*

Regillo , dit) du Frioul , mort en 1540 , âgé de 56 ans.

Ligorio (*Pyrro*) de Naples s'appliqua particuliérement à l'Architecture. Il y a plufieurs volumes deffinés de fa main dans la Bibliothéque du Roi de Sardaigne. Il fut employé en 1560 par le Pape Pie IV, pour faire le Maufolée en marbre de Paul IV.

Linet de Leftain (*Jean*) de Paris, mort dans le dix-feptiéme fiécle.

Lingelback (*Jean*) de Francfort , mort fur la fin du dix-feptiéme fiécle.

Lombard (*Lambert*) de Liége , grand Peintre & fameux Architecte, a paru avec diftinction dans le feiziéme fiécle.

Lomazzi (*Jean-Paul*) né à Milan en 1598 , fut très-habile Peintre : mais devenu aveugle à la fleur de fon âge, il compofa différens ouvrages en Profe & en Vers , & un Traité fur la Peinture en fept parties, qu'il dédia à Charles-Emanuel Duc de Savoye.

Loir (*Nicolas*) de Paris, mort en 1679 , âgé de 55 ans.

Lorrain (*Claude Gelée*, dit) de Lorraine, mort en 1682 , âgé de 82 ans.

Lofimo (*Petro*) mort en 1521 , âgé de 80 ans.

Luc Religieux Récollet (*le Frere*) mort en 1685, a été Eléve de Charles le Brun.

Lucas ou *Louis Cangiage* ou *Cambiaß* de Gènes, mort en 1585, âgé de 58 ans.

Ludius qui étoit en réputation sous le règne de l'Empereur Auguste, excelloit principalement à peindre l'Architecture & à faire des Paysages.

MA

MAas (*Nicolas*) de Dort en Angleterre, mort en 1693, âgé de 61 ans.

Mabuse (*Jean*) de Hongrie, mort en 1562.

Malombra (*Pierre*) Vénitien, mort en 1618.

Manchole (*le*) Flamand vivoit dans le dix-septiéme siécle.

Mandrocles de Samos, qui vivoit l'an 508 avant J. C. a fait le beau Tableau qui représentoit le fameux Pont qu'il avoit fait par ordre du Roi Darius sur la mer dans l'endroit le plus étroit du Bosphore de Thrace.

Mantine ou *Mantegne* (*André*) de Mantoue, est mort en 1517. On dit qu'étant enfant, & gardant les moutons, il prenoit plaisir à dessiner. Ses dispositions our la Peinture parurent fi grandes, u'on le mit fous Jacques Squacioni eintre, à l'école duquel il fit de fi grands progrès, qu'à l'âge de 17 ans il furpaffa fon Maître ; & fit des morceaux achevés, qui furent trouvés fi beaux à Mantoue, que Louis de Gonzague le fit Chevalier. Il travailla auffi à Rome pour le Pape Innocent VIII.

Margaratone ou *Margaritone*, Peintre & Sculpteur. Voyez fon article au Catalogue des Sculpteurs.

Mario Nuzzi, ou *di Fiori*, de Naples, mort en 1673, âgé de 70 ans.

Marot (*François*) de Paris, mort en 1719, âgé de 52 ans.

Martin (*Jean-Baptifte*) de Paris, mort en 1735, âgé de 76 ans.

Martin (*Tobie*) d'Anvers, mort dans le dix-feptiéme fiécle.

Mafaccio Italien, Peintre célébre, mort en 1443, âgé de 26 ans. Il fut le premier, depuis le renouvellement des Arts en Europe, qui fit paroître les Figures dans de belles attitudes, qui leur donna de la force, du relief, du mouvement & de la grace.

Maftelleta (*Jean-André Don-Ducci*, dit *le*) de Bologne, né en 1577, eft mort fort âgé.

Maubeuge (*Jean de*) de Mildelbourg ami de Lucas de Leyde, vivoit dans l seiziéme siécle.

Mauperche (*Henri*) de Paris, mort en 1686.

Mazza (*Damiano*) de Padoue, Eléve du Titien, mort à la fleur de son âge.

Mazzuoli, dit *le Parmesan* (*François*) de Parme, né en 1504, fit de si grands progrès par son travail continuel, & son envie de se perfectionner à la vuë des ouvrages de Michel-Ange & de Raphaël, qu'il fit trois Tableaux si beaux, que Clément VII le choisit pour peindre la salle des Papes. On raporte que travaillant en 1527, lorsque Rome fut prise par les Impériaux, ce Peintre, comme autrefois Protogene, sans s'étonner du bruit & du désordre que faisoient les victorieux dans la Ville, travailloit tranquillement. Les soldats qui le surprirent, ne lui firent aucun mal; mais d'autres qui survinrent après, l'obligérent de leur donner tout ce qu'il avoit pour sa rançon. Au couronnement de l'Empereur Charles-Quint à Bologne, Mazzuoli observa si bien la taille & les traits de ce Monarque, qu'il fit le Portrait de ce Prince si parfaitement ressemblant, accompagné d'une Renommée qui lui met

une couronne de laurier fur la tête , &
d'un enfant en Hercule qui lui préfente
un globe, que Clément VII, charmé de
ce Tableau, envoya ce Peintre avec fon
Nonce le préfenter à cet Empereur. Un
Graveur Allemand qu'il avoit chez lui,
lui vola fes deffeins & les planches qu'il
avoit gravées dans de certains tems pour
fe délaffer. La Chymie dans laquelle il
donna avec trop d'ardeur, la mélanco-
lie occafionnée par le mauvais état de
fes affaires lui donnérent une fiévre qui
abregea fes jours en 1540, âgé de 36
ans.

Memmi (*Simon*) natif de Sienne,
mort en 1345, âgé de 60 ans. Il peignit
la belle Laure.

· *Memmi* (*Lippo*) frere de Simon, mort
en 1357.

Mérian (*Marie-Sybille*) fille, née à
Francfort, morte en 1717, âgé de 60
ans.

Meffis , ou *Meffius* (*Quintin*) d'Anvers, mort en 1529 a fuivi pendant 20
ans la profeffion de Maréchal. Il devint éperdument amoureux d'une fille
d'Anvers, qui avoit autant de goût pour
lui, que d'averfion pour le métier qu'il
éxercoit. Elle lui promit de l'époufer,
pourvu qu'il changeât de profeffion, &

qu'il se fît Peintre. Messius le devint en effet, & l'Amour fit d'un Maréchal un Apelles.

Métélli (*Augustin*) de Bologne, mort en 1660, âgé de 51 ans.

Méthodius. Religieux Grec qui vivoit en 845 de J. C. étant de retour de Rome dans son pays, Bogoris hérétique Roi des Bulgares, engagea ce Peintre à lui faire un Tableau qui représentât quelque chose de terrible. Méthodius peignit le Jugement dernier d'une manière à donner tant de terreur, que Bogoris vivement touché se convertit, & se fit baptiser.

Metzu (*Gabriel*) de Leyden, mort en 1658, âgé de 43 ans.

Meunier (*Philippe*) de Paris, mort en 1734, âgé de 79 ans.

Michel-Ange Bonarota, ou *Buonarota*, d'Arezzo, Peintre célébre & grand Sculpteur. Voyez son article au Catalogue des Sculpteurs.

Michel-Ange, ou *Anne-Michel Colonna*, de Ravennes, mort en 1687, âgé de 87 ans.

Micon Grec, Peintre célébre, vivoit l'an 418 avant J. C & étoit contemporain de Polignote autre Peintre célébre.

Miel

Miel (*Jean*) de Vlaerderen, mort en 1664, âgé de 65 ans.

(*Miéris François*) de Leyden, mort en 1681, âgé de 46 ans.

Miéris (*Guillaume*) fils de François, mort fort âgé.

Mignard d'Avignon (*Nicolas More*, dit) de Troyes, né en 1608, appliqué dès l'âge de douze ans au dessein qu'il apprit aisément, il fit à Fontainebleau différens Tableaux qui furent trouvés très-beaux: de-là il fut à Lyon & à Avignon, où il fit de très-beaux ouvrages, entr'autres ceux de la Galerie de la belle Maison de M. de Montréal. Il fit ensuite différens Portraits de Louis XIV, & divers ouvrages au Palais des Thuilleries, & mourut en 1668 Recteur de l'Académie, âgé de 60 ans.

Mignard le Romain (*Pierre More*, dit) né en 1610 à Troyes en Champagne, fit paroître un si grand penchant pour la Peinture, qu'à l'âge de douze ans il peignit toute la famille du Médecin chez qui son pere l'avoit mis pour apprendre la Médecine. Il eut pour Maître, Boucher Peintre à Bourges, & Simon Vouet qu'il quitta, & passa à Rome, où il se lia d'une amitié très-étroite avec Alphonse du Fresnoy, & où pendant 22 ans de féjour il peignit différens Papes, tous les Cardinaux : fe forma le goût fur les plus beaux morceaux de Raphaël, de Michel-Ange & d'Annibal Carrache, d'après lequel notre Artifte copia la célébre Galerie de Farnefe. Il fit un voyage à Venife, où pendant huit mois qu'il y demeura avec fon ami Dufrefnoy, il y prit les grands principes du beau coloris. De retour à Rome, il époufa la fille d'un Architecte Romain, & revint en France fuivant les ordres de Louis XIV, qu'il peignit jufqu'à dix fois. Ses plus beaux ouvrages font la Coupole du Val-de-grace, la Galerie & le Sallon de S. Cloud, fix plat-fonds dans la maifon de feu Jules-Hardouin Manfart, & d'autres répandus dans les Maifons Royales de Verfailles, de Trianon, Compiégne, & au Louvre dans la Galerie d'Apollon. Le dernier Tableau qu'il entreprit, fut celui de la Famille Royale d'Angleterre, qui étoit pour lors à S. Germain en Laye, qu'il finit âgé de près de 85 ans, en 1695 qui eft l'année de fa mort. Son Maufolée élevé par les foins de la Comteffe de Feuquiéres fa fille, a été fait par Fran-çois Girardon, & érigé dans l'Eglife des Jacobins de la rue S. Honoré.

Mignon ou *Mingon* (*Abraham*) de

Francfort, mort en 1679, âgé de 39 ans.

Mirevelt (Michel-Janson) de Delft, mort en 1641, âgé de 53 ans.

Miris (François) de Leyde, Elève de Girard-Dou, mort en 1682, à la fleur de son âge.

Mola (Jean Baptiste) du Milanois, mort dans le dix-septiéme siécle.

Mola (Pierre-François) du Milanois, mort en 1666, âgé de 45 ans.

Molyn (Pierre) de Harlem, vivoit en 1600.

Monier (Pierre) de Blois, mort en 1703, âgé de 64 ans.

Monper (Josse) mort dans le dix-septiéme siécle.

Morazone, (Pierre François) du Milanois, mort en 1655, âgé de 55 ans.

More (Antoine) d'Utrecht, mort en 1597 à Anvers, âgé de 56 ans.

Mort (Louis) Venitien, vivoit du temps d'Aléxandre VI, Pape qui est mort en 1503. Ce Peintre s'étudia à dessiner les Antiquités, & à faire les desseins grotesques & ridicules.

Murillo, (Barthelemi-Etienne) de Seville en Espagne, mort en 1685, âgé de 75 ans.

Mutian (*Jerôme*) de Breffe en Lombardie, mort en 1590, âgé de 62 ans.

NA

NAnteuil (*Robert*) de Reims, né en 1630, mort en 1678, âgé de 48 ans, peignoit en paftel, & excelloit dans la Gravure. Voyez fon article au Catalogue des Graveurs.

Nattier l'aîné (*Jean-Baptifte*) mort en 1705, âgé de 63 ans.

Néacles ancien Peintre Grec. Pline rapporte que ce Peintre ayant peint un cheval dans un de fes Tableaux, & étant en colére de ne pouvoir pas affez bien repréfenter à fon gré l'écume qui fort de la bouche de ces animaux lorfqu'ils font échauffés, jetta par dépit fon pinceau contre fon ouvrage, & il y vit avec furprife, qu'en un moment le hazard avoit produit tout ce que l'art n'avoit pu faire en beaucoup de temps. On affure qu'il arriva la même chofe à Protogène Peintre Grec, qui vouloit peindre auffi l'écume fortant de la gueule d'un chien en colére.

Neftcher (*Gaspard*) de Prague, mort en 1684, âgé de 48 ans.

Niceron (le Pere *Jean François*) Religieux Minime, mort en 1646, âgé de 33 ans.

Nicias Athénien fit un fameux Tableau où il repréfenta les Enfers fuivant la defcription d'Homére, dont il refufa 60 talens, qui valent 108 mille livres de notre monnoie : & il aima mieux le donner gratuitement à fes compatriotes.

Nicolo de Modène, né en 1512, mourut à Paris fort âgé.

Nocret (*Jean*) de Nanci, mort en 1672, âgé de 55 ans.

OD

O Dazzi (*Jean*) de Rome, mort en 1731, âgé de 68 ans.

Orbifta (*Pietro*) vivoit fous le Pape Paul III, qui mourut en 1549.

Orgagna Dicione (*André*) de Florence étoit Peintre célèbre pour les grandes compofitions d'hiftoire. Son Tableau repréfentant le Jugement univerfel fut très-eftimé. Cet Artifte y avoit peint d'après nature toutes les perfonnes qu'il connoiffoit, mettant fes amis dans le Paradis, & fes ennemis en Enfer. Il mourut

M iij

en 1389 suivant les uns, & 1398 suivant d'autres, âgé de 60 ans.

Orlay (*Bernard d'*) de Bruxelles, vivoit vers les années 1535 & 1540. Il avoit d'abord une maniére gothique qu'il corrigea après avoir beaucoup étudié les ouvrages de Raphaël & de Jules - Romain, que d'Orlay recevoit pour faire exécuter en tapifferies pour les Papes & les Princes. L'Empereur Charles-Quint eftima les ouvrages de ce Peintre qui eut la direction de toutes les Peintures que ce Prince faifoit faire.

Oudry (*Jean-Baptifte*) né à Paris en 1681, a été célèbre pour les animaux & les chaffes : il mourut en 1755, âgé de 74 ans.

P A

Paillet (*Antoine*) de Paris, mort en 1701, âgé de 75 ans.

Palme le vieux (*Jacques*) de Bergame, mort en 1596, âgé de 48 ans.

Palme le jeune (*Jacques*) de Venife, mort en 1628, âgé de 76 ans.

Pamphile de Macédoine vivoit vers l'an 378 avant J. C. Ce Peintre joignit l'étude des Belles-Lettres à celle de la Peinture, & il se rendit très-illustre. Il sçavoit parfaitement les Mathématiques, qu'il croyoit très-nécessaires pour la Peinture. Pamphile fut le maître d'Apelles, & de quantité de noblesse qui venoit apprendre sous lui. Ce qui donna une si grande vénération pour la Peinture, qu'on publia un Edit à Sicyone & dans toute la Gréce, par lequel il ne fut permis qu'aux personnes nobles de professer cet Art.

Panonée Grec, frere de Phidias le plus grand *Sculpteur* de l'Antiquité. Ces deux freres vivoient vers l'an 430 avant J. C.

Parmesan (François Mazzuoli, dit le) mort en 1540. Voyez Mazzuoli.

Parrhasius d'Ephèse vivoit du tems de Socrate, vers l'an 400 avant J. C. Pline dit que Parrhasius étoit estimé le plus grand de son siécle, & que cet homme célèbre a le premier enrichi la Peinture de cette symétrie & de ces proportions que doivent avoir entre elles les parties du corps. Ses ouvrages sont plus estimés que ceux de Zeuxis : mais Thimanthe lui fut supérieur.

Parrocel (Joseph) de Provence, vivoit en 1704, mort âgé de 56 ans.

Parrocel (Ignace), mort en 1722.

M iv

Parrocel (Pierre), mort dans le 18e siécle.

Parrocel (Charles), fils de Joseph, de Paris, mort en 1750, âgé de 62 ans.

Paſſignano (Dominique) de Florence, mort en 1638, âgé de 60 ans.

Patel le pere (. . . . .) fameux pour le Payſage, du dix-ſeptiéme ſiécle.

Pater (Jean-Baptiſte) de Valenciennes, mort en 1736, âgé de 41 ans.

Pauſias Grec de Sicyone, qui vivoit 352 ans avant J. C. devint éperdument amoureux de la Bouquetiére Glycere ; & dans un de ſes Tableaux il la repréſenta aſſiſe compoſant une guirlande de fleurs. Ce Tableau fut ſi fort eſtimé, que Lucullus en acheta fort cher une copie dans Athènes.

Pauſon ancien Peintre célèbre, qui à cauſe de ſa pauvreté, donna lieu à ce Proverbe, *plus gueux que Pauſon.* Ayant eu ordre d'un particulier de lui peindre un cheval qui ſe vautre, Pauſon lui en fit un qui couroit, qui ne plut pas d'abord à ce curieux. Pour le contenter, ce Peintre ne fit que renverſer le Tableau pour lui faire voir qu'il avoit exécuté ce qu'il lui avoit demandé.

Penni, dit *il Fatore (Jean-Franceſque)* mort en 1528, âgé de 40 ans, travailla avec Jules-Romain ſous Raphaël, & ſe fit, en l'imitant, une très-excellente manière de deſſiner. Il travailla avec Jean da Udine & Perrin del Vagua aux Loges du Vatican, & à l'hiſtoire de Conſtantin dans la grande ſalle de ce Palais. Il peignoit les Payſages avec beaucoup d'entente, les embelliſſant de bâtimens & autres choſes qui les rendoient fort agréables.

Penni (*Lucas*), frere de Jean-Franceſque, travailla long-tems en Italie: il paſſa enſuite en Angleterre, où il fit pour le Roi Henri VIII quantité de Deſſeins qui furent gravés en Flandre.

Pens (*George*) de Nuremberg, mort dans le dix-ſeptiéme ſiécle, excelloit auſſi dans la Gravure.

Perrier (*François*) de Màcon, mort en 1650, âgé de 60 ans.

Perrin del Vagua. Voyez Vaga.

Perſée, diſciple d'Apelles, vivoit vers l'an 307 avant J. C. Il fit un Traité ſur la Peinture qu'il dédia à ſon Maître.

Perugin (*Pietro*) de Pérouſe, mort en 1524, âgé de 78 ans, a été le Maître de Raphaël.

Peruzzi (*Balthazar*) de Sienne, mort en 1536 à Rome, âgé de 36 ans.

Pézareſe (*Simon Cantarini*, dit *le*) de Pézaro, mort en 1648, âgé de 36 ans.

M v

fut copiste du Guide, & excelloit aussi dans la Gravure.

Peterneefs d'Anvers, mort dans le dix-septiéme siécle, étoit aussi grand Architecte.

Petitot (*Jean*) de Genève, mort en 1691, âgé de 84 ans, a été célèbre en miniature & en peinture en émail.

Philippe Napolitain (*Filippo Degli-Angeli*, dit) de Rome, vivoit dans le commencement du dix-septiéme siécle.

Pieters (*Bonaventure*) d'Anvers, mort en 1652, âgé de 38 ans.

Pierre de Cortone (*Pierre Berretini*, dit), né à Cortone en 1596, mort en 1669, âgé de 73 ans, avoit un talent qui brilloit dans les grandes machines, dans une grande intelligence du clair-obscur, & dans une belle disposition des grouppes. Ses principaux ouvrages sont les Peintures du Palais Barberin à Rome, & ceux du Palais Ducal de Toscane.

Piles (*Roger de*) de Nevers, mort en 1709, âgé de 74 ans.

Pin (*Joseph*) de Arpino, mort en 1640.

Pinturicchio (*Bernardin*) Italien, mort en 1513, âgé de 59 ans, regardé comme très-célèbre, avoit acquis une grande réputation.

Poelemburg (*Corneille*) d'Utrecht, mort en 1660, âgé de 77 ans.

Poerson (*Charles-François*) de Paris, mort en 1725, âgé de 73 ans.

Polygnote Thasien, ancien Peintre Grec très-célèbre, fut le premier qui mit de l'expression dans ses têtes, & qui trouva le secret des couleurs vives. Cette belle manière lui donna une si grande réputation, qu'il fut honoré à Athènes par le Conseil des Amphyctions, d'un remerciment solemnel de toute la Grece, avec ordre à toutes les Villes de leur Gouvernement de lui donner des logemens aux dépens du public quand il y demeureroit, pour les Tableaux qu'il avoit faits pour la Ville d'Athènes & le Temple de Delphes, dont il ne voulut recevoir aucun payement.

Pontorine (*Jacques*) du Duché de Toscane, mort en 1556, âgé de 63 ans.

Pordenone (*Licinio Regillo*, dit de) de Pordenone, mort en 1540, âgé de 56 ans.

Potter (*Paul*) de Hollande, a aussi excellé dans la Gravure, & est mort en 1654, âgé de 29 ans.

Pourbus (*François*) de Bruges, mort en 1580, âgé de 40 ans.

Pourbus (*François*) fils de François, mort à Paris en 1623.

Poussin (*Nicolas*) né à Andeli en Normandie en 1594, appellé le Raphaël de la France, fut le plus grand Peintre de son tems. Le jeune Poussin s'échappa de chez son premier Maître nommé Varin, pour venir à Paris se perfectionner, où il reçut quelques leçons de deux Maîtres, & ensuite travailla au Louvre à copier les belles plus Estampes d'après Raphaël & Jules-Romain, & fit six beaux Tableaux pour le Noviciat des Jésuites de Paris. Il passa ensuite à Rome, où il se livra tout entier au travail & à l'étude du bel antique, & apprit la Géométrie, la Perspective, l'Architecture, l'Anatomie, & les autres Sciences qui ont quelque rapport avec la Peinture. Le Roi Louis XIII le fit revenir en France pour être son premier Peintre, avec une pension de mille écus, & un appartement meublé au Château des Thuilleries. Mais la jalousie des autres Peintres ses concitoyens le fit résoudre de s'en retourner à Rome pour retrouver la tranquillité que son peu d'ambition souhaitoit. Il y fut en effet après trois ans de séjour en France, & continua à faire sortir de son pinceau des chef-d'œuvres tels sont, en-

tre autres ; le Raviſſement de ſaint Paul
& les ſept Sacremens du Pouſſin , ſuite
très-précieuſe que M. le Duc d'Orléans
Régent paya cent vingt mille livres. Auſſi
ce grand homme étoit excellent Deſſinateur , grand Hiſtorien , grand Poëte , ſage
Compoſiteur , grand Payſagiſte , & joignoit à tous les talens qui caractériſent
le plus grand Peintre , un déſintéreſſe-
ment ſi grand, qu'il n'amaſſa pas de grandes richeſſes, content du prix médiocre
qu'il mettoit lui-même à ſes Tableaux,
& qu'il écrivoit ordinairement derrière
la toile. Il mourut à Rome en 1665 ,
âgé de 71 ans.

Pouſſin (Guaſpré Dughet , dit le) né
à Rome en 1613 , fut frere de la femme
de Nicolas Pouſſin , à l'école duquel le
jeune Guaſpre apprit les élémens du Deſſein & de la Peinture. Son beau-frere
lui reconnoiſſant un goût particulier pour
le Payſage , lui conſeilla de s'y adonner,
ſans cependant négliger l'étude des figures qui en font le plus bel ornement.
Ce jeune homme qui aimoit beaucoup
la chaſſe ne laiſſoit cependant échapper aucune occaſion de deſſiner ce que la nature
lui préſentoit de beau ; & les études qu'il
faiſoit continuellement , lui acquirent
une grande facilité , une touche admi-

rable, & un coloris vrai, & très-frais pour le Payſage, que le Pouſſin ſe plaiſoit ſouvent d'orner de figures. Auſſi perſonne, avant Guaſpre, n'avoit ſçu attirer & imiter ſi bien les vents & les orages dans les Tableaux faits pour les repréſenter : les feuilles y ſembloient agitées ; ſes ſites beaux, bien dégradés avec un beau maniment de pinceau. Il peignoit ſi vîte, qu'en un ſeul jour il finiſſoit un grand Tableau avec les figures. Ses Deſſeins d'un grand goût ſont extrêmement finis, comme ſes Tableaux. Ce grand homme mourut à Rome en 1675, âgé de 62 ans.

Pozzo (*André*) de Trente, mort en 1709, âgé de 67 ans.

Primatice (*François le*), né à Bologne en 1490, fut éleve de Innocenzio da Imola Peintre eſtimé, & enſuite de Bagna Cavallo qui l'avoit été de Raphaël. Ce Peintre fut envoyé par le Duc de Mantoue à François I en 1531. Sa capacité dans la Peinture & l'Architecture lui gagna l'eſtime & la confiance de ce grand Roi qui vouloit être le reſtaurateur des beaux Arts dans ſes Etats. Mais la Jalouſie que le Primatice conçut contre le Roſſo ou Maître Roux, engagea ce Prince d'envoyer le premier en Italie pour y cher

cher des Figures antiques, d'où il revint & en apporta 125, quantité de Bustes, & les creux faits par le Vignole & autres célèbres Sculpteurs, de la colonne Trajane, du Laocoon, de la Vénus de Médicis, de la Cléopatre & des plus fameuses Figures qui furent jettées en bronze & placées à Fontainebleau. Revenu à Paris, & Maître Roux étant mort, il travailla à l'embellissement du Château de Fontainebleau, & y peignit la galerie & beaucoup d'autres choses. Il fut pourvu d'une charge de Valet de chambre du Roi en 1544 de l'Abbaye de saint Martin de Troyes, en 1559 de l'Intendance générale des bâtimens. Il commença à S. Denys, par ordre de Charles IX, le Tombeau du Roi Henri II, qui auroit été un chef-d'œuvre, s'il eût été fini sur ses desseins. Ce grand homme fit tant de desseins, & un si grand nombre d'Ecoliers, qu'on vit en peu de tems renaître le bon goût de la Peinture. C'est de son Ecole que sont sortis François Clouet, dit Jeannet, & Jean Coulin, regardés comme les Fondateurs de l'Ecole Françoise. Le Primatice mourut en 1570, âgé de 80 ans.

Procaccini (*Camille*) de Bologne, mort en 1626, âgé de 80 ans.

Procaccini (Jules-César) de Bologne, mort en 1626, âgé de 78 ans.

Protógène, ancien Peintre Grec célèbre, de Caunus en Cilicie, vivoit vers l'an 293 avant J. C., & étoit contemporain d'Apelles. Il employoit beaucoup de tems à perfectionner ses ouvrages, dont un entr'autres, qui étoit le Tableau de Jalyfus, fameux chaffeur de l'Ifle de Rhodes, admiré par Apelles qui le regarda comme un chef-d'œuvre. Protogène, pour le conferver, y mit quatre couches de couleurs : on y voyoit un chien échauffé, dont l'écume étoit admirablement bien repréfentée, & qui devoit fa perfection au hazard ; qui eft, que ce Peintre en colére de ne pouvoir y réuffir, jetta par dépit fon pinceau contre fon ouvrage, & que cette écume parut auffi-tôt fi bien faite, que l'Art n'y pouvoit rien ajouter. Ce Tableau de Jalyfus conferva la Ville de Rhodes, lorfque Démétrius Roi de Macédoine l'affiégea. Car ne pouvant être prife que du côté où étoit la maifon de Protogène, ce Roi aima mieux lever le fiége, que d'y mettre le feu & de perdre un ouvrage fi admirable.

Puget (Pierre - Paul) de Marfeille, mort en 1695, étoit auffi Sculpteur &

Architecte. Voyez son article au Catalogue des Sculpteurs.

QU

*Q*Uellinus (*Erafme*) d'Anvers, né en 1606, mort fort âgé.

    Quiani (*Louis*) de Ravennes, mort en 1717, âgé de 74 ans.

RA

R Aphaël Sanzio, né à Urbin en 1483, a mérité l'éloge que l'on lui donne, d'avoir surpassé les Artistes qui l'ont précédé, & de n'avoir pas eu d'égal parmi tous ceux qui l'ont suivi. En effet, avec ses dispositions naturelles, ce Fondateur de l'Ecole Romaine étudioit sans cesse, cherchoit à se perfectionner par tout ce que l'Italie & la Gréce avoient de rare & de beau. Il consultoit la belle nature. Ses études prouvent qu'il dessinoit ses Figures nues ; qu'il en varioit les attitudes jusqu'à ce qu'elles convinssent à son sujet. C'est un grand malheur pour la

Peinture , qu'un fi grand homme n'ait vécu que 37 ans. On attribue la caufe de fa mort à une débauche de femme; & l'on dit que n'ayant pas découvert fon mal aux Médecins, ils traitérent fa maladie comme une pleuréfie, le firent trop faigner, & mourut en 1520.

Raoux (*Jean*) de Montpellier , mort en 1734 , âgé de 57 ans.

Ranc (*Jean*), neveu de Rigault, mort en 1735 , âgé de 61 ans, premier Peintre du Roi d'Efpagne.

Rembrant Van Ryn , né près Leyden en 1606. Ce grand Peintre fe fraya une route toute différente de celles des autres Peintres de fon pays . il étudia la nature qu'il prit toujours pour modéle, fe moquant de ceux qui s'appliquoient à étudier fur l'antique. Sa maniére étoit peu léchée ; fes Tableaux font pleins de couleurs, fa touche eft raboteufe & défagréable à regarder de près , mais d'une force & d'un fuave étonnant, vuë à une diftance requife. On confidére toujours fes ouvrages avec un nouveau plaifir, à caufe de leur grand relief, de l'harmonie des tours , de fa couleur , de la force de l'expreffion, de fes figures , de la fraîcheur de fes carnations & du caractére de vie qu'il leur donnoit. Rembrant a

auffi beaucoup gravé : les Eſtampes de ſa
main montent à 280 , & eſt mort âgé
de 68 ans.

Ricci (*Sébaſtien*) de Belluno , mort en
1734 à Veniſe , âgé de 75 ans.

Richard (*Martin*) d'Anvers , mort en
1636 , âgé de 45 ans , naquit avec le ſeul
bras gauche ; & cependant il fut très-
eſtimé de Vandyck qui fit ſon portrait.

Rickaer (*David*) d'Anvers , mort en
1652 , âgé de 38 ans.

Rigault (*Hyacinthe*) de Perpignan ,
appellé communément le Vandyck de
la France. Quoique ce grand homme fut
reçu en 1700 à l'Académie comme Peintre d'hiſtoire , cependant ſon talent décidé fut pour le Portrait , à qui il ſçavoit donner une reſſemblance ſi parfaite,
qu'il lui ſuffiſoit d'avoir vu l'original une
fois pour le reconnoître dans ſon Tableau.
Il ſçavoit varier les draperies de cent
maniéres différentes , qui toutes faiſ-
ſoient un effet admirable dans ſes Tableaux. Il ne laiſſoit point à d'autres le
ſoin d'ébaucher ſes ouvrages qu'il finiſſoit avec une patience admirable ; cependant il expédioit une tête en deux
heures. Tel a été le portrait de ſon beau-
pere , & un enfant nud qu'on diroit être
de Vandyck. Il a fait les portraits du

Roi, des Princes, des Seigneurs & des Dames de la Cour; & son nom étoit aussi célèbre dans les pays étrangers qu'il l'étoit en France. Il mourut en 1743, âgé de 80 ans,

Rivalz (*Pierre-Jean*) du Languedoc, mort en 1706.

Rivalz (*Antoine*) fils de Pierre - Jean, mort en 1735, âgé de 68 ans.

Robert (*Nicolas*) de Langres, mort en 1684, âgé de 74 ans.

Romanelli (*Jean-François*) de Viterbe, mort en 1662, âgé de 45 ans.

Romboutz (*Théodore*) d'Anvers, mort en 1637, âgé de 40 ans.

Rondelet (*Guillaume*) étoit Peintre de François I.

Rosa–Alba Cariera de Venise, fille, a travaillé fort long-tems à Paris. Elle mourut à Rome fort âgée en 1757.

Rosso (*le*) ou Maître Roux, natif de Florence en 1496. Ce Peintre étoit fécond dans l'invention, & dessinoit facilement. Son génie, & l'étude particuliére qu'il fit de Michel-Ange & du Parmesan, lui acquirent une telle réputation que le Roi François I le fit venir en France, & lui donna la Surintendance des ouvrages qu'il faisoit faire à Fontainebleau, avec une pension considérable, & un

Canonicat de la Ste Chapelle ; de forte
qu'il avoit de quoi mener une vie très-
douce ; mais ce grand homme, dans une
grande réputation, fort aimé du Roi, riche & plein de fanté, fe priva de tous
ces avantages en s'empoifonnant lui-même à Fontainebleau, où il mourut en
1541, âgé de 45 ans. En voici la caufe.
Ayant été volé d'une fomme confidérable, il fit arrêter François Pellegrin Florentin, un de fes plus intimes amis, &
qui étoit fouvent chez lui. L'accufé fouf-
frit la queftion, & fit voir fon innocence. Sorti de prifon, il publia un libelle
contre Maître Roux, qui en fut fi touché, que de défefpoir il forma le deffein de s'empoifonner. Il étoit bon Architecte, bon Muficien & bon Poëte : il
a auffi donné quelques morceaux de Gravures, entr'autres, les Amours de Mars
& de Vénus qu'il fit pour le Poëte Are-
tin.

Rothenamer (Jean) de Francfort, mort
en 1620, âgé de 56 ans.

Roußeau (Jacques) de Paris, mort en
1693, âgé de 63 ans.

Rubens (Pierre-Paul) originaire d'Anvers, né à Cologne en 1577. Ce grand
homme élevé avec foin avoit un goût particulier pour la Peinture, qui le portoit à

deſſiner tout ce qu'il voyoit : il prit pour
modèle les ouvrages du Titien & de Paul
Véronèſe , qu'il ſe propoſa d'imiter dans
leur coloris. L'étude des Belles-Lettres,
& ſon génie vaſte le mirent en état d'inventer & d'exécuter les compoſitions les
plus riches, qui lui acquirent une grande
réputation à Mantoue, à Rome, à Gènes & à Veniſe où il s'arrêta long-tems.
Albert VI Archiduc d'Autriche, Gouver-
neur, & enſuite Souverain des Pays-bas,
mort en 1621, & l'Infante Iſabelle ou
Eliſabeth ſa femme attirèrent Rubens à
leur Cour, & lui accordèrent une penſion
conſidérable. La Reine Marie de
Médicis l'engagea de venir à Paris pour
peindre la Galerie du Luxembourg ; ce
qu'il fit au grand contentement de tous
les connoiſſeurs, qui trouvent dans ſes
Tableaux le génie élevé, facile & plein
de feu, un beau coloris, une abondance
d'idées, une force & une vérité dans les
expreſſions, une vivacité & un moëlleux
dans ſon pinceau, un artifice dans ſon clair-
obſcur, de belles draperies imitant parfaitement l'étoffe, qui, par des plis ſimples, mais ſçavamment jettées, flottent
autour du nud ſans y être collées, une
touche belle & légére, des carnations
fraîches peintes au premier coup, des

grouppes de lumiére inimitable, enfin une harmonie générale dans tout leur ensemble. Philippe I V Roi d'Espagne se servit encore de Rubens pour d'autres ouvrages. Il n'y a guère de Villes des Pays-bas, qui n'ait des ouvrages de ce grand homme, qui comblé d'honneur & de mérites, mourut en 1640, âgé de 63 ans, laissant Albert son fils qui a été Sécrétaire d'Etat en Flandre.

Ruisch, fille très-habile pour les fleurs & les fruits a surpassé Abraham Mignon.

Ruysdaal (*Jacob*) de Harlem, mort en 1681, âgé de 41 ans.

S A

*S*Achi (*André*) de Rome, mort en 1661, âgé de 62 ans.

Salvator-Rosa de Naples, mort en 1673, âgé de 58 ans.

Salviati (*François*) de Florence, mort en 1563, âgé de 53 ans.

Salviati (nommé *Joseph Porta*) Vénitien, mort en 1585.

Salucci (*Aléxandre*), mort dans le dix-septiéme siécle.

Sandrart (*Joachim*) de Francfort, né en 1606, mort fort âgé.

Santerre (*Jean-Baptiste*) de Pontoise, mort en 1717, âgé de 58 ans.

Sancto Marino (*Giovan Baptista*), gendre de Girolamo Genca qui est mort en 1551.

Sarazin (*Jacques*) de Noyon, mort en 1660, âgé de 68 ans, étoit aussi habile Sculpteur que bon Peintre. Voyez son article au Catalogue des Sculpteurs.

Savary (*Roland*) mort fort âgé à Utrecht sur la fin du seiziéme siécle.

Savary (*Roland*) de Courtrai, mort en 1639, âgé de 64 ans.

Scalckden (*Godefroy*) de Dordrecht, mort en 1706, âgé de 63 ans.

Scarselin (*Hyppolite*) de Ferrate, mort dans le dix-septiéme siécle.

Sciavon (*André*) de Dalmatie, mort en 1582, âgé de 60 ans.

Schidone (*Barthelemi*) de Modène, mort en 1616, âgé de 56 ans.

Schoorel (*Jean*) de Hollande, mort en 1562, âgé de 76 ans.

Schult (*Corneille*) d'Anvers, mort en 1676, âgé de 76 ans.

Schwartz (*Christophe*) d'Ingolstad, mort en 1594, âgé de 44 ans.

Sébastien del-Piombo (ou *Fra-Bastien*) de

de Venife, mort en 1547, âgé de 62 ans.

Segre ou *Seghers* (*Daniel*) Jéfuite d'Anvers, mort en 1660, âgé de 70 ans.

Segre ou *Seghers* (*Gerard*), frere du précédent, mort en 1651 , âgé de 59 ans.

Sepion ancien Peintre Grec excelloit pour les Décorations, la Perfpective & l'Architecture.

Seve (*Gilbert de*) de Moulins, mort en 1698.

Signorelli (*Lucas*) de Cortone, mort dans le feiziéme fiécle.

Simmoneau (*Charles*) a auffi été un Graveur célèbre. Voyez fon article au Catalogue des Graveurs.

Simpol (*Claude*) mort au commencement du dix-huitiéme fiécle.

Silani (*Elifabeth*) de Bologne, fille, morte en 1664, âgé de 26 ans.

Slingelandt (*Jean-Pierre*) de Leyden, mort en 1691, âgé de 51 ans.

Sneyders ou *Sneidere* (*François*) d'Anvers, mort en 1657, âgé de 70 ans.

Solimane (*François*) de Naples, mort en 1747, âgé de 90 ans.

Soriau (*Daniel*) Peintre & Architecte Flamand fe retira, pendant les guerres des Hollandois avec l'Efpagne, dans la

Tome II. N

Ville de Hanau en Allemagne, où il contribua beaucoup à l'embelliſſement de cette Ville que l'on bâtiſſoit de nouveau. Les Egliſes, les Hôtels & les Portes ſont faites ſur ſes deſſeins ; & ſes peintures qui les décorent, y ſont fort eſtimées.

Speyman (. . . . .) mort il y a environ 30 ans.

Spinelli d'Arezzo en Toſcane, mort fort âgé, fleuriſſoit dans le quatorziéme ſiécle.

Spranger (*Barthelemi*) d'Anvers, né en 1546, mort fort âgé.

Stalbent (*Adrien*) d'Anvers, mort en 1660, âgé de 80 ans.

Stéenwick (*Henri*) de Stéenwick, mort en 1604, âgé de 54 ans.

Stephano de Florence, mort en 1350, âgé de 49 ans, étoit auſſi Architecte célèbre.

Stiémart (*François*) de Douai, mort en 1740.

Stimmer (*Tobie*) de Schaffouſe en Suiſſe, mort dans le dix-ſeptiéme ſiécle, excelloit plus dans la Gravure que dans la Peinture.

Stella le pere, (*François*) grand Deſſinateur Flamand, mort en 1605.

Stella (*Jacques*) de Lyon, mort en 1657, âgé de 61 ans.

Stella (*Antoine Bouſſonnet*) de Lyon, mort en 1682.

Strada (*Jacques*) de Mantoue, mort dans le dix-ſeptiéme ſiécle.

Strada (*Octave*) de Mantoue, mort dans le dix-ſeptiéme ſiécle.

Stradan (*Jean*) de Bruges, mort en 1605, âgé de 69 ans.

Subleyras (*Pierre*) d'Uzès en Languedoc, mort en 1749, âgé de 50 ans.

Sueur (*Euſtache le*), né à Paris en 1617 d'un Sculpteur originaire de Montdidier, entra de bonne heure dans l'Ecole de Simon Vouet, où il fit des progrès ſi conſidérables, qu'il ſurpaſſa bientôt ſon Maître. Un génie heureux, un deſſein correct, une compoſition ſage, une ordonnance bien digérée, des idées ſublimes lui ont fait donner le nom de Raphaël de la France. En effet le Sueur a toujours cherché dans ce Fondateur de l'Ecole Romaine la ſimplicité des draperies, la nobleſſe de ſes airs de têtes, ſon deſſein & ſon expreſſion. On voit dans ſes ouvrages ces graces nobles & élevées, qui, ſans contrainte & ſans ſervitude, ont tous les ornemens de l'Art. Il ſe forma le goût ſur l'antique ; mais il ſçut ſi bien y allier les graces de la nature, que ſa maniére de deſſiner &

de peindre n'a rien de dur, de froid,
ni de fec. Son pinceau eſt au contraire
moëlleux, facile, & d'une franchiſe ai-
mable. A de ſi grands talens, cet Artiſte
joignoit une ſimplicité de caractére, une
candeur & une exacte probité. La France
le perdit en 1655, à l'âge de 38 ans;
& il ſeroit devenu un Peintre parfait, ſi
une plus longue carrière lui eut permis
de prendre la couleur Vénitienne. On
retrouve dans ſes deſſeins les beautés
qui brillent dans ceux de Raphaël.

Swnefeld (*Herman*), mort en 1690,
âgé de 70 ans.

Sylveſtre (. . . .) mort en 1760,
premier Peintre du Roi de Pologne.

TA

T *Addeo Gaddi* de Florence, mort en
1350, âgé de 50 ans, étoit auſſi célébre
Architecte.

Taſi (*André*) de Florence, contemporain de Cimabué, eſt mort en 1294,
âgé de 81 ans.

Taſſi (*Auguſtin*) de Bologne, vivoit
dans le ſeiziéme ſiécle.

Tedeſco (nommé *Adam Els-Haimer*,

(dit *le*) de Francfort, mort en 1620.

Tempête (*Antoine*) de Florence, mort en 1630. Voyez son article au Catalologue des Graveurs.

Teniers le vieux (*David*) né à Anvers en 1582, après avoir été Eleve de Rubens, il fut à Rome où il demeura dix ans sous Adam Els-Haimer, dont il prit toute la maniére, en conservant cependant celle de son premier Maître. A son retour il ne s'occupa qu'à peindre des Tableaux remplis de petites Figures de Paysans & de Buveurs, avec beaucoup de goût. Il mourut en 1649, âgé de 67 ans.

Teniers le jeune (*David*) né à Anvers en 1610, mort en 1674, âgé de 64 ans, surnommé le Singe de la Peinture; parce qu'il n'y a eu guére de maniére qu'il n'ait imitée de façon à tromper bien des connoisseurs. Il est devenu beaucoup plus célèbre que son pere dont il a été Eléve: ses Paysages, ses Fêtes de Village, ses Corps de Garde, sont extrêmement recherchés, même ses Tableaux qu'on appelle des après-souper, parce qu'il les commençoit & les finissoit le soir même. Ses ouvrages rassemblent dans un dégré de finesse & de per-

fection tout ce que l'Art a de plus pi-
quant dans ce genre.

Terburg (*Gérard*) de Zuwol, mort
en 1681, âgé de 74 ans.

Testa (*Piétre*) de Luques, mort en
1650, âgé de 39 ans, excelloit aussi
dans la Gravure.

Testelin (*Louis*) de Paris, mort en 1655,
âgé de 40 ans.

Testelin (*Henri*) frere de Louis, mort
en 1695, âgé de 80 ans.

Timanthe Grec, dont les ouvrages
furent très-estimés. Son Iphigénie a mérité les éloges de divers Auteurs.

Timomaque Grec, de Byfance, fit
deux Tableaux d'une Médée & d'un
Ajax que Céfar acheta 80 talens, qui
font environ 144 mille livres de notre
monnoie, pour le Temple de Vénus où
ils furent placés.

Tintoret (nommé *Jacques Robusti*,
dit *le*) de Venise, mort en 1594, âgé
de 82 ans.

Tintoretta (*Marie*) fille du Tintoret,
morte en 1590, âgée de 30 ans.

Tiriani, ou *Tiarini* (*Aléxandre*) de
Bologne, mort en 1688, âgé de 91
ans.

Titien (nommé *Titien Vicelli*, dit *le*)
du Frioul, mort en 1576, âgé de 99 ans.

Tons grand Paysagiste vivoit sous le règne de Charles-Quint.

Tornhill (*Jacques*) de Dorset en Angleterre , mort en 1732 , âgé de 56 ans.

Tournière (*Robert*) de Caën , mort en 1752 , âgé de 76 ans.

Toutin (*Jean*) trouva en 1632 le secret de peindre en émail , & a fait plusieurs ouvrages en ce genre : il est mort dans le dix-septiéme siécle.

Toutin (*Henri*) mort dans le dix-septiéme siécle , nous a laissé de très-beaux morceaux peints en émail , dont un entr'autres , où il a représenté d'après le Brun , la mere & la fille de Darius Roi de Perse aux pieds d'Aléxandre le Grand , en un Tableau de six pouces de long , où les caractéres & les belles expressions sont parfaitement rendus.

Trémoliére (*Pierre Charles*) du Poitou , mort en 1739 , âgé de 36 ans.

Troy (*François de*) de Toulouse , mort en 1730 , âgé de 85 ans.

Troy (*Jean-François de*) de Paris , mort en 1752 , âgé de 72 ans.

V A

Vaga (*Buonacorſi*, dit *Perrin del-*) de Florence, mourut en 1547, âgé de 47 ans.

Valentin de Colomiers, mort en 1632, âgé de 32 ans.

Valeſquez (*Dom Diego de*) de Seville, mort en 1660, âgé de 66 ans.

Van-Achen (*Jean*) de Cologne, mort dans le ſeiziéme ſiécle.

Van-Auiſum (*Juſte*) très-habile pour les fleurs & les fruits, a ſurpaſſé Abraham Mignon.

Vancleve (*Corneille*) de Paris, mort en 1733, excelloit auſſi dans la Scuplture. Voyez ſon article au Catalogue des Sculpteurs.

Vander - den - Eckout (*Gerbrault*) d'Amſterdam, mort en 1674, âgé de 53 ans.

Vander-Does (*Jacob*) d'Amſterdam, mort en 1673, âgé de 50 ans.

Vander-Facs (*Pierre*, dit *l'Eli*) de Veſtphalie, mort en 1680, âgé de 62 ans.

Vander-Helſt (*Barthelemi*) de Harlem, mort dans le ſeiziéme ſiécle.

Vander-Heyden (*Jean*) Hollandois, mort en 1712, âgé de 75 ans.

Vander-Hulſt (*Pierre*) de Dorth, mort ſur la fin du dix-ſeptiéme ſiécle.

Vander-Kabel (*Adrien*) de la Haye, mort en 1695, âgé de 74 ans.

Vander-Méer de Ionghe, ou le jeune, de Lille, mort en 1690, âgé de 63 ans.

Vander Meulen (*Antoine-François Pierre*) de Bruxelles, mort en 1690, âgé de 56 ans.

Vander Néer (*Œglon*) d'Amſterdam, mort en 1703, âgé de 60 ans.

Vander-Velde (*Guillaume*) d'Amſterdam, mort en 1700, âgé de 67 ans.

Vander-Velde (*Adrien*) d'Amſterdam, mort en 1672, âgé de 33 ans.

Vander Verſt (*Adrien*) de Roterdam, mort en 1727, âgé de 68 ans.

Vander-Ulſt (*Jacques*) de Grokum, mort ſur la fin du dix-ſeptiéme ſiécle.

Van-Dyck (*Antoine*) naquit à Anvers en 1598, & eut pour premier Maître Henri Van-Balen ; mais ayant vû les beaux ouvrages de Rubens, il voulut être un de ſes Eléves, & fit beaucoup de Portraits chez ce grand homme qui lui conſeilla d'aller en Italie. En effet

N v

Vandyck fut à Venife où il étudia les beaux ouvrages de Paul Veronefe & du Titien, enfuite à Gènes, de-là à Rome; & retourna à Gènes, d'où il paffa avec le Chevalier Nanni en Sicile, qu'il fut obligé de quitter à caufe de la pefte, & de revenir dans fon pays, où il travailla pour Henri-Frederic Prince d'Orange: il fit pour les Capucins de Dendermonde ce beau Crucifix qui fait l'admiration de tous les connoiffeurs; & pour les Cordeliers d'Anvers, le Tableau du Chrift mort fur les genoux de la Vierge, & quantité de Portraits qui l'ont fait furnommer le Roi des Portraits. Après quoi il s'en alla en Angleterre, où le Chevalier Digby le préfenta au Roi qui le fit Chevalier, lui donna fon Portrait enrichi de diamans, & lui affigna de grandes penfions. Il travailla beaucoup pour fon bienfaicteur, amaffa de grands biens, & laiffa en mourant cent mille écus à fa femme, une des plus belles de la Cour d'Angleterre, & d'une illuftre Maifon d'Ecoffe. Il eft mort en 1640, âgé de 42 ans.

Van-Dyck (nommé *Gonzalès Coquès,* dit *le petit*) d'Anvers, mort en 1684, âgé de 66 ans.

Van-Eyck (Hubert) Hol-
landois, mort en 1426, âgé
de 60 ans.

Van-Eyck (Jean, dit *Jean
de Bruges)* mort en 1440
âgé de 70 ans, a été l'inven-
teur de la Peinture à l'huile.

Ces deux
freres ont
fondé l'E-
cole Fla-
mande.

Van·Falens (Charles) mort dans le
dix-feptiéme fiécle.

Van-Hocck (Robert) d'Anvers, mort
dans le dix-feptiéme fiécle.

Van-Huifum (Jean) d'Amfterdam,
mort en 1749, âgé de 67 ans.

Vanloo (Jean-Baptifte) naquit en
1684 à Aix en Provence, & a été un
des plus habiles Peintres que la France
ait produit : il fut logé chez le Prince
de Carignan qui l'aimoit beaucoup. Il
s'eft extrêmement diftingué dans le Por-
trait, & a fait plufieurs Tableaux d'hif-
toire d'un effet furprenant, entr'autres
celui de S. Pierre délivré de prifon, qui
eft dans la Nef de S. Germain des Prés.
On remarque dans tous fes ouvrages une
touche fçavante, hardie, un beau choix,
une belle compofition, un ftyle noble,
& un coloris onctueux. Il travailloit
avec beaucoup de facilité & d'affiduité.
Ce grand homme mourut en 1745,
âgé de 61 ans, & laiffa trois fils dignes

éléves de cet Artiste, & dont la réputation soutient très-bien celle de leur pere.

Van-Mol (*Pierre*) d'Anvers, mort dans le dix-septiéme siécle.

Vannius, ou *Vanni* (*François*) de Sienne, mort en 1609, âgé de 46 ans.

Van-Oort (*Adam* ou *André*) d'Anvers, mort en 1641, âgé de 84 ans.

Van-Oort, surnommé le vieux (*Jacques*) de Bruges, mort en 1671, âgé de 71 ans.

Van-Oflade (*Adrien*) de Lubec, mort en 1685, âgé de 75 ans.

Van Tilborgh (*Gilles*) de Bruxelles vivoit en 1650.

Van-Thulden (*Théodore*) de Bois-le-Duc, a aussi excellé dans la Gravure, mort en 1662 âgé de 42 ans.

Van-Uden (*Lucas*) mort en 1660, âgé de 65 ans.

Vargas (*Louis de*) de Seville, mort en 1590, âgé de 62 ans.

Vasari (*George*) de Toscane, mort en 1574, âgé de 64 ans, grand Dessinateur & meilleur Architecte que bon Peintre.

Ubelesqui (*Aléxandre*) de Paris, mort en 1736, âgé de 69 ans.

Véeninx (*Jean-Baptiste*) d'Amsterdam, mort en 1674, âgé de 53 ans.

Verdier (*François*) difciple de le Brun de Paris, mort dans le dix-feptiéme fiécle.

Vermander (*Charles*) de Flandre, mort en 1607, âgé de 58 ans.

Vermeyen (*Jean Corneille*) de Harlem, mort en 1559, âgé de 59 ans.

Vernanjal (*Guy-Louis*) de Fontainebleau, mort en 1729.

Verner (*Joseph*) de Berne en Suiffe, vivoit dans le dix-feptiéme fiécle.

Veronefe (nommé *Paul Caliari*, dit *Paul*) naquit à Vérone en 1532, de Gabriel Caliari Sculpteur. Paul fut éléve d'Antonio Badile un de fes oncles, & fon grand génie lui fit faire des progrès fi étonnans, qu'il fit plufieurs Tableaux qui lui méritérent l'eftime générale, & fur tout du Cardinal Hercule de Gonzague qui l'engagea d'aller à Mantoue pour y travailler au Dôme où il s'acquit une nouvelle réputation. Il travailla enfuite dans d'autres Villes d'Italie, & fut fe fixer à Venife, où entrant en concurrence avec les meilleurs Artiftes de cette Ville, il eut une chaîne d'or pour prix de la victoire qu'il remporta Ce grand Peintre s'eft rendu recommandable par fes grandes ordonnances, & par l'élévation de fes penfées. On remarque dans fes ouvrages une imagination vive & féconde, beaucoup de nobleffe & de dignité dans fes airs de tête, un coloris frais, & un bel accord dans les couleurs locales : vrai dans fes expreffions, il ne cherchoit que le naturel ; fes fonds d'Architecture font charmans. Il fçavoit faire un beau choix de la nature, y ajoutoit même des graces & de la nobleffe, & donnoit un caractére de vie à toutes fes figures. Ses draperies ont une richeffe, un brillant, & une magnificence qui font particuliers à cet Artifte qui eft mort en 1588, âgé de 56 ans, & avoit un frere & deux fils dont on va parler.

Veronefe (nommé *Benoift Caliari*, dit) frere de Paul : il étoit auffi Sculpteur, & eft mort en 1598.

Veronefe (nommé *Charles Caliari*, dit) fils de Paul, s'étoit déja acquis beaucoup de réputation à l'âge de 18 ans, mais la mort l'enleva en 1596, âgé de 26 ans.

Veronefe (nommé *Gabriel Caliari*, dit) fils de Paul, fit quelques Tableaux qui furent eftimés, & mourut de la pefte en 1631, âgé de 63 ans.

Veronefe (nommé *Alexandre Turchi*, dit *l'Orbette de*) de Vérone, mort en 1670, âgé de 70 ans.

Viani (*Dominique-Marie*) de Bologne, morte en 1711, âgée de 41 ans.

Vignon le pere (*Claude*) de Tours, mort en 1670, âgé de 77 ans.

Vignon le fils (*Philippe*) de Paris, mort en 1701, âgé de 67 ans.

Villembroeck, dit *le petit Moïse*, mort en 1650.

Uroom (*Henri-Cornille*) naquit à Harlem en 1566, quitta son lieu natal pour aller à Rome, & fut reçu dans la maison du Cardinal de Médicis, où il trouva Paul Bril, sous lequel il fit de grands progrès. De Rome il alla à Venise peindre les côtes maritimes & les galéres de cette République: il visita la France & l'Allemagne, & s'arrêta à Dantzic chez son oncle Fréderic Uroom. De là il revint à Harlem, fit de nouveaux voyages sur mer. De retour en Hollande, il représenta en dix Tableaux pour tapisseries la fameuse Bataille navale que Thomas Hauward Amiral d'Angleterre gagna en 1588, avec le secours des Hollandois, sur la puissante Flotte de Philippe II, qui dura dix jours. Cet ouvrage parut si beau, que cet Amiral lui fit présent de mille florins. Le Prince Maurice de Naßau & Justin de Naßau Amiral de Hollande employérent ce grand homme à peindre la Flotte des États qui favorisa la Bataille de Nieuport contre les troupes de l'Archiduc; ce qu'il exécuta avec l'admiration de ces Princes & des États.

Watteau (*Antoine*) né en 1684 à Valenciennes, où il eut pour premier Maître un assez mauvais Peintre, qu'il quitta pour venir à Paris, où il travailla sous Jean-Baptiste Corneille, chez qui il se distingua par une grande recherche de la nature : en effet il a été dans le gracieux ce que Teniers a été dans le grotesque. On trouve dans tous les Tableaux de Watteau une gaieté, une vérité de couleurs, des caractéres de têtes qui charment : la nature est rendue d'une maniére frappante ; & il y joignoit d'excellens Paysages qui servent presque toujours de fonds. Il mourut en 1721 à Nogent au dessus de Vincennes, âgé de 37 ans.

Wildens (*Jean*) d'Anvers, mort en 1600, âgé de 44 ans.

Willeborst (*Thomas*) Flamand vivoit en 1640.

Winants (*Jean*) de Harlem, mort dans le dix-septiéme siécle.

Vivien (*Joseph*) de Lyon, mort en 1735, âgé de 78 ans.

Vænius (*Otto* ou *Octave Van-Veen*) de Leyden , mort en 1634 , âgé de 78 ans.

Vos (*Martin de*) d'Anvers, mort en 1604 , âgé de 70 ans.

Vouet (*Simon*), né à Paris en 1582, quoique Peintre médiocre dans sa jeunesse, a par la suite ramené le bon goût en France. Après avoir été à l'âge de quatorze ans en Angleterre , il accompagna M. le Baron de Sancy dans son Ambassade à Constantinople, où il peignit parfaitement le Grand Seigneur pour ne l'avoir vu qu'une seule fois pendant l'audience que ce Monarque donnoit à l'Ambassadeur. De-là il passa à Venise, & ensuite à Rome , où sa réputation lui procura une pension de Louis XIII, & d'être élu Prince de l'Académie de saint Luc. Revenu d'Italie après un séjour de quinze ans , le Roi le nomma son premier Peintre , & lui donna son logement aux Galeries du Louvre. Non-seulement ses ouvrages lui font beaucoup d'honneur , mais encore le grand nombre d'illustres Elèves qui sont sortis de son Ecole , éterniseront sa mémoire: tels entre autres, le Brun, le Sueur, Pierre Mignard, Mole, Louis Testelin , qui ont rendu célèbre le regne de Louis XIV. Ce grand homme mourut en 1641, âgé de 59 ans.

Wouwermans (*Philippe*) naquit à Harlem en 1620, & reçut les premiers élémens de la Peinture de Jean Winants qu'il furpaffa par l'élégance de fes figures, fon genre de compofition & le choix de fes fujets. On remarque dans les Tableaux de Wouwermans un coloris féduifant, des figures correctes, dont le tour eft fin & expreffif, la belle touche de fes arbres, l'entente du clair-obfcur, les chevaux & les animaux qui paroiffent animés·, & parfaitement bien peints, un grand feu qui fait valoir le tout, & la beauté & la richeffe des fonds de fes Tableaux & de tout leur enfemble. Ce grand homme mourut à Harlem en 1668, âgé de 48 ans.

ZA

Z Acht-Leevin (*Herman*) de Rotterdam, mort en 1685, âgé de 76 ans.

Zeuxis d'Héraclée Ville de la Romanie, appellée autrefois la Thrace, dépendant de l'Empire Ottoman, étoit un Peintre célèbre qui vivoit en l'année 468 avant J. C. Il a fait de très-beaux morceaux, dont l'artifice des ombres étoit de toute beauté. Sa Pénelope & son Hélene font renommées dans les écrits de Pline & des Anciens. On dit qu'ayant peint un jeune homme qui portoit une corbeille de raifins, les oifeaux venoient becquetter ces fruits, comme s'ils euffent été naturels. Il donnoit libéralement fes Tableaux, difant qu'il ne croyoit pas qu'on pût les payer. On affure qu'il mourut de trop rire en confidérant le portrait d'une vieille qu'il venoit d'achever. Ce qui a donné lieu à ces deux Vers d'un Ancien :

Nam quid modus facturus rifu denique ?
Nifi Pictor fieri vult, qui rifu mortuus eft.

Zucchero (*Thaddée*) de l'Etat Eccléfiaftique, mort en 1566, âgé de 37 ans.

Zucchero (*Fréderic*) de l'Etat Eccléfiaftique, mort en 1609, âgé de 66 ans.

DISCOURS

SUR LA SCULPTURE.

LA Sculpture eſt l'Art de faire des Statues, des Figures ou des Animaux avec
le marbre, la pierre, les métaux, le bois
ou la terre cuite ou non cuite.

Il eſt difficile de ſçavoir quels ont été
les premiers inventeurs de la Sculpture.
Son antiquité nous paroît dans l'Ecriture
Sainte par les Idoles de Laban que ſa
fille Rachel enleva; par le Veau d'or, que
les Iſraëlites élevérent dans le Déſert; par
le Serpent d'airain, & par la Statue de
Nabuchodonoſor.

Dans le Paganiſme, certains Auteurs
prétendent que ce fut un Potier de terre
de Sicyonne, Ville du Péloponèſe, aujourd'hui la Morée, nommé *Dibutade*,
qui fut le premier Sculpteur, & que ſa
fille inventa le portrait en traçant l'image de ſon amant ſur l'ombre que la lumiére d'une lampe marquoit à la muraille. D'autres ſoutiennent que cet Art prit
ſon origine dans l'Iſle de Samos, où *Idéo-*

cus & *Théodore*, qui en furent les Inventeurs, avoient fait de ces ouvrages
long-tems avant qu'on parlât de *Dibutade*; & que *Démarate* pere de Tarquin
l'ancien apporta cet Art en Italie, lorfqu'il s'y retira, ayant amené avec lui
Eucirape & *Eurygramme* excellens Sculpteurs. Ils ajoutent que Tarquin Roi de
Rome fit venir un nommé *Taunianus*
très-habile Sculpteur pour faire en terre
cuite la Statue de Jupiter, & quatre chevaux de même matiére pour orner le
frontifpice du Temple de ce faux Dieux.
On croit que ce fut auffi le même Sculpteur, qui fit une Statue d'Hercule, que
l'on nommoit l'Hercule de terre cuite à
caufe de fa matiére. Quoi qu'il en foit,
il y eut en ce tems-là en Gréce & en Italie plufieurs Sculpteurs qui faifoient des
ouvrages de terre. Les Hiftoires font
mention de *Calcofthène* Athénien, de
Démophile & de *Gorfanus* qui excelloient
à travailler en terre cuite. Auffi les premiéres images des Divinités payennes
n'étoient au commencement que de terre
ou de bois. Depuis on y a employé la
pierre, le marbre & les métaux; ce qui
donna occafion à *Praxitelle* de dire que
l'art de faire des Figures de terre étoit
comme la mere qui avoit enfanté l'art

de faire des Statues en marbre & en bronze, qui ne commença à paroître dans fa perfection qu'environ 300 ans après la fondation de Rome, & 453 avant J. C. *Phidias* d'Athènes qui parut alors, furpaffa tous ceux qui l'avoient précédé, foit qu'il travaillât en marbre ou en yvoire, foit qu'il employa les métaux. Bientôt après, il s'éleva quantité de grands hommes qui mirent la Sculpture au plus haut dégré où elle ait été: car dans Sicyone on vit fleurir *Polyclete*, dont les ouvrages étoient l'admiration de tout le monde. Enfuite parurent *Miron* qui étoit inimitable en tout ce qu'il faifoit, *Lyfippe* qui eut feul la permiffion de jetter en bronze le portrait d'Aléxandre le Grand, *Praxitelle* & *Scopas* qui ont fait les admirables Figures & les Chevaux que l'on voit encore à Rome devant le Palais du Pape à Monte cavallo. Ce *Scopas* eut pour concurrent *Briaxis*, *Thimothée* & *Léocharès* qui travaillérent avec *Praxitelle* au fameux Tombeau de Maufole Roi de Carie par ordre de la Reine Arthémife fa veuve, & fut fuivi de plufieurs autres, dont les noms de quelques-uns ont péri avec leurs ouvrages.

Les Statues étoient les Figures des faux

Dieux, des Héros & des hommes illuftres, faites pour leur rendre un culte, ou
honorer leur mémoire. Les Grecs en ont
établi l'ufage, qui pafla enfuite en Italie. Les Statues de Romulus & de fes
fucceffeurs, que l'on a gardées plufieurs
fiécles dans le Capitole, furent prefque
les feules qu'il y eut à Rome pendant
que la fouveraine Puiffance fut entre les
mains des Rois. Celles de Brutus, d'Ho-
ratius-Clocles, de Clelie & une infinité
d'autres, parurent bientôt après.

Sous les premiers Empereurs, on vit
un nombre fi confidérable de Statues,
qu'on ne pouvoit compter celles de Sé-
jan favori de Tibére. En effet, les Temples, les Palais, les Portiques, les Am-
phithéâtres, les Thermes ou Bains & les
Places publiques étoient remplis de Statues, que le mérite ou la flatterie avoient
élevées. La matiére ancienne étoit le
bronze & le marbre : les Statues d'argent ne commencérent que fous l'Empire
d'Augufte : fes fucceffeurs, & fur - tout
Domitien voulut que celles qu'on lui
confacreroit, fuffent d'or & d'argent, &
fur-tout d'un certain poids. Caligula,
Claudius & Commode eurent des Statues
d'or ; & fur la fin du quatriéme fiécle de
J. C., Arcadius en fit faire une d'argent

pour l'Empereur Théodofe, qui pefoit fept mille quatre cens livres.

On trouve quatre fortes de Statues dans l'antiquité ; les coloffales, les curules, les équeftres & les pédeftres. Les coloffales étoient d'une grandeur extraordinaire, & l'on n'en faifoit que pour les Dieux : cependant Neron fut le premier Empereur qui voulut qu'on lui érigeât une de ces Statues qui fut faite par *Zenedore*, & qui avoit cent dix pieds de hauteur. Les Statues appellées curules étoient pofées fur des chars à deux ou à quatre chevaux, & étoient décernées à ceux qui avoient triomphé, ou qui avoient étendu les bornes de l'Empire Romain. L'ufage des Statues équeftres paroît être fort ancien dans Rome par celle de Clelie, érigée l'an 247 de la fondation de cette Ville, & 506 avant J. C. L'on y voit encore aujourd'hui celle de Marc-Aurele. Les Statues pédeftres étoient en bien plus grand nombre que toutes les autres enfemble.

Bergier remarque que les grandes Statues étoient diftinguées en Auguftes, Héroïques & Coloffiques. Les Auguftes repréfentoient les Empereurs, les Rois & les Princes, & étoient grandes comme nature : les Héroïques qui étoient érigées

pour

pour les Héros & les demi-Dieux, avoient
deux fois la hauteur d'un homme ; & les
Co offiques pour les Dieux contenoient
trois hauteurs & souvent plus , comme
le Jupiter Olympien d'Elide en Gréce ,
qui étoit un ouvrage du célèbre *Phidias* ;
la Minerve d'Athènes , haute de trente-
six coudées , faite d'yvoire & d'or ; le Jupiter du Capitole à Rome , le Colosse
d'Apollon de quarante coudées de hauteur dans Tarente ville du Royaume de
Naples, sculpté par le fameux *Lysippe* ;
le Colosse du Soleil que Charés Lyndi-
cus éleva sur le port de Rhodes , & la
Statue colossique de Mercure de quatre
cens pieds de hauteur que Pline rapporte
avoir été faite dans une Ville de l'Au-
vergne par *Zénodore* qui y a travaillé pendant dix ans Ce qui paroît de plus sur-
prenant est la grandeur de ces Figures,
que ces anciens Artistes avoient la har-
diesse d'entreprendre.

Le nombre des Statues étoit si grand
en Asie, en Gréce & en Italie, que dans
Rome seulement on en comptoit pres-
qu'autant que d'hommes vivans. Vers l'an
650 de la fondation de Rome, & 93
ans avant J C. Marcus Scaurus, étant
Edile , fit construire dans cette Ville le
plus magnifique théâtre qui eut jamais

été vû, capable de contenir quatre-vingt
mille perſonnes : le premier étage étoit
tout en marbre, compoſé de trois cens
ſoixante colonnes auſſi en marbre, dont
la plûpart avoient trente-huit pieds de
hauteur, & les intervalles étoient ornés
de trois mille Statues de bronze, & d'un
grand nombre de riches Tableaux. Quoique L. Mummius & Lucullus en euſſent
apporté dans cette Capitale de l'Univers
une grande quantité d'Aſie & de Gréce,
il en étoit encore demeuré dans Rhodes
plus de trois mille, autant dans Athènes,
& plus encore à Delphes & à Epheſe :
cependant il en reſte aujourd'hui très-peu
à proportion du nombre conſidérable qu'il
y avoit dans les ſiécles les plus fleuriſ-
ſans de la République Romaine.

Depuis *Phidias* qui fleuriſſoit vers l'an
429 avant J. C. la Sculpture ne demeura
dans ſa grande perfection, que pendant
environ 150 ans, & inſenſiblement elle
commença à tomber. Ce n'eſt pas que
depuis ce tems-là il ne ſe fit encore en
Gréce & en Italie de fort beaux ouvrages ; mais ils n'égaloient pas ceux des
ſiécles précédens. Cette grande différence pour la beauté du travail entre les anciennes Statues Grecques & les Romaines
eſt ſenſible, en ce que la plûpart des pre-

miéres font prefque toujours nues à la maniére de ceux qui s'exerçoient à la lutte
& aux autres exercices du corps, & que
les autres font couvertes d'habillemens ou
d'armes : telles font les Statues de Ju-
les-Céfar & d'Augufte qu'on voit encore aujourd'hui à Rome dans le Capitole.

A mefure que les tems où cet Art s'é-
toit le plus illuftré, s'éloignoient dans
l'antiquité, il a paru auffi moins de grands
Maîtres. Les guerres continuelles de Rome avec les peuples qu'elle vouloit affu-
jettir, ou qui fe révoltoient, & les troubles fufcités par plufieurs de fes citoyens
ambitieux le firent négliger; de forte que
fous les douze premiers Empereurs &
leurs fucceffeurs la Sculpture tomba infenfiblement dans l'oubli. Enfin dans la décadence de l'Empire Romain, les Francs,
les Sarazins, les Gots, les Vifigots, les
Oftrogots, les Lombards, les Vandales
& les Huns en Europe, & les Mahomé-
tans dans l'Afie & la Gréce, par leurs
barbaries ont plongé les peuples dans la
plus profonde ignorance.

Les Arts & les Sciences dans cet oubli total n'attendoient en Italie que le
fiécle du célèbre Laurent de Médicis leur
reftaurateur, mort en 1492, pour leur
faire voir l'aurore des beaux jours dont

O ij

ils jouissent en Europe depuis près de trois siécles. Elevé par sa mere Lucrece Tornaboni Dame d'un mérite singulier, & par Gentile d'Arezzo son Précepteur homme célèbre, Laurent de Médicis appella dans ses Etats les gens à talens; & les comblant de bienfaits, les fixa en Italie, & y fit fleurir les Arts & les Sciences.

François I du nom, Roi de France, dit le Grand, & surnommé le Pere & le Restaurateur des Belles-Lettres & des Arts libéraux, animé encore d'un plus beau zéle, attira dans son Royaume les plus grands Maîtres, tels que *François le Primatice*, *le Rosso* ou *Maître Roux*, & d'autres, qui nous apportérent de cette partie ultramontaine de l'Europe quantité de Statues, Bustes antiques, moules de Bas reliefs, sur lesquels les *Gougeon*, les *Pillon* & autres fameux Artistes étudiérent. Cet amour pour les Sciences continua foiblement sous le régne de Henri II : mais sous ses successeurs les guerres de Religion & les dissensions alloient les replonger dans de nouvelles ténèbres, si Louis XIII, & après lui Louis XIV & Louis XV ne les eussent pas conduites comme par la main à ce dégré de perfection qui sera toujours l'admiration des siécles à venir.

Jean da Udine, né dans le Frioul en Italie, mort en 1564, trouva à Rome dans les ruines du Palais de Titus des Bas-reliefs de ftuc, dont on avoit perdu la compoſition, qu'il chercha, trouva, & en fit des ornemens grotefques : auſſi nous lui avons obligation de cette découverte.

S C U L P T E U R S

ANCIENS ET MODERNES

Par ordre Alphabétique.

AG

A Gelades Grec, Maître du célèbre Miron, vivoit vers l'an 440 avant Jeſus-Chriſt.

Ageſandre Grec. Voyez au Catalogue des Architectes.

Agoracrite Grec, diſciple de Phidias, étoit un des plus fameux Sculpteurs de fon tems. Cet illuſtre Artiſte eut tant de dépit de ſe voir préférer un jeune homme Athénien, qu'il vendit une Statue de Vénus qu'il avoit faite, (regardée comme

O iij

une piéce achevée,) à condition qu'on
ne la porteroit jamais à Athènes. Il la
nomma Némésis, pour exprimer sa ven-
geance contre ceux qui avoient fait plus
de cas d'un citoyen ignorant que d'un
étranger habile homme. Il vivoit vers
l'an 474 avant J. C.

Alcmenes pere, Grec, disciple de Phidias, vivoit vers l'an 474 avant J. C.

Alcmenes fils, Grec, disciple d'Alcmenes son pere, vivoit vers l'an 440
avant J. C.

Aléxandre Grec, de Rhodes, travailla
en société avec Agésandre & Polidore à
la Statue de Laocoon Sacrificateur d'A-
pollon, un des plus beaux morceaux de
l'antiquité, qui fut trouvé à Rome sur la
fin du seiziéme siécle dans les ruines du
Palais de Vespasien.

Alexis Grec du Péloponèse, disciple
de Polyclete, vivoit vers l'an 400 avant
J. C.

Algrave (*Aléxandre*), né à Bologne
en 1602, mort en 1654, âgé de 52
ans.

Amphion Grec, fils d'Austor, étoit
très-habile, & on estimoit beaucoup ses
Statues qui étoient fort recherchées.

Ange de Sienne. Voyez au Catalogue
des Architectes.

Anguier (François), né en la Ville d'Eu en 1604, fut à Rome avec fon frere Michel. Revenu à Paris, fes ouvrages furent recherchés avec avidité. François Anguier fit le Maufolée du Cardinal de Bérulle qui fe voit dans l'Eglife des Prêtres de l'Oratoire rue S. Honoré, celui du célèbre M. de Thou à S. André des Arts, celui des Ducs de Montmorenci à Moulins. De fon cifeau font encore fortis l'Autel du Val-de-grace & la Crèche, le grand Crucifix de marbre qui eft fur le maître Autel de la Sorbonne, & les belles Statues d'après l'antique qui étoient à S. Mandé. Il eft mort à Paris en 1669, âgé de 65 ans,

Anguier (Michel), né en la Ville d'Eu en 1612, fit auffi le voyage de Rome, où il s'eft perfectionné. Ce célèbre Sculpteur, non moins diftingué que fon frere par la beauté de fon génie, nous a laiffé d'éternels Monumens de fa capacité dans la magnifique Amphitrite du parc de Verfailles, dans les Figures qui décorent le Portail du Val-de-grace, dans le beau Tombeau de M. de Souvré élevé dans l'Eglife de S. Jean de Latran, dans les deux belles Figures de la porte S. Antoine, & dans les riches ornemens & bas-reliefs qui fe voient à la porte faint

Denys. L'Obélisque du Duc de Longueville & le Tombeau du Duc de Rohan placés dans l'Eglise des Célestins font des ouvrages de Michel & de François Anguier fon frere. Michel Anguier eft mort à Paris en 1686, âgé de 74 ans.

Antée Sculpteur Grec, dont parle Pline.

Anthémius de l'Afie mineure, célèbre Architecte, habile Sculpteur, & fçavant Mathématicien, s'attacha au fervice de l'Empereur Juftinien I, & inventa différens moyens pour imiter les tremblemens de terre, le tonnerre & les éclairs : il en fit plufieurs expériences très-furprenantes, entr'autres, celle d'un tremblement de terre qu'il excita autour de la maifon du Rhéteur Zénon, dont il avoit reçu quelques injures, & qu'il épouvanta de telle forte, que ce Rhéteur fortit avec précipitation de chez lui, craignant que fa maifon ne tombât. Agathias remarque que pour produire des effets fi extraordinaires, Anthémius ne fit autre chofe que de mettre plufieurs chaudiéres pleines d'eau bouillante contre les murs qui féparoient la maifon de Zénon de la fienne. Anthémius vivoit dans le fixiéme fiécle.

Anthénodore Grec, difciple du célèbre Polyclete, vivoit vers l'an 400 avant J. C.

Antherme Grec vivoit vers l'an 537 avant J. C. & étoit contemporain de Bupale, avec qui il travailla à contrefaire fi bien la figure d'Hiponax Poëte qui étoit extrêmement laid, qu'ils s'attirérent une fanglante fatyre qui les défefpéra au point que quelques Auteurs ont écrit qu'ils fe pendirent de déplaifir.

Antigone Grec, Sculpteur célèbre dont parle Pline. Il a fait plufieurs beaux morceaux qui ont été beaucoup eftimés.

Arcis (Marc) né à Touloufe, étoit Membre de l'Académie Royale en 1684.

Ariftide Grec, difciple du célèbre Polyclete, vivoit vers l'an 400 avant J. C.

Arnolpo di-Lapo de Florence. Voyez au Catalogue des Architectes.

Affopodore Grec, difciple du célèbre Polyclete, vivoit vers l'an 400 avant J. C.

Auguftin de Sienne en Italie, Architecte & Sculpteur, vivoit dans le quatorziéme fiécle.

O v

BA

*B*Aldi (*Lazaro*) né en Italie, mort dans le dix-septiéme siécle.

Barrois (*François*) né à Paris, mort en . . . . .

Bédas Grec, fils de Lyſippe, Sculpteur célèbre, vivoit vers l'an 420 avant J. C.

Bernin (nommé *Jean Laurent*, dit *le Cavalier*) né à Naples en 1598, fut élevé à Rome, où il trouva tous les ſecours qu'il pouvoit deſirer pour ſe perfectionner dans les beaux Arts, auxquels il s'appliqua. dès ſa plus tendre jeuneſſe. Ce grand homme a réuni en lui dans un égal degré de perfection, la Peinture, la Sculpture, l'Architecture, la ſcience des Machines & des Forces mouvantes, dont il a donné des preuves par les ſuperbes monumens dont il a enrichi la Capitale du monde Chrétien, & principalement l'Egliſe de ſaint Pierre, qui eſt toute remplie d'un grand nombre de différens ouvrages de cet illuſtre Artiſte. Sa réputation répandue dans toutes les parties du monde lui mérita l'honneur d'être appellé en France en 1665, pour travailler au deſſein du Louvre. L'excellent Buſte en marbre qu'il fit de Louis XIV, lui valut, outre une gratification de cinquante mille écus, le portrait de ce grand Roi garni de diamans, avec une penſion de deux mille écus, & une autre de cinq cent pour ſon fils qui l'avoit accompagné dans ce voyage. Récompenſe vraiment digne de la magnificence d'un Monarque qui voulut que ſon regne empruntât ſon plus grand luſtre de la protection qu'il accordoit aux Arts & aux Sciences. Le Cavalier Bernin mourut à Rome en 1680, âgé de 82 ans.

Bertin l'aîné (. . . . .) né à Paris, mort en 1705.

Bertrand (*Philippe*) né à Paris en 1664, mort en 1724, âgé de 50 ans.

Biard le pere (*Pierre*) vivoit ſous le regne de Henri IV.

Briard le fils (. . . . .) vivoit ſous le regne de Louis XIII.

Bologna (*Jean*) né à Douai en 1524, mort en 1608, âgé de 84 ans.

Bonanno de Piſe, Architecte & habile Sculpteur, vivoit dans le douziéme ſiécle.

Bouchardon (*Edme*) né en 1698 à Chaumont en Baſſigny d'un pere Sculpteur, qui après lui avoir donné les premiers élémens du Deſſein, le mit pour Elève chez Guillaume Couſtou, d'où il fut à Rome. Dans un ſéjour de dix années, il acquit la réputation d'un des plus grands Deſſinateurs, & d'être un Sculpteur du premier ordre. Revenu à Paris ſuivant les ordres du Roi, il fit pour Sa Majeſté cette belle Statue de l'Amour qui ſe fait un arc avec la maſſue d'Hercule. C'eſt ſur ſes deſſeins qu'a été exécuté la magnifique Fontaine de la rue de Grenelle, Fauxbourg ſaint Germain, qu'il a enrichie de ſes ſculptures. Son dernier ouvrage eſt la Statue équeſtre de Louis XV, qu'il n'a pas eu la conſolation de voir placée, étant mort en 1762, épuiſé de travail, âgé de 64 ans.

Boule (*André-Charles*) né à Paris en 1642, mort en 1732, étoit Architecte, Peintre & Sculpteur en moſaïque.

Bourlet (*Jacques*) Religieux Bénédictin, né à Mons en 1663, mort en 1740.

Bouſſeau (*Jacques*) né en Poitou en 1681, mort en 1740, âgé de 59 ans.

Bryaxis Grec, qui vivoit vers l'an 700 de la fondation de Rome, & 53 avant J. C. a été un des Sculpteurs qui a travaillé au célèbre Tombeau que la Reine

Arthémife fit ériger pour le Roi Maufole fon mari.

Buirette (*Jean*) né à Paris en 1630,
mort en 1699, âgé de 69 ans.

Buyfter (*Philippe*) né à Anvers en
1594, fit plufieurs beaux morceaux à
Bruxelles, qui lui acquirent de la réputation. Venu à Paris vers le milieu du
dix-feptiéme fiécle, il fut chargé de travailler à plufieurs grands ouvrages. Tels
font entre autres le Tombeau du Cardinal de la Rochefoucauld à fainte Geneviéve; & pour le Parc de Verfailles, un
Grouppe en marbre de deux Satyres,
un autre Grouppe d'un Joueur de Tam-
bour de bafque avec un petit Satyre, le
Poëme fatyrique, & la Déeffe Flore qui
tient dans fes mains une couronne de
fleurs. Il eft mort à Paris, âgé de 74
ans.

Bupale ou *Bupalus* Grec vivoit vers
l'an 537 avant J.C. & étoit contemporain
d'Antherme, avec qui il travailla à
contrefaire fi bien la figure d'Hiponax
Poëte, qui étoit extrêmement laid, qu'ils
s'attirerent une fanglante fatyre qui les
défefpéra, au point que quelques Auteurs ont écrit qu'il fe pendirent de déplaifir.

Buono Vénitien, Architecte & Sculpteur célèbre, vivoit en 1154 de J. C.

Byfas Grec de l'Ifle de Naxos dans la mer Egée, vivoit vers l'an 560 avant J. C. fut un *Sculpteur* célèbre, & inventa les petites pièces de marbre taillées en forme de thuile pour couvrir les Temples & autres fuperbes Edifices.

CA

CAlendaris (*Philippe*) grand Architecte, & habile Sculpteur, fleuriſſoit à Veniſe en 1354. Ce fut lui qui fit dans la Place de faint Marc ces beaux Portiques foutenus par des colonnes de marbre qui font le circuit de cette Place; au deſſus deſquels on voit de fuperbes bâtimens ornés de bas-reliefs & de riches peintures. Cet ouvrage qui fut généralement admiré, lui attira de grandes récompenſes de la République, & le Doge même voulut l'honorer de fon alliance.

Caliari (*Gabriel*) de Vérone, qui vivoit vers l'an 1530, fut le pere de Paul Caliari, dit Paul Véroneſe, Peintre célèbre.

Caliari (*Benoît*) de Vérone, mort

en 1598, étoit frere de Paul Caliari, dit Paul Véronese Peintre célébre.

Callicrate Grec, Sculpteur ingénieux, qui au rapport de Pline, d'Elien, & de Plutarque, gravoit des Vers d'Homére sur un grain de millet, fit un Chariot qu'on pouvoit cacher sous l'aîle d'une mouche, & des fourmis dont on pouvoit distinguer les membres. On ne sçait pas en quel temps il a vécu.

Callimachus Grec vivoit vers l'an 537 avant J. C. étoit Architecte, Peintre & Sculpteur. Il tailloit le marbre avec une délicatesse admirable. On remarque encore qu'il fit pour le Temple de Minerve à Athènes une lampe d'or dont la méche étoit de cette espéce de lin qu'on tire de la pierre Amiante, & éclairoit nuit & jour pendant un an entier, sans qu'il fût besoin de renouveller l'huile de la lampe.

Carlier (*Martin*) né à Pienne en Picardie, mort dans le dix-septiéme siécle.

Cuyot (*Augustin*) né à Paris en 1667, mort en 1722, âgé de 55 ans.

Champagne (*Jean*) Eléve du Cavalier Bernin, vivoit dans le dix-septiéme siécle.

Charpentier (*René*) né en Anjou en 1677, mort en 1733, âgé de 6 ans.

Clairion (*Jean-Jacques*) né à Aix en

Provence, mort dans le dix-septiéme siécle.

Colignon (.....) mort en 1702.

Comte (*Louis le*) né à Boulogne près Paris en 1643. Non-feulement la Maifon de Sorbonne nous donne des preuves de la capacité de cet Artifte, mais encore Verfailles où ce grand homme a donné des marques de l'étenduë de fon goût & de la perfection de fon talent par les grouppes qui font à la porte des Ecuries, par ceux de Vénus & Adonis, de Zéphire & Flore, & par d'autres répandus dans ce beau Château & ailleurs. Le Comte eft mort en 1695, âgé de 52 ans.

Cornu (*Jean*) né à Dieppe, mort dans le dix-feptiéme fiécle.

Coufin (*Jean*). Voyez fon article au Catalogue des Peintres.

Couftou l'aîné (*Nicolas*) né à Lyon en 1658, Chancelier & Recteur de l'Académie Royale de Peinture & de Sculture. fit voir dès fon plus jeune âge les difpofitions extraordinaires pour fon talent par un S. Etienne en bois, qui lui méritérent les louanges les plus flateufes, & par le prix de Sculpture qu'il remporta, & qu'il reçut des mains même de M. de Colbert, qui le fit partir pour

Rome comme Penfionnaire du Roi, d'où à fon retour il enrichit la Ville de Lyon fa patrie de trois belles Figures en pierre, pour lui laiffer des monumens de fa capacité. Revenu à Paris, il fur employé à travailler aux principaux ornemens en Sculpture pour les Châteaux de Verfailles, Trianon, & des Invalides, & à faire fon morceau de réception pour l'Académie où il fut reçu en 1695. Le Grouppe de la Seine & de la Marne & quatre autres Statues qui font aux Thuileries, font fortis de fon cifeau: mais fon chef-d'œuvre eft le fuperbe Grouppe en marbre placé derriére le Maître Autel de l'Eglife de Notre-Dame de Paris. Ce grand homme plein de mérite fut gratifié d'une penfion de deux mille livres, en 1720 d'une autre de quatre mille qu'avoit eu Antoine Coyzevox fon oncle, & d'une autre de cinq cent livres que lui fit la Ville de Lyon pour les deux beaux morceaux qu'il fit pour fervir d'ornemens à la Statue équeftre du Roi que cette Ville avoit fait ériger. Enfin, pour fe fervir des expreffions de M. de la Condamine, cet illuftre Artifte étoit grand, élevé; avoit le goût délicat, les réflexions juftes & profondes. La fageffe préfidoit à fes ouvrages, dans

lefquels il a raffemblé le beau choix, la
nobleffe, la délicateffe, la pureté, la vérité. Ses draperies étoient riches, élégantes, vraies & moëlleufes. Il étoit toujours nouveau, & toujours plein d'efprit
dans les caractéres & dans les attitudes
de fes Figures. Nicolas Couſton eſt mort
en 1733, âgé de 75 ans.

Couſtou le jeune (*Guillaume*), né à
Lyon en 1678, mort en 1746, âgé de
68 ans, Recteur & ancien Directeur de
l'Académie Royale de Peinture & de
Sculpture, a été de pair avec Nicolas
fon frere dans la carriére de l'honneur
que fes grands talens lui ont mérité,
& a auffi laiffé des chefs-d'œuvres de
fa rare capacité dans les Maiſons Royales & en beaucoup d'autres endroits. Il
fut chargé à la mort de fon frere d'a-
chever les ouvrages que ce grand homme
avoit laiffés imparfaits.

Coyzevox (*Antoine*) iffu d'une famille
Efpagnole, naquit à Lyon en 1640. A
dix-fept ans ce grand homme donna des
preuves de fa capacité. Venu à Paris en
1657, il étudia pendant dix ans les principes de fon Art fous le célèbre Léram-
bert, & autres illuftres Artiftes, fous lefquels il fe perfectionna, à un point que
le Cardinal de Furftemberg Evêque de

Strasbourg le choisit pour décorer en
sculpture son Palais de Saverne, où
Coyzevox, au bout de quatre ans, laissa
quantité de beaux monumens de sa capacité. De retour dans cette Capitale de
la France, on vit sortir avec admiration
de son ciseau le superbe Trophée de
Minerve, le Buste de Louis XIV, &
une infinité de beaux ouvrages qui décorent les appartemens & les jardins de
Versailles. L'Académie Royale de Peinture & Sculpture crut que pour sa propre gloire elle étoit intéressée, non-seulement à le recevoir dans son illustre
Corps, mais encore à lui déférer la qualité de Professeur, après celle de Recteur, ensuite de Directeur, & enfin de
Chancelier perpétuel. Une pension de
quatre mille livres est une preuve bien
éclatante de la haute estime que Louis le
Grand faisoit de la capacité & des talens de cet homme célèbre. En effet en-
couragé par de si grands bienfaits que
par modestie il ne croyoit pas mériter,
cet illustre Artiste parut se surpasser dans
tous les nouveaux ouvrages qui sortirent
de ses mains, comme les Bustes du Roi,
de la Reine, de la famille Royale, des
Princes, Ministres, Seigneurs, grands
Hommes, les Mausolées qui se voient

dans différentes Eglifes de Paris, & autres beaux morceaux qui font dans toutes les Cours de l'Europe, où fa réputation s'étoit répandue. Il mourut en 1720,
âgé de 80 ans.

DA

Ahippe Grec, fils de Lyfippe, natif de Sicyone Ville du Péloponèfe,
vivoit du tems d'Alexandre le Grand,
mort l'an 324 avant J. C.

Dameas le Clitorien, Grec, difciple
du célèbre Polyclete de la Ville de Sicyone, vivoit 432 ans avant J. C.

Dante (Vincent) né en 1530, mort
à Péroufe en 1576, âgé de 46 ans, excelloit auffi dans l'Architecture & la
Peinture.

Dédale Athénien vivoit l'an 1233
avant J. C. étoit auffi grand Architecte.

De Dieu (Jean) né à Arles en Provence, mort dans le dix-feptiéme fiè-
cle.

De Dieu (Etienne) né à Paris en
1652, mort en 1727, âgé de 75 ans.

Del-Vaga Buonacorfi (Perrin) de

Toscane, mort en 1547, étoit aussi Peintre célebre.

Desjardins (nommé Martin Vander-Bogaert, dit) né à Breda en 1640, & attiré en France par l'espérance des récompenses que Louis XIV se plaisoit à répandre sur les Arts & sur les talens, chercha les occasions pour se perfectionner, & de faire connoître sa capacité. En effet il fut choisi par M. le Duc de la Feuillade pour travailler au superbe monument que ce Seigneur vouloit faire ériger à la gloire de ce grand Monarque. Pour justifier ce choix, cet illustre Artiste a représenté dans le milieu de la Place appellée des Victoires à Paris, la Figure pédestre de Louis le Grand revêtu des habits de son sacre sur un piedestal de marbre blanc, ayant un Cerbère sous ses pieds, un Ange derriére lui représentant la Victoire qui d'une main lui met une couronne de laurier sur sa tête, & qui tient de l'autre un faisceau de palmes & de branches d'olivier. Derriére ces deux Figures sont une massue d'Hercule, un bouclier, un faisceau d'armes, & une peau de lion. Ce Grouppe de seize pieds de haut a été fondu d'un seul jet avec tout ce qui l'accompagne. Aux quatre coins sont qua-

tre Statues en bronze d'Efclaves affis fur
le bord du piedeftal, qui ont chacune
douze pieds de proportion. Sur les quatre faces du piedeftal font quatre grands
Bas-relifs, qui repréfentent quatre principaux événemens du regne de Louis XIV.
Parmi les autres oûvrages de ce grand
homme, l'on voit dans le Parc de Verfailles une Statue en marbre de ce Monarque, une Figure qui repréfente le
Soir ; & fur un des Autels de l'Eglife
de la Sorbonne, une belle Vierge en
marbre. Desjardins eft mort en 1694,
âgé de 54 ans.

De Volterre (nommé *Daniel Ricciarelli*) né à Volterre en 1509, mort en
1566, âgé de 57 ans, excelloit auffi
dans la Peinture.

Dinon Grec, difciple du célèbre Polyclete de la Ville de Sicyone, qui vivoit 432 ans avant J. C.

Doffier (.....) de Mailly près Paris, mort dans le dix-feptiéme fiécle.

Drouilly (.....) né à Vernon, mort
dans le dix-feptiéme fiécle.

Dumont (*François*) né à Paris en
1688, mort en 1726, âgé de 38 ans.

Dupré (*Guillaume*) vivoit fous le regne de Henri IV.

EU

Euphranor Grec , grand Sculpteur , vivoit vers l'an 363 avant J. C. & étoit aussi Peintre célèbre. Il a fait plusieurs traités touchant la symétrie & les couleurs.

Euthycrate Grec , fils & disciple du célèbre Lysippe , vivoit vers l'an 300 avant J. C. Il fit à Delphes deux belles Statues d'Hercule & d'Alexandre , une grande Chasse de Thespis & des Thespiades , plusieurs Statues de Médée dans son char à quatre chevaux , des Meutes de chiens , un Grouppe d'un combat à cheval , & quantité d'autres beaux ouvrages.

FE

Fevre (. . . . . *le*) né à Anvers , mort dans le dix-septiéme siécle.

Flamand ou *Flamen* (*Anselme*) né à S. Omer en 1647 , mort en 1717 , âgé de 70 ans.

Francaville (*Pierre*) né Cambrai ou

à Anvers en 1548, mort dans le même siécle.

François (.....) né dans le Duché de Bar, mort dans le dix-septiéme siécle.

Fremin (*René*) né à Paris en 1673, mort en 1744, âgé de 67 ans.

Fremery (.....) mort dans le dix-septiéme siécle.

Fuccio de Florence vivoit l'an 1231 de J. C. étoit aussi Architecte.

G A

Garnier (*Louis*) né en 1639, mort en 1728, âgé de 89 ans.

Girardon (*François*) né à Troyes en 1627, avoit les plus heureuses dispositions pour les beaux Arts, dont il donna des preuves dans les Ecoles de Laurent Magnier & François Anguier. Louis XIV informé de son mérite le gratifia d'une pension de mille écus, & l'envoya à Rome pour se perfectionner. Revenu en France, il signala sa capacité & la beauté de son génie par quantité de morceaux excellens qu'il exécuta sur ses desseins, ou sur ceux du célèbre le Brun, qui

font

font , entre autres ; dans les Jardins de
Verfailles , l'Enlévement de Proferpine ,
& les Bains d'Apollon ; la Statue équeftre de Louis le Grand dans la Place de
Vendôme ; & le Maufolée du Cardinal
de Richelieu dans l'Eglife de la Sorbonne. Ce grand homme confidéré
comme le Phidias de fon fiécle , fut
reçu à l'Académie de Peinture & Sculpture en 1657, Profeffeur en 1659, Adjoint à Recteur en 1672 , Recteur en
1674, & Chancelier en 1695. La correction & l'ordonnance étoient les deux
parties dans lefquelles cet habile Artifte
excelloit ; aussi tous les ouvrages qu'il
nous a laiffés , doivent être regardés
comme autant de chefs-d'œuvres qui
éterniferont la gloire de fon nom. Cet
inimitable Artifte , mort en 1715 , âgé
de 88 ans , avoit époufé la célèbre Catherine Duchemin , qui s'eft fi fort diftinguée par le talent de peindre les fleurs,
qu'elle mérita une place honorable à
l'Académie Royale de Peinture & de
Sculpture.

Gouet (.....) né à Paris, mort dans
le dix-feptiéme fiécle.

Gougeon (Jean) , pere & reftaurateur
de la Sculpture en France , vivoit en
1527 , & nous a laiffé des preuves de

la sublimité de son talent par les beaux
Bas-reliefs qui décorent la Fontaine des
Innocens à Paris, rue saint Denys; par
ceux qui ornent les parties extérieures
& intérieures de l'Hôtel de Carnavalet,
rue Culture sainte Catherine; par les
deux-fleuves de la Seine & de la Marne, qui couronnent la partie extérieure
de l'arcade du milieu de la Porte saint
Antoine; & par quantité d'autres beaux
ouvrages, dont le détail seroit trop
long.

Goulon (*Jules*) né à Paris, mort dans
le commencement du dix-huitiéme siécle.

Goy (*Jean-Baptiste*) né à Paris en
1668 d'une famille très-honorable, s'appliqua dans sa jeunesse à la Sculpture
& à la Peinture, qu'il quitta pour em-
brasser l'Etat Ecclésiastique. Il fut Pro-
moteur de l'Archevêché, & ensuite Curé
de sainte Marguerite à Paris. Il est mort
en 1738, âgé de 70 ans; & a laissé à
cette Eglise quelques Tableaux peints
par lui-même, une Vierge en bas-relief
qui est sur la façade extérieure de la
Chapelle de la Vierge, & de grands
biens aux pauvres de cette Paroisse.

Granier (*Pierre*) né près de Montpellier en 1635, mort en 1716, âgé de
81 ans.

Grimault (.....) mort dans le dix-septiéme siécle.

Gros (*Pierre le*) né à Chartres en 1628, mort en 1714.

Gros le fils (*Pierre le*) est né à Paris en 1666 avec les plus grandes dispositions pour le talent de son pere, dont il fut éleve. La quantité de beaux ouvrages qu'il trouva à Rome, où il fut dans la vûe seule d'y faire d'utiles études, le fixa dans cette Capitale du monde Chrétien qui posséde beaucoup de beaux morceaux sortis de son ciseau. Tels sont, entre autres, un saint Stanislas Koska dans une Gloire qui orne l'Eglise du Collége Romain ; & dans l'intérieur du Noviciat des Jésuites de Rome, la Figure de ce même Saint couché & expirant. Nous possédons dans le Jardin des Thuileries une Vestale en marbre de ce grand homme, qui est mort en 1719, âgé de 53 ans.

Guerin (*Gilles*) né à Paris en 1606, mort en 1678, âgé de 72 ans, s'est acquis par sa capacité & par son génie une réputation bien méritée qui l'a fait choisir pour un des Professeurs de l'Académie Royale de Peinture & de Sculpture. Entre autres ouvrages de cet Artiste, on voit sur le maître Autel de

l'Eglise de faint Laurent une belle Réfurrection, le Crucifix au deffus de la
porte du Chœur, la Statue de Ste Ap-
poline dans Chapelle de fon nom; à
Verfailles, un des Chevaux du Soleil,
grand grouppe qui ornoit autrefois la
Grotte, & une Statue en marbre qui repréfente l'Afrique.

Guide (*Dominique*) né à Urbin,
mort dans le dix-feptiéme fiécle.

Guillain (*Simon*) né à Paris en 1581,
mort en 1658, âgé de 77 ans.

H A

H Ardy (.....) mort dans le dix-
feptiéme fiécle.

Hongres (*Etienne le*) né à Paris en
1628, mort en 1690, âgé de 62 ans.

Houzeau (.....) né à Bar-le-Duc,
mort dans le dix-feptiéme fiécle.

Hurtrelle (*Simon*) né en Artois en
1648, mort en 1714, âgé de 66 ans.

Hutinot (.....) né à Paris, mort
dans le dix-feptiéme fiécle.

JA

J Acobello Vénitien vivoit l'an 1383 de J. C. & étoit aussi Architecte.

Jacopo di Cusentino d'Arezzo vivoit l'an 1389 de J. C. & étoit aussi Architecte.

Jaillot freres, de saint Oyen de Joux en Franche - Comté , ont excellé en yvoire.

Jean de Pise vivoit l'an 1305 , étoit aussi bon Architecte.

Jean Ravi de Paris, vivoit l'an 1351 , étoit aussi bon Architecte.

Jolly (*Jean*) de Troyes en Champagne, vivoit dans le dix-septiéme siécle.

Jouvenet (. , . . .) frere de Jouvenet Peintre célèbre, étoit de Rouen, & est mort dans le commencement du dix-huitiéme siécle.

LA

L Aviron (. . . . .) né à Anvers , mort dans le dix-septiéme siécle.

Le Moine pere , (*Jean-Louis*) mort en 1755.

Léochares Grec vivoit vers l'an 53 avant J. C. a été un des Sculpteurs qui ont travaillé au Tombeau du Roi Mausole par ordre d'Arthemise Reine de Carle sa veuve.

Lerambert (*Louis*) né à Paris en 1614, & choisi pour travailler aux ornemens du Parc de Versailles, fit le Grouppe d'une Bacchante avec un Enfant qui joue des castagnettes, deux Sphinxs de marbre qui portent chacun un enfant de bronze, un Satyre qui danse, un autre qui tient son menton, une Danseuse ; deux Grouppes d'enfans en bronze qui dansent ou qui se terminent en guaines. Cet Artiste, non moins illustre par ses vertus que par ses talens, a été un des plus célèbres Sculpteurs de son siècle, a fait de très-bons Elèves, & est mort en 1670, âgé de 56 ans.

L'Espagnandel (*Matthieu*) vivoit dans le dix-septième siècle, & a mérité par sa capacité & la supériorité de ses talens, de tenir un des premiers rangs parmi les plus habiles Sculpteurs de son siècle. Quoiqu'il fût de la Religion Protestante, il a fait, entre autres ouvrages, le Retable de l'Autel des Prémontrés, rue Hautefeuille ; celui de la Chapelle de la grande salle du Palais. Parmi les beaux ouvrages qu'il a faits pour Versailles, on y admire un Roi des Daces en marbre, un Flegmatique & deux Thermes, dont l'un représente un Diogène, & l'autre un *Socrate* qui tient des papiers à la main.

Lespingola (*François*), né à Joinville, mort en 1705.

Lestocard (*Claude*) vivoit dans le dix-septiéme siécle.

Lorrain (*Robert le*) est né à Paris en 1666, rempli de dispositions & de génie pour les Arts. Le jeune Lorrain fit de grands progrès, & en fort peu de tems, dans le Dessein & la Sculpture. Etant encore fort jeune, il travailla sous le célèbre Girardon & sur ses Desseins, à quelques ornemens pour le Tombeau du Cardinal de Richelieu en Sorbonne. Il fut reçu en 1701 à l'Académie Royale de Peinture & Sculpture, dont il fut ensuite Professeur & Recteur. Ses principaux ouvrages sont à Versailles, à Marly, à l'Académie une Galathée généralement estimée, & au Palais Episcopal de Saverne. Ce grand homme mourut en 1743.

Lysippe ou *Lisippe* Sculpteur fort célèbre, vivoit vers l'an 320 avant J. C.

Il fut employé fort souvent par Aléxandre le Grand.

___

MA

Magnier le pere (*Laurent*), né à Paris en 1618, mort en 1700, âgé de 82 ans.

Magnier le fils (*Philippe*), né à Paris en 1647, mort en 1715, âgé de 68 ans.

Malerot (*Pierre*, dit *la Pierre*,) mort en 1737.

Margaretone ou *Margaritone*, natif d'Arezzo dans le treiziéme siécle, & mort âgé de 77 ans, étoit Peintre & Sculpteur. Ses concitoyens le choisirent pour faire le Tombeau du Pape Gregoire X, mort à Arezzo en 1275. Margaretone fit la Statue de ce Pape en marbre, & embellit de plusieurs Tableaux la Chapelle où étoit ce Tombeau.

Marsy (*Gaspard*) l'aîné, né à Cambrai en 1625, & mort en 1681, âgé de 56 ans, s'est illustré dans la Sculpture, & nous a laissé quantité de beaux ouvrages, dont partie à Versailles, qui sont des masques, des frontons, des bassins, un Cheval en marbre & un Triton, la Victoire remportée sur l'Espagne, le Midi, un Bacchus, & divers autres ouvrages répandus dans le Parc de ce beau Château.

Marfy (Baltazar) le jeune, né à Cambrai en 1628, fut aussi grand Sculpteur que son frere Gaspard, & a donné beaucoup de preuves de sa capacité. On admire sur-tout dans les Jardins de Versailles une Aurore en marbre, & le superbe Bassin de Latone entrepris par ces deux freres, où sont représentés en marbre cette Déesse & ses enfans avec divers accompagnemens. Il est mort en 1674, âgé de 46 ans.

Masson (Benoît) né à Richelieu, mort dans le dix-septiéme siécle.

Maunier (Michel) né à Blois, mort dans le dix-septiéme siécle.

Mazeline (Pierre) né à Rouen en 1633, mort en 1708, âgé de 75 ans.

* *Maziere (Simon)* né à Pontoise, mort dans le dix-septiéme siécle.

Mello (Barthelemi) vivoit dans le dix-septiéme siécle.

Michel-Ange Bonarota ou *Buonarota* grand Peintre & très-habile Sculpteur, né dans le pays d'Arezzo en 1474, avoit des difpofitions fi grandes pour les talens qu'à 16 ans il tailla des Statues de marbre qui furprirent les connoiffeurs qui les virent. Le Pape Jules II l'employa, & par des gratifications lui donna des marques de fon eftime. Il fut aimé & confidéré des autres Papes fucceffeurs de Jules II, de tous les Princes de l'Europe, même de Solyman Empereur des Turcs. Cet homme célèbre mourut à Rome en 1564, âgé de 90 ans.

Murmecide Grec, Sculpteur célèbre, dont les ouvrages étoient très-eftimés, fuivant le rapport de Pline, il fit un chariot qu'une mouche couvroit d'une de fes aîles.

Miron le Lycien, Sculpteur célèbre, vivoit vers l'an 443 avant J. C. & fut difciple d'Agelades. Cet Artifte fit une vache en bronze fi belle, qu'elle lui acquit une grande réputation qu'il mérita par les beaux ouvrages qui font fortis de fes mains.

Montean (*Louis*) vivoit dans le dix-feptiéme fiécle.

NI

*N*Icolas de Pife en Italie vivoit l'an 1231 de J. C. , étoit auffi bon Archi-tecte.

Nino de Pife vivoit en 1345 de J. C.

Nouriffon (. . . . .) Eleve de Fran-çois Girardon, vivoit dans le dix-feptié-me fiécle.

OP

*O*Pftal (*Girard Van-*) né à Anvers en 1597, mort en 1668, âgé de 71 ans.

PA

*P*Autre (*Pierre*) né à Paris en 1660, a été très-grand Sculpteur, dont la mo-deftie trop outrée empêcha de fe produi-re, & d'ambitionner d'être reçu à l'Aca-démie Royale de Peinture & Sculpture. Un des beaux morceaux qu'il a faits, eft

Atalante qui eſt dans les jardins de Marly , regardé comme un chef d'œuvre. Il eſt mort en 1744, âgé de 84 ans.

Perdrix (*Michel de la*) né à Paris, mort dans le dix-ſeptiéme ſiécle.

Phidias Grec vivoit vers l'an 430 avant J. C. Il fit, entr'autres beaux ouvrages , la Statue de Minerve faite d'yvoire, tant eſtimée des anciens , & conſidérée comme le plus beau chef-d'œuvre de la Sculpture, qu'il plaça dans la Citadelle d'Athènes. Depuis, étant chaſſé de cette Ville , il ſe retira dans la Province d'Elide où il fut tué, après avoir achevé la Statue de Jupiter qui fut miſe dans le Temple d'Olympe , & qui a paſſé pour une des merveilles du monde.

Phrinon Grec , éleve du célèbre Polyclete , vivoit vers l'an 420 avant J. C.

Pigmalion Roi de Tyr, & frere de Didon qui fonda Carthage , eſt le même, ſuivant les Auteurs, que Pigmalion Roi de Chypre , qui vivoit l'an 907 avant l'Ere chrétienne. Les Poëtes ont feint que Pigmalion conçut un ſi grand mépris & une ſi grande haine pour les femmes , à cauſe des débauches des Propétides habitantes de la Ville d'Amathonte en Chypre, qu'il vécut long-tems ſans s'attacher à aucune. Ils ajoutent, qu'aimant la Sculpture qu'il entendoit fort bien , & qui étoit l'objet continuel de ses occupations , ce Prince fit une Statue d'yvoire qui représentoit une Vénus d'une si grande beauté & si parfaite , qu'on eût dit qu'elle étoit animée , & dont il devint tellement amoureux qu'après avoir fait mille extravagances pour cette Statue , ce Roi eut recours à la Déesse Vénus , & la pria de l'animer pour en faire sa femme. Sa priére fut exaucée ; il l'épousa , & en eut Paphus , qui , en mémoire de sa naissance , fit bâtir la Ville de Paphos en Chypre , où il avoit consacré un Temple à la Vénus sa mere.

Pillon (Germain) né à Paris , mort en 1590 , & aussi bon Architecte que grand Sculpteur, dont on voit en cette Ville quantité de beaux morceaux en sculpture , entr'autres , une Vierge à côté des orgues de la Ste Chapelle ; un S. François & une Mere de pitié dans la salle des Cent-Suisses au Louvre ; un Squelette humain d'albâtre dans une petite armoire du Cimetière des Innocens ; un Ecce homo grand comme nature dans la Chapelle de Fourcy à S. Gervais ; les trois Graces grandes comme nature d'un seul bloc dé marbre dans la Chapelle d'Orléans aux Célestins ; les Mausolées du

Chancelier de Birague & de fa femme
dans la Chapelle de Birague de l'Eglife
de Ste Catherine près la rue S. Antoine;
un Ecce homo dans l'Eglife de Picpus,
Fauxbourg S. Antoine; un Chrift mis au
tombeau accompagné des trois Maries &
de S. Jean, & au deffus un Chrift qui
reffufcite, le tout à droite de la Chaire
du Prédicateur de S. Etienne du Mont;
& un S. François à genoux en plâtre dans
le Cloître des grands Auguftins.

Pineau (*Nicolas*), mort en 1754;
Sculpteur habile pour l'ornement, dont
voici quelques morceaux : dans la Chapelle de la Vierge des petits Peres de
Nazareth près le Temple, plufieurs Grouppes d'Anges avec les attributs de la Mere de Dieu, & la bordure du Tableau
de l'Annonciation qui eft vis-à-vis.

Poirier (*Claude*) né à Paris en 1656,
mort en 1729, âgé de 73 ans, a fait un
des Anges de plomb en adoration de la
Chapelle de la Vierge dans l'Eglife des
Invalides.

Polyclete Grec du Péloponèfe vivoit
vers l'an 432 avant J. C., a été très-célèbre, & a eu quantité d'éleves, dont les
plus fameux ont été Affopodore, Alexis,
Ariftide, Phrynon, Dinon, Anthénodore, Dameas le Clitorien & Miron le Ly-

cien ; qui tous ont été de grands Maîtres.

Polidore Grec fut affocié avec Agé-
fandre & Aléxandre de Rhodes pour la
Statue du Laocoon Sacrificateur d'Apollon (a), un des plus beaux morceaux de
l'antiquité. Ce chef-d'œuvre fut trouvé
à Rome fur la fin du feiziéme fiécle
dans les ruines du Palais de Vefpafien.

Ponce (*Paul*) Sculpteur célébre de
Florence, vivoit fous François I. Il y a
à Paris de lui de très-beaux morceaux
en Sculpture, entr'autres, dans la Chapelle d'Orléans des Céleftins, une Colonne de marbre blanc parfemée de flam-
mes fur un piedeftal triangulaire de porphire, fur le haut de laquelle eft une
Urne de bronze doré furmontée d'une
couronne ; & au pied trois Génies qui
tiennent des flambeaux renverfés ; dans
la Chapelle de la Magdeleine, la Statue
de Charle Magne qui mérita des éloges

(a) Laocoon fils de Priam & d'Hécube, &
Prêtre d'Apollon, voulant diffuader les Troyens
de recevoir le cheval de bois que les Grecs
feignoient d'avoir confacré à Minerve, fut
entouré dans le même inftant de deux ferpens
d'une monftrueufe grandeur qui le tuerent avec
fes deux fils.

du Cavalier Bernin. Il y a auffi au Château de Fontainebleau, beaucoup de
beaux morceaux de ce grand homme.

Poultier (*Jean-Baptifte*) né près d'Abbeville en 1653, mort en 1719, âgé de
76 ans, a laiffé de très beaux ouvrages à
Notre-Dame, aux petits Peres de la Places des Victoires, à S. Nicolas du Char-
donnet, dans l'Eglife des Invalides, & en
beaucoup d'autres endroits.

Praxitelle Grec vivoit à Rome du tems
du grand Aléxandre, qui mourut 324 ans
avant J. C. Ce Sculpteur célèbre s'eft
rendu illuftre par le nombre confidérable de chef-d'œuvres qu'il a laiffés, entre
autres, une Vénus qu'il fit pour la Ville
de Cnide, que les habitans refuférent au
Roi Nicomédes, qui, pour l'obtenir,
leur promit de les affranchir du tribut
qu'ils lui payoient. Ils préférérent le plaifir de pofféder cette incomparable Statue, à celui d'être entiérement libres &
in dépendans.

Prieur (*Barthelemi*) vivoit fous le régne de Henri II, & a fait plufieurs beaux
morceaux dans la Chapelle d'Orléans des
Céleftins; dans celle de MM. de Thou
à S. André des Arts, & en beaucoup d'autres endroits.

Prou (*Jacques*) de Paris, mort dans
le dix-feptiéme fiécle.

Puget (*Pierre-Paul*) né à Marseille en 1623, fut un des plus grands Sculpteurs de son siécle : il apprit les premiers élémens de la Sculpture sous Romain son concitoyen, Sculpteur & Constructeur des galeres. A seize ans il fut en Italie, passa à Florence, & ensuite à Rome, où il s'appliqua uniquement à la Peinture, & se lia d'une amitié très-étroite avec Pietre de Cortonne, dont il prit si bien la maniére, qu'il n'étoit guère possible de reconnoître les ouvrages de l'un & de l'autre. Après avoir été à Rome pendant 15 ans, il revint à Marseille après la mort de son pere, où il donna le modéle du superbe Vaisseau nommée la Reine, & inventa ces belles galeres qui ont été l'objet de l'admiration de toutes les nations. Il fit aussi d'excellens Tableaux qui sont à Toulon, à Aix, à Marseille, & dans plusieurs Villes considérables de la Provence. Relevé d'une maladie dangereuse qu'il eut en 1657, les Médecins lui conseillerent de renoncer à la Peinture. Pour lors, il ne s'appliqua plus qu'à la Sculpture & à la construction des Vaisseaux, dont Louis XIV l'avoit nommé Sculpteur & Directeur avec une pension de trois mille six cens livres, dont ce grand Monarque le

gratifia. Cet illuſtre Artiſte comblé d'honneur & de mérite mourut à Marſeille
en 1695 , âgé de 72 ans. Entr'autres
chefs-d'œuvres en Sculpture que ce grand
homme nous a laiſſés, l'on voit à Verſailles les Grouppes de Perſée qui délivre
Androméde, & le ſuperbe Milon Crotoniate admirable dans toutes ſes parties,
& dont la réputation ne finira jamais ;
dans les jardins de Sceaux, le bel Hercule Gaulois ; à Paris au magaſin des Antiques, le Bas-relief d'Aléxandre le Grand
viſitant Diogène. Ses autres ouvrages ſont
à Toulon, à Gènes, à l'Albergo, à Marſeille , & dans quantité d'autres Villes de
France & d'Italie.

QU

Ueſnoi (*Françots de*) dit *le Flamand*,
né à Bruxelles en 1594, fut éleve de ſon
pere auſſi Sculpteur. Etant encore fort
jeune, il fit en marbre deux petits Anges que l'on voit au Portail de l'Egliſe
des Jéſuites de cette Ville , & une Paſſion de notre Seigneur en yvoire , qui
plut ſi fort à Albert VI Archiduc d'Autriche, que ce Prince lui donna une pen-

fion, & l'engagea à faire un voyage d'I-
talie, où le jeune de Quefnoy fe fit bientôt connoître par la beauté de fes ouvrages. A Rome il fit en yvoire un Chrift,
qui fut admiré de tous les connoiffeurs
& du Pape Urbain V I I I. Enfuite il fit
un Bas-relief où il repréfenta Silène nou-
ricier & compagnon de Bacchus, endormi & entouré de petits enfans. Ce morceau fut trouvé fi beau, que cet Artifte fut obligé d'en mouler en cire pour
contenter la curiofité de tous ceux
qui avoient vu l'original. Il fit auffi
un Cupidon en marbre blanc qui fe
faifoit un arc avec fon couteau, que la
Ville d'Amfterdam acheta fix mille
florins, & qui eft dans le jardin du
Prince d'Orange à la Haye ; & pour
le Pape un S. André, qui fut trouvé fi
beau, que les connoiffeurs Italiens avoue-
rent que Michel-Ange n'avoit jamais rien
fait de fi bien proportionné & de fi fini.
Enfin, voulant venir en France où le Roi
l'avoit mandé avec promeffe de le grati-
fier d'une forte penfion outre les douze
cens écus d'or d'or qu'il lui avoit envoyés,
cet illuftre Artifte tomba malade à Li-
vourne, où il mourut en 1646, âgé de
52 ans.

RA

R *Aggi* (*Antoine*) né en 1624 fur les confins du Milanois, Sculpteur célèbre. Il y a de lui aux Carmes Déchauffés de Paris, près le Luxembourg, une très-belle Statue en albâtre de la Vierge, faite d'après le modéle du Cavalier Bernin. Raggi eft mort en 1686, âgé de 62 ans.

Ruon (*Jean*) né à Paris, mort dans le dix-feptiéme fiécle.

Rayol (. . . . . .) né en Languedoc, mort dans le dix-feptiéme fiécle.

Renard (*Nicolas*) né à Nanci vivoit au commencement du dix-huitiéme fiécle ; & a fait, entr'autres beaux morceaux, le Tombeau des Comtes d'Harcourt, qui eft dans l'Eglife des Feuillans rue faint Honoré à Paris.

Renaudin (*Thomas*) né à Moulins en 1627, mort en 1706, âgé de 79 ans, a été habile Sculpteur. On voit de lui une Ste Catherine en marbre fur la porte extérieure de l'Hôpital de Ste Catherine rue S. Denys ; plufieurs ouvrages en fculpture de la galerie d'Apollon au Louvre ; l'Enlévement de Cybele par Saturne dans le Jardin des Thuileries ; & quantité d'autres qui ornent les Eglises & les Hôtels.

Romié (*François*) né dans le Nivernois étoit Sculpteur en bois, & il excelloit dans l'ornement. Le Chœur des Jacobins de la rue du Bacq, revêtu d'une belle menuiserie où cet Artiste a fait voir jusqu'où l'on peut porter la perfection de la Sculpture, en est une preuve.

Rustici (*Jean François*) Sculpteur célèbre, né à Florence dans le quinziéme siécle, & fleurissoit au commencement du seiziéme siécle ; il eut pour maître André Verrochio, & pour condisciple Leonard de Vinci. La plûpart des Statues qu'il a faites, sont de bronze ; & entre les plus belles, on remarque une Léda, une Europe, un Neptune, un Vulcain, un homme nud à cheval d'une grandeur extraordinaire, & une femme représentant une des Graces haute de deux brasses en 1528. Les factions qui troubloient la Ville de Florence, engagérent ce grand Artiste à venir en France offrir ses services à François I, pour lequel il fit quelques ouvrages considérables. Il est demeuré en France & y est mort, ne voulant plus retourner à Florence.

S A

Sarazin (*Jacques*) né à Noyon en
1598 , regardé comme le reſtaurateur de
la Sculpture en France , eut pour éleves
tous les plus grands Artiſtes , qui ſe ſont
illuſtrés ſous le régne de Louis XIV ; tels
que les Desjardins , les Girardon & autres. Le jeune Sarazin voyant en France
ſi peu d'habiles Sculpteurs , ſe détermina
d'aller à Rome où il voulut ſe perfectionner dans la théorie avant que de pra-
tiquer ſon talent. Pour y parvenir , il ſe
mit ſous la conduite des plus grands
Maîtres , deſſina & modela tous les plus
beaux morceaux de Sculpture. Le fruit
de ſon application lui procura la protection du Cardinal Aldobrandin neveu du
Pape Clement VIII , pour la maiſon duquel il fit de ſuperbes morceaux , entre
autres , un Atlas & un Polyphème. Après
un ſéjour de dix-huit ans à Rome , Sarazin en revenant à Paris fit à Lyon un
ſaint Bruno & un S. Jean-Baptiſte , deux
morceaux de toute beauté , pour les Chartreux de cette Ville. Arrivé à Paris , il
fit un S. Louis & une Ste Anne pour
l'Egliſe de Notre-Dame ; les Figures co-

ſoſſales qui ornent un des Dômes du Louvre du côté de la cour, qui furent trou-
vées ſi parfaites, que le Roi le gratifia
d'une penſion conſidérable & d'un logement aux Galeries du Louvre; aux Jéſuites de la rue S. Antoine, le Cœur de
Louis XIII ſoutenu par deux Anges, &
le Mauſolée de Henri de Bourbon Prince
Condé; & quantité d'autres beaux Monumens aux Carmélites du Fauxbourg
ſaint Jacques, à S. Nicolas des Champs,
à la Chapelle du Château de S. Germain,
& le ſuperbe Groupe d'une chévre &
de deux enfans dans le Parc de Verſailles. Ce grand homme s'eſt également diſ-
tingué dans la Peinture, dont les Tableaux les plus précieux ſont une ſainte
Famille aux Minimes de la Place Royale; & un Crucifix accompagné de la
Vierge de S. Jean & de la Magdeleine
dans une des chambres des Enquêtes au
Palais. Cet illuſtre Artiſte eſt mort à
Paris en 1660, Recteur de l'Académie
Royale de Peinture & Sculpture, âgé de
63 ans.

Scopas Grec, qui vivoit vers l'an 363
avant J. C. fut un des Sculpteurs qui
travailla au fameux Tombeau du Roi
Mauſole par ordre d'Arthemiſe Reine de
Carie ſa veuve. Ce grand homme tra-

vailla auſſi au Temple de Diane à Epheſe dans l'Ionie, dans la Carie, & en divers autres lieux.

Slodtz le pere (*Sébaſtien*) né à Anvers, mort en 1728, eſt recommandable par lui-même & par ſes fils qui ſe ſont illuſtrés par leurs talens. Les ouvrages de Sébaſtien Slodtz ſont, entre autres, la Statue d'Annibal près le grand baſſin octogone du jardin des Thuileries, un Buſte de feu M. Titon du Tillet, & la Figure de ſaint Ambroiſe de l'Egliſe des Invalides.

Slodtz fils aîné (*Sébaſtien-Antoine*) mort depuis quelques années, a ſoutenu la réputation de ſon pere par les beaux ouvrages qu'il a faits, les Catafalques à Notre-Dame, les Salles de bal, & autres Réjouiſſances à Verſailles, qu'il a exécutés avec ſes freres au grand applaudiſſement de tous les connoiſſeurs. Ses ouvrages faits en ſociété avec Paul-Ambroiſe ſon frere, ſont, entre autres, le grand Autel de l'Egliſe de ſaint-Barthelemi, le Dais ſur le maître Autel de ſaint Sulpice, l'Autel de la Chapelle de la Vierge de cette Egliſe, & l'Autel à la Romaine de l'Egliſe de ſaint Germain des Prés.

Slodtz le cadet, (*Paul-Ambroiſe*) Profeſſeur

Profeſſeur de l'Académie, & Deſſinateur de la Chambre & du Cabinet du Roi, mort depuis quelques années, s'eſt illuſtré par ſes talens & par les ouvrages qu'il a faits avec ſon frere Sébaſtien-Antoine, & par ceux qu'il a exécutés en ſociété avec Michel-Ange ſon frere le jeune, tel que le Chœur de l'Egliſe de ſaint Merry & autres.

Slodtz le jeune, (*Michel-Ange*) mort en 1765, s'eſt illuſtré comme ſes autres freres dans les ouvrages qu'ils ont faits pour la Cour, dans Paris & ailleurs. Les ouvrages de Michel-Ange ſont, entre autres, le Chœur de l'Egliſe de ſaint Merry, dont il a donné les deſſeins avec ſon frere Paul-Ambroiſe; le Mauſolée du Curé de ſaint Sulpice qu'il a fait exécuter ſur ſes deſſeins en 1757, & beaucoup d'autres.

Stéſicrate Grec oſa entreprendre de faire ſur le mont Athos, preſqu'Iſle preſque jointe à la Macédoine, qui eſt d'une hauteur prodigieuſe, une grande Statue d'Alexandre le Grand, de laiſſer dans chaque main une eſpace ſuffiſante pour y bâtir une Ville, & de faire paſſer la mer entre les jambes du coloſſe, par la communication des deux golphes que cette preſqu'Iſle ſépare. Sa mort

Tome II. Q

arrivée lorfqué cet ouvrage n'étoit encore qu'ébauché, lui épargna fans doute la honte qu'il auroit infailliblement eu du mauvais fuccès de fon entreprife, qui ne ne lui laiffa que le furnom de témé-raire.

TA

T Adda (*François*) protégé par Côme de Médicis, vivoit en 1555.

Thélédeus Grec vivoit vers l'an 680 avant J. C.

Théocles Grec, qui vivoit l'an 370 avant J. C. fit à Olympie pour les Epidamniens deux Statues de cèdre, dont l'une repréfentoit Atlas foutenant le Ciel, & l'autre un Hercule près l'arbre des Hefpérides.

Théodon (*Jean-Baptifte*) mort à Paris en 1713. Ce Sculpteur qui a fait de belles chofes à Rome, avoit commencé dans cette Ville le Grouppe en marbre d'Arrie & de Pœtus, fini à Paris par le Pautre, qui eft dans le jardin des Thuilleries.

Thibault le Frere (*Jean*) Bénédictin, né à Orléans en 1637, s'appliqua à la

Sculpture, & a fait le Bas-relief & les deux Captifs qui décorent le Tombeau de Jean Casimir Roi de Pologne, qui est dans l'Eglise de saint Germain des Prés à Paris. Il est mort en 1708, âgé de 71 ans.

Thierry (*Jean*) né à Lyon, mort il y a environ dix ans, a fait les deux Statues de la Virginité & la Pureté, qui sont dans le Sanctuaire de Notre-Dame de Paris.

Thimoth{e Grec, qui vivoit vers l'an 53 avant J. C. a été un des Sculpteurs qui ont travaillé au Tombeau du Roi Mausole par ordre d'Arthemise Reine de Carie.

Thomas de Pise de Florence vivoit l'an 1345 de J. C. a aussi été grand Architecte.

Thouvenin (.....) Sculpteur de l'Académie de saint Luc, a fait les Sculptures de la Chapelle de la Communion de l'Eglise de saint Jean en Greve.

Tisicrate Grec, élève d'Euthycrate, vivoit vers l'an 300 avant J. C.

Tuby (*Jean-Baptiste*) né à Rome en 1630, Sculpteur célèbre, a travaillé toute sa vie en France, où il est mort en 1700, âgé de 70 ans. Ses ouvrages sont, entre autres, le Monument à la

mémoire de la Chambre Médecin du
Roi, à faint Euftache ; les deux Bas-reliefs & les fix Vertus qui font à la porte
faint Bernard ; le maître Autel de l'E-
glife de faint Severin, & des Anges au
deffus du maître Autel de l'Eglife de la
Sorbonne, & quantité d'autres dans les
Maifons Royales.

VA

V *Ancleve* (*Corneille*) né à Paris en
1644, mort en 1733, âgé de 89 ans,
Sculpteur habile, a fait un très-grand
nombre de beaux morceaux, entre autres le Grouppe de la Loire & du Loi-
ret en marbre dans le Jardin des Thuilleries ; le Tombeau du Marquis de Louvois aux Capucines de la Place de Vendôme ; différentes Sculptures au maître
Autel des Invalides ; le Bas-relief de la
Chapelle de la Vierge, les Anges au
deffus de la porte de celle de faint Jérôme, & celui qui eft dans le centre du
Dôme de cette Eglife au deffus de cette
dernière Chapelle.

Warin (*Jean*) de Liége, né en 1604,
mort en 1672. Voyez fon article au
Catalogue des Graveurs.

Vassé le pere (*Antoine*) né à Toulon en 1683, a été un des plus habiles Sculpteurs pour les ornemens de Sculpture. Ses principaux ouvrages sont, les Desseins qu'il a donnés pour la décoration du maître Autel du Chœur de Notre-Dame; la Chapelle & la Statue de la Vierge de cette Eglise; les Sculptures du portail des Capucines; la Salle des Rois de France de l'Hôtel de Toulouse; & la Chaire du Prédicateur de l'Eglise des Invalides. Il est mort en 1736, âgé de 53 ans.

Verrochio (*André*) né à Florence dans le seiziéme siécle, a été très-habile Sculpteur; il s'occupa aussi à la Peinture & à la Gravure. Son premier ouvrage fut une Danse d'enfans autour d'un vase d'argent, qui fut si estimé, que le Pape, en ayant entendu parler, lui fit faire plusieurs Statues d'argent pour sa Chapelle. Il fit deux Têtes en bronze d'Alexandre le Grand & de Darius pour le grand Duc de Toscane, qui les envoya comme un present très-rare à Matthias Corvin Roi de Hongrie. Ce même Prince lui fit faire les Tombeaux de Jean, de Pierre & de Côme de Médicis dans l'Eglise de saint Laurent, qui sont autant de chef-d'œuvres. Voulant manier le

crayon & le pinceau, il fit à la plume
un combat d'hommes nuds, & peignit
des chevaux dans toutes sortes d'attitudes; mais ayant remarqué que son coloris se sentoit de la rudesse de la Sculpture, il abandonna la Peinture à Léonard de Vinci son élève, & fit d'autres
ouvrages en Sculpture, comme la Statue équestre de Bartholomée de Bergame
Général de l'Armée des Venitiens, auxquels s'appliquant avec une ardeur extraordinaire, il tomba malade, & mourut dans la 56 année de son âge.

Vigier (.....) de Moulins en Bour-
bonnois, mort dans le dix-septiéme siécle.

Vinache (*Jean-Joseph*) né à Paris
en 1696, mort en 1754, âgé de 58 ans.

ZU

Zumbo (*Dom Gaëteno Julio*) né à
Syracuse en Sicile en 1656, fit des Têtes, des Squelettes, & des Anatomies
de cire peinte, qui, par leur perfection,
le firent surpasser Warin & le Bel, qui
avoient travaillé avant lui. Il est mort
en 1701, âgé de 45 ans.

DISCOURS

SUR LA GRAVURE.

LA Gravure ou l'Art de graver sur les pierres précieuses, sur les métaux, & sur le bois, auſſi utile que l'Architecture, la Peinture & la Sculpture, pour rendre un Etat floriſſant, a deux branches différentes; qui ſont, la premiére, la Gravure ſur les métaux, ſur les pierres précieuſes, ſur le bois & autres; & la ſeconde, la Gravure ſur bois ou ſur cuivre, pour nous donner à peu de frais par des Eſtampes, copies des ouvrages des Artiſtes les plus célèbres dans l'Architecture, la Peinture, & la Sculpture.

La premiére branche de la Gravure a été connue dans tous les tems, & à en des Maîtres, ſur-tout dans la Grece, qui y ont excellé, & qui nous ont laiſſé pour preuve de leur habileté, des monumens qui les éterniſeront à jamais : tels ſont entr'autres, 10. une Agathe-Onix antique, conſervée dans le tréſor de la Ste

Chapelle de Paris, de 11 à 12 pouces de haut, fur un peu moins de largeur, qui repréfente l'Apothéofe de l'Empereur Augufte, compofée de vingt-quatre Figures. 2°. Dans le Tréfor de l'Abbaye de faint Denys, le Vafe d'Agàthe oriental orné de Figures en relief dans fon pourtour, qui repréfente, à ce que l'on croit, une Fête célebrée en l'honneur de Bacchus. 3°. Celui du Cabinet de Sa Majefté Impériale dont le fçavant Lambecius fait la defcription. 4°. Et celui confervé dans la Maifon de Brunfwick, orné de Figures en relief, dont Eggennius a donné l'explication.

Si les Grecs ont travaillé en *Sculpture* d'une maniére qu'on peut dire prefque inimitable, puifque jufqu'à préfent on n'a rien fait qui égale leurs ouvrages ; on peut dire la même chofe des pierres précieufes, Agathes & Criftaux gravés depuis trois fiécles qui ne nous montrent rien d'auffi parfait que ce qui nous refte de ces grands Maîtres. Cependant les Arts de la Peinture & Sculpture ayant paffé de la Grece en Italie, celui de graver les pierres a commencé d'y renaître ; & fi les Graveurs modernes n'ont pas égalé les anciens, ce fera toujours pour les premiers un grand avantage d'avoir remis au jour cet Art qui a été comme perdu pendant les siécles de la décadence de l'Empire Romain, & le régne des Barbares qui lui ont succedé. A mesure que l'on vit renaître le goût de la Peinture & de la Sculpture, cette premiére branche de la Gravure commença à se perfectionner. Aussi au commencement du quinziéme siécle, l'on vit paroître *Jean del-Corgnivole* de Florence, qui grava très-bien des Cornalines ; il eut pour concurrent *Dominique de Cameï* Milanois. Dans le seizième siécle parurent *Pierre-Maria da Pescia*, & *Michelino* qui excellérent dans ce talent. Depuis *Jean da-Castel Bolognese*, *Valerio Vincentino*, *Matheo del Nazaro*, & plusieurs autres firent des piéces achevées. *Marmita* de Parme, *Luigi Amichini* de Ferrare, *Jean-Antonio de Rossi* Milanois, *Benevento Cellini* Orfévre à Rome, *Petro Paolo Galoetto* Romain, *Pastino* de Sienne, & plusieurs autres se rendirent célébres par leurs belles Gravures sur pierres.

Il n'en est pas de même de la seconde branche de la Gravure, qui ne doit sa naissance dans le quinziéme siécle qu'au hazard dont on va rapporter le fait. En 1460, *Marso Finiguerra* Orfévre de Florence, roulant de ses ouvrages gravés

Q v

avec du fouffre fondu, s'apperçut que les empreintes de noir que le fouffre faifoit fortir de fes tailles, étoient les mêmes que fon moule : il effaya d'en faire faire encore autant fur des bandes d'argent avec du papier humide, en paffant deffus un rouleau bien uni. Certain de fon invention, il chercha à la perfectionner.

Il y a lieu de s'étonner de ce que les Anciens, qui nous ont laiffé tant d'excellens ouvrages en Gravure fur les Pierres précieufes & fur les Criftaux, n'ayent pas trouvé un fi beau fecret, qui n'a paru qu'après celui de l'Imprimerie.

Après *Marfo Finiguerra*, *Albert-Dure* ou *Durer*, & *Luca le Leyde*, furent les premiers qui travaillérent à perfectionner l'art de graver fur le bois & fur le cuivre, & prefque dans le même tems on trouva le fecret de graver à l'eau forte.

Les Artiftes, qu'une fi belle invention rendit célébres, furent *Baccio Baldini* Florentin, *Martin* d'Anvers, *Ghevardo* de Florence, *Marc Antoine*, dit *Franci*, *Ma c Ravignano* de Ravenne, & *Auguftin* Vénitien. Il y a eu plufieurs autres Graveurs qui les ont imités, & qui fe font rendus célébres par la beauté & la la quantité des ouvrages qu'ils ont mis au jour, tels que *Ugho - da-Carpi* & *Baltazar Penozzi* qui fuivit dans quelques planches la maniére de graver de *Ugho*, *Francefque Parmefan* qui a gravé plufieurs Eftampes où l'on voit qu'il s'eft fervi du burin & de l'eau forte dont on trouva alors l'invention. Après ceux-ci parurent *Baptifte* Peintre Vénitien, *Baptifte del-Moro* de Vérone, *Jérôme Cock* Flamand, *Baptifte* de Venife, *Baptifte* Franc, *Jean-Jacques Caraglio* de Bologne qui imitoit la maniére de *Marc-Antoine*, *Jean-Baptifte Mantuan*, difciple de Jules-Romain, *Eneas Vicus* de Parme, & quantité d'autres dont les Eftampes fe voient dans la belle & ample collection qu'en a faite avec foin l'Abbé de Marolles, compofant plus de 300 Volumes donnés au Roi, & qui font actuellement dans la Bibliothéque de Sa Majefté à Paris.

François I. à qui rien n'échapoit pour illuftrer fon régne, & à qui les Arts avoient déja de fi grandes obligations, connoiffant d'ailleurs tout le prix de cette feconde branche de la Gravure, fentit qu'il manqueroit quelque chofe à fa gloire s'il ne protégeoit pas d'une façon particuliére un talent fi néceffaire. Auffi les plus habiles Peintres, que ce grand Roi avoit attirés de l'Italie dans ſes Etats, cherchérent à ſeconder de tout leur pouvoir les vuës de leur Bienfaiċteur en donnant aux Artiſtes François différentes Eſtampes qu'ils avoient gravées d'après d'autres Peintres Italiens leurs contemporains. Mais ces Piéces, trop négligemment éxécutées, & les lumiéres imparfaites qu'ils avoient de cet Art, ne firent pas appercevoir tous les avantages qui devoient réſulter de ſa perfeċtion.

Les troubles, qui pendant pluſieurs régnes ſubſéquens déſolérent la France, replongérent malheureuſement les Arts dans le triſte état d'où ils avoient été tirés par François I. Si la néceſſité d'avoir des Graveurs en produiſit quelques-uns ſous le régne de Henri IV, ce ne furent que de médiocres Artiſtes, dont les ouvrages ne peuvent être regardés que comme les foibles eſſais d'un Art qui étoit encore dans ſon enfance.

Sous le régne de Louis XIII, la Gravure commença à prendre une meilleure forme. L'Italie, l'Allemagne, & les Pays-bas offrirent à nos Artiſtes François des chefs-d'œuvres qui excitérent leur émulation. On les vit dès-lors, animés du deſir de leur perfeċtion, s'arracher du ſein de leur patrie pour aller puiſer, dans les

Pays étrangers chez les grands Maîtres,
les lumiéres qui leur manquoient pour
exceller dans leur profession. *Michel
Laone*, *Claude Mellan*, *Daret*, *Carle
Audran*, & *Grégoire Huret* furent
les premiers qui parurent avec éclat, &
qui eurent la gloire de répandre en France
le bon goût de la Gravure. Ces grands
hommes, non moins excellens dans la
pratique de la Gravure que dans celle
du Dessein, ne gravoient guére qu'au
burin, qui pour lors étoit seul jugé propre
à représenter des Figures d'une certaine
étenduë, la Gravure à l'eau forte étant
reservée pour les plus petits objets, &
en effet la pointe, dont on se sert dans
cette opération, est bien plus utilement
& plus heureusement employée que le
burin, pour les bien exprimer.

Jacques Callot Lorrain, & *Etienne
della Bella* Florentin, qui, quoiqu'étrangers, furent long-tems attachés au service
de la France, portérent cette derniére
maniére de graver au plus haut point de
perfection. Ce fut en imitant ces deux
grands Maîtres, que le fameux *Sébastien
le Clerc* sçut se perfectionner dans ce même genre. Eh quel Artiste y a mieux réussi
que lui ? Quelle capacité ne remarque-
t-on pas dans un grand nombre de pe-

tits morceaux qu'il a gravés de fon invention, & qui tous fe diftinguent par
un goût de compofition, où la nobleffe
& la correction brillent également?

Mais quelque vif que fut le penchant
qui portoit cet illuftre Artifte à fe dévouer
tout entier à l'exercice de fon talent, l'on
peut dire que les grands progrès qu'il y
fit, doivent être principalement attribués
aux bienfaits & aux marques de diftinction dont il fut honoré par Louis XIV.
Ce grand Roi fortement perfuadé que
la gloire de fon régne dépendoit en partie de la protection particuliére qu'il ac-
corderoit aux Arts & aux Sciences, n'ou-
blia rien pour les faire fleurir dans fes
Etats. Auffi combien d'étrangers diftingués par la fupériorité de leurs talens
furent attirés en France par les libéralités de ce Prince? Et pour ne parler
que des Artiftes célebres qui ont excellé dans la Gravure ; la Flandre ne nous
a-t-elle pas donné les *Pitau*, les *Van-
Chuppen*, les *Edelinck*, & beaucoup d'autres qui oubliérent leur patrie pour devenir François? De leurs burins fortirent
quantité de chef-d'œuvres qui feront dans
tous les tems des modèles pour les plus
grands Maîtres.

Ce n'eft pas au refte que nous man-

quaſſions alors de Graveurs du premier
ordre. Nous avions les *Poilly*, les *Nanteuil*, les *Maſſon*, les *Baudet*, les *Vallet*, *les Picart* le Romain, les *Rouſſe-
let*, les *Chateau*, & autres qu'il ſeroit
trop long de nommer. Mais quelque
multipliés qu'ils fuſſent, à peine pou-
voient-ils ſuffire à l'exécution des travaux dont ils étoient chargés. C'étoit
alors le régne de la Gravure & des autres Arts. Louis le Grand lui-même avoit
beſoin d'un grand nombre d'Artiſtes habiles, depuis que, par le conſeil de ce
grand Miniſtre Jean-Baptiſte Colbert,
il eut conçu le beau projet de faire connoître par le moyen des Eſtampes tout
ce que ſon Cabinet renfermoit de rare
en Tableaux, en Sculpture & en tout
genre du curioſités. Ce Prince vouloit
auſſi éterniſer les actions mémorables de
ſon régne, & préſenter aux étrangers
les ſuperbes édifices qu'il faiſoit conſtruire.

D'autres Graveurs célébres ont ſuccé-
dé aux talens ſupérieurs de ceux-là :
tels ſont *Gérard Audran*, qui a gravé
les belles Eſtampes des batailles d'A-
léxandre le Grand, d'après les Tableaux
de Charles le Brun ; celle de la coupole
de l'Egliſe du Val-de-grace en ſix mor-

ceaux d'après Pierre Mignart, *Benoît,*
Jean & Gaspard Audran, *Bernard Pi-*
cart, *Charles Simmoneau*, *Pierre Dre-*
vet, *Gaspard du Change*, & tant d'autres
au burin desquels nous sommes redevables
des magnifiques Estampes d'après les plus
beaux Tableaux & les superbes monumens de l'antiquité & du siécle de Louis
XIV. Telles sont entr'autres les Estampes
gravées par *C. N. Cochin*, pour servir à
la Description de l'Hôtel Royal des Invalides, in-fol. imprimée en 1735, &
réimprimée en 1756: celle d'après la
grande Galerie du Château de Versailles,
peinte par le Brun qui y travailla pendant 14 ans, commencée par *Laurent* &
finie par *Cochin* le fils, & depuis gravée
par le célebre *Massé* qui y a consacré
32 ans de sa vie; celles d'après la Galerie du Luxembourg peinte par Rubens
en vingt-quatre Tableaux, gravées, sçavoir, le premier par Chatillon; les 2,
6, 7, 11 & 20 par *Duchange*; les 3,
& 18 par *Loir*; les 4, 9 & 10 par
Jean Audran; les 5 & 16 par *A. Trou-*
vain; les 8, & 14 par *Benoîst Audran*;
le 12 par *Picart* le Romain; le 13 par
Simoneau; les 15 & 19 par *Bernard*
Picart; le 17 par *Vermeulen*; le 22 par
J. B. *Massé*; & les 23 & 24 par *Ede-*

linck ; & depuis quelques années les belles
Eſtampes gravées par *Cochin & le Bas,*
d'après les Tableaux de Vernet, repréſentans différentes vuës des Ports de
France, dont on a parlé dans la première
partie de cet Ouvrage. Voyez Deſcription, au premier Tome.

NOUVEAU GENRE DE GRAVURE

INVENTÉE PAR *DESMARTEAUX* L'AINÉ,

LA quantité d'habiles Graveurs qui ont
multiplié & multiplient ſans ceſſe les
chefs-d'œuvres des Artiſtes en Architecture, Peinture, & Sculpture, anciens &
modernes, & qui rendent ſi parfaitement leurs belles & riches compoſitions,
ſembloit ne laiſſer rien à déſirer ; mais
l'on doit à l'heureuſe invention de
Deſmarteaux l'aîné l'Art d'imiter les
Deſſeins au crayon ſi naturellement qu'il
eſt difficile de diſtinguer l'Original d'a-
vec l'Eſtampe. Une découverte ſi ingé-
nieuſe mérite à ſon Auteur un rang
très-intéreſſant parmi les Artiſtes, puiſ-
qu'elle met les jeunes Eléves de la Ca-

pitale & des Provinces à portée de se
procurer aisément des modèles dont la
vérité & la perfection est au point de
ne pas altérer les dispositions qu'ils ont
reçues de la nature. Ces sortes de travaux rendent si parfaitement le moëlleux
de la sanguine, & tous les effets depuis
les demi-teintes les plus douces jusqu'aux
ombres les plus vigoureuses, que l'esprit, les accords & l'harmonie s'y trouvent parfaitement observés, & qu'il n'est
pas possible, en les imitant, de tomber
dans le froid & la sécheresse. Ce sont des
écueils dont il est heureux d'échaper : ce
qui doit produire avant peu une différence très-sensible dans l'Ecole Françoise.

On passera sous silence les contrariétés
& les rivalités qu'il a éprouvées sur cet
objet, étant éloigné du but qu'on s'est
proposé dans cet Ouvrage, & connoissant
la modestie de *Desmarteaux*, dont l'Ouvrage parlera assez pour lui aux juges
éclairés de ce siécle & de la postérité.

Sa Majesté accorde par an 12000 liv. pour
la pension de six Elèves de l'Académie Royale
de Peinture & Sculpture, dont Carlo Vanloo,
mort vers le milieu de l'année 1765, & depuis Vanloo d'Espagne en ont été & sont Di-
recteurs.

GRAVEURS, ORFÈVRES, ET MONETAIRES,

Par ordre Alphabétique.

A L

*A*Lbert *Durer.* Voyez *Durer.*

Aldegraf (*Albert*) né à huit lieues de Munſter dans la Weſtphalie, ſe rendit célébre en 1540 dans la Gravure & la Peinture. On voit de très beaux Tableaux de lui à Soëſt & à Norimberg; mais il excelloit ſur-tout à graver des Portraits: ce qui paroît par le ſien, & par ceux de Jean de Leyden, nommé le Roi des Anabaptiſtes de Munſter, & de ſon compagnon Kniper Dollinge, qui ſont de toute beauté. Il s'acquit auſſi beaucoup de réputation par ſes Deſſeins à la plume qu'il fit ſur le papier; & le ſieur Spiring, Ambaſſadeur du Roi de Suéde auprès des Etats d'Hollande, acheta bien cher un petit Livre d'environ cent feuillets ſur leſquels ce fameux Deſſinateur avoit fait autant de chefs-d'œuvres. Il mourut à Soëſt, où un Peintre de Munſter lui fit dreſſer une Epitaphe pour immortaliſer la mémoire de ce grand homme, à qui ſes concitoyens n'avoient pas rendu les honneurs qu'il méritoit, parce qu'il ne laiſſa pas de biens.

André Verrochio né à Florence dans le ſeiziéme ſiécle. Voyez ſon article au Catalogue des Sculpteurs.

Anichini (*Luigi*, ou *Louis*) natif de Ferrare en Italie, Graveur célèbre, fit une Médaille pour le Pape Paul III, mort en 1549, où d'un côté ayant repréſenté ce Pontife d'une maniére tout-à-fait animée, il grava ſur le revers Aléxandre le Grand étant à Jéruſalem & ſe jettant aux pieds du grand-Prêtre. Cette Médaille fut trouvée ſi admirable, que Michel-Ange conſidérant les Figures avec attention, dit que la Gravure étoit arrivée à ſa derniére perfection, étant impoſſible de pouvoir rien faire de plus beau. Ce grand homme repréſenta auſſi le Roi Henri II ſur une Médaille qui fut trouvée très-belle.

Audran (*Charles ou Karles*) né à Lyon en 1594, avoit un penchant extraordinaire pour la Gravure, s'y appliqua, & y fit de très-grands progrès. Karles animé du deſir de ſa perfection fut paſſer quelques années en Italie, &

s'occupa avec un foin extrême à deffiner & à graver d'après les plus grands
Maîtres. Il eut la gloire de les imiter fi
parfaitement, que les copies qu'il faifoit,
furent fouvent prifes pour les originaux.
De retour à Paris, il fe vit recherché
des connoiffeurs, & furchargé de tant
d'occupations qu'à peine pouvoit-il fuf-
fire, malgré fon affiduité au travail. Il eft
vrai que tout ce qui fortoit de fon burin,
étoit gravé avec un propreté, une correction & une netteté que l'on ne pouvoit
fe laffer d'admirer : mais ce qui le
rendoit inimitable étoit fon adreffe à fe
fervir de burins à lofenges, très-étroits
& prefque comme des canifs, qui mor-
dant plus profondément dans le cuivre,
faifoient qu'on tiroit quatre à cinq mille
Eftampes de chaque planche, toutes très-
belles & très-noires. Cet illuftre Artifte
mourut à Paris en 1674, âgé de 80 ans,
fans avoir été marié.

Audran (Claude) né à Lyon en 1597,
étoit frere de Charles ou Karles : il a auffi
excellé dans la Gravure, s'eft marié à
Lyon, & a eut cinq fils, Germain, Nicolas,
André , Gerard & Claude. Leur pere
Claude mourut en 1676 , âgé de 79 ans.

Audran (Germain) fils de Claude, fut
éleve de Charles ou Karles Audran fon

Oncle. Il se maria à Lyon, fut Adjoint &
Professeur de l'Académie établie en cette
Ville, & mourut en 1711 âgé de 98
ans, laissant cinq fils, Claude, Gabriël,
Benoît, Jean, & Louis Audran. Benoît
& Jean ses fils & Pierre Drevet furent
ses Eleves.

Audran (*Gérard*) fils de Claude, &
frere cadet de Germain, naquit à Lyon
en 1642, & montra dès sa plus tendre
jeunesse autant de disposition que de goût
pour les talens auquel la nature sembloit
l'avoir destiné. Après avoir appris les
premiers élémens sous son pere, sous
Germain son frere, & sous François Perrier, il vint à Paris avec Claude Audran
son frere pour se perfectionner. Ils n'y
furent pas long-tems sans s'y distinguer,
& leur réputation leur mérita à tous deux
un logement aux Gobelins. Gérard Audran connu du célèbre Charles le Brun
qui se faisoit un mérite de protéger les
jeunes Eleves, grava sous les yeux de
ce grand homme la bataille de Constantin, qui lui réussit d'autant mieux qu'il
avoit acquis de plus grandes lumiéres
par l'étude qu'il s'étoit faite de dessiner
& de peindre d'après nature, qui fut toujours son principal objet. Après avoir
gravé plusieurs autres morceaux, il fut à

Rome, & s'y occupa pendant les trois ans qu'il y demeura, à graver les plus beaux ouvrages du Dominiquin, de Raphaël, & des plus grands Maîtres, & entr'autres un beau plat-fond en trois planches d'après Pietre de Cortonne, qu'il dédia à M. Colbert. Durant le cours de ses beaux ouvrages, il reçut un ordre de Louis XIV de revenir en France, où à peine arrivé, Sa Majesté lui fit graver les Batailles d'Aléxandre d'après le Brun, & quantité d'autres planches d'après le Poussin, les Mignart & autres grands Maîtres. Cet illustre Artiste, le plus grand Dessinateur de tous ceux qui l'ont précédé, a été le premier qui ait osé entreprendre des planches aussi grandes que sont celles qu'il nous a laissées, & où il a fait paroître autant de facilité que d'intelligence & de correction. Cet homme célébre, consideré des Grands, aimé & estimé de tous les Sçavans de son siécle, mourut à Paris en 1703, âgé de 61 ans, sans postérité, & a eu pour Eleves Benoît & Jean ses neveux.

Audran (*Benoît*), fils cadet de Germain, naquit à Lyon en 1661. Après avoir appris sous son pere le Dessein & la Gravure, Benoît vint à Paris où il se perfectionna sous la conduite du célébre

Gerard son oncle, qui se fit un vrai plaisir de lui procurer toutes les lumiéres néceſſaires : auſſi le jeune Audran nous a donné un grand nombre de ſuperbes Eſtampes copiées d'après les plus grands Maîtres, entr'autres, du Pouſſin, de le Sueur, de le Brun, de l'Albane, de Mignart & de l'Hiſtoire métallique de Louis le Grand: autant d'ouvrages où l'on admire les mêmes beautés qui caractériſent ceux de l'illuſtre Gerard. Benoît Audran mourut en 1721, âgé de 60 ans.

Audran (*Louis*) né en 1658, mort en 1734, âgé de 76 ans.

Audran (*Jean*) frere de Benoît, & fils de Germain , mort Graveur du Roi dans le commencement du dix-huitiéme ſiécle.

BA

B Accio Baldini Orfévre de Florence, contemporain de Marſo Finiguerra, qui en 1460 trouva le ſecret des Eſtampes. Cette invention ne fut pas plutôt divulguée dans cette Ville, que Baccio la perfectionna, & fit paroître des Eſtampes mieux recherchées que celles de l'Inventeur,

reur, en se servant des Desseins de Sandro Boticelli.

Bamboche (nommé *Pierre de Laar*) ,
né à Naarden en 1613, mort en 1675,
âgé de 62 ans, a fait quelques Gravures
à l'eau forte , appellées Bambochades ,
ainsi que ses ouvrages en peinture, dans
lesquels il a excellé.

Ballin (*Claude*), l'un des plus célèbres
Artistes de son siécle, né à Paris en 1615,
étoit fils d'un riche Orfévre , dont il
embrassa la profession, & dans laquelle
il s'est fait un grand nom. Le Dessein fut
sa premiére étude, & il copia avec un
soin extrême tout ce que le pinceau du
célèbre Poussin avoit produit de plus beau.
N'étant encore âgé que de 19 ans, il fit
quatre grands bassins d'argent de soixante marcs chacun, sur lesquels étoient représentés les quatre Ages du monde
d'un travail si rare & si merveilleux, que
toutes les beautés de l'Art paroissoient y
être épuisées. Ces quatre Bassins furent
vendus au Cardinal de Richelieu , qui
voulut avoir quatre Vases à l'antique du
même dessein que les bassins, pour les
accompagner. La réputation de ce grand
homme, établie par tous les beaux ouvrages qui sortirent de ses mains, lui mérita l'honneur de faire la premiére épée

Tome II. R

& le premier hauſſe-col que Louis XIV
ait portés , & le Chef de S. Remi que ce
grandRoi donna à l'Egliſe deReims le jour
de la céréremonie de ſon ſacre. On voit
ſur le maître Autel de l'Egliſe de Notre-
Dame de Paris les ſix Chandeliers d'argent, la Croix, qui ſont d'un travail admirable, & un Soleil de cinq pieds &
demi de haut , qui eſt le premier & le
ſeul qui ait été traité hiſtoriquement ; ainſi
qu'un Lampadaire d'argent qui eſt devant
la Chapelle de la Vierge. Pluſieurs autres Egliſes de Paris, l'Abbaye de S. Denys , Pontoiſe, & d'autres endroits poſſé-
dent des ouvrages de cet illuſtre Artiſte. Pour récompenſer le mérite & les
talens du célèbre Ballin , Louis le Grand
lui donna la direction du balancier des
Médailles & des Jettons, vacante en 1672
par la mort de Jean Varin. Claude Ballin mourut en 1678 , âgé de 63 ans.

Badouin (An- ⎫ freres , nés à Bruxel-
toine)   ⎬ le vivoient   dans
   Badouin 'Fran-⎨ le dix-ſeptiéme ſié-
çois)   ⎭ cle.

Baudet (Etienne) né à Blois vivoit
dans le dix-ſeptiéme ſiécle.

Bologneſe (Jean da - Caſtel). Voyez
Caſtel.

Bonnard (Robert) né à Paris , vivoit
dans le dix-ſeptiéme ſiécle.

Boſſe (*Abraham*) premier Profeſſeur en Perſpective de l'Académie Royale de Peinture de Paris, mort dans le dix-ſeptiéme ſiécle.

Buon Martino de Nuremberg du quinziéme ſiécle, fut maître d'Albert-Durer pour la Gravure.

CA

Callot (*Jacques*) né à Nanci en 1593, fut à Rome dès l'âge de quatorze ans, y apprit à deſſiner & à graver au burin, de Philippe Thomaſſin de Troyes en Champagne qui s'étoit établi dans cette Ville. Callot alla enſuite à Florence où il commença à deſſiner en petit ; & il y réuſſit ſi bien par la force de ſon génie, qu'il s'eſt fait une très-grande réputation. Pour lors il quitta le burin pour graver à l'eau forte, parce que ces ſortes d'ouvrages s'exécutent plus promptement, & reçoivent mieux l'eſprit & la vivacité que l'Artiſte leur inſpire. Il fut le premier qui ſe ſervit du vernis dur pour la Gravure à l'eau forte. Après la priſe de Nanci par Louis XIII, Sa Majeſté connoiſſant le talent ſupérieur de cet homme célèbre, lui propoſa une penſion de mille écus, s'il vouloit s'attacher à ſon ſervice : ce que Callot refufa, ne voulant pas quitter fa patrie où il eft mort en 1635, âgé de 41 ans. Il a travaillé pendant fa vie avec tant d'application & d'affiduité, qu'il a donné au public treize cens quatre-vingt planches.

Canta Gallina de Rome, Peintre en réputation au commencement du dix-feptiéme fiécle, s'appliquoit auffi à la Gravure, & a été le premier Maître de Jacques Callot.

Carrache (*Augustin*) né à Bologne en 1558, avoit un goût & une inclination pour toutes les Sciences & les beaux Arts; mais il s'adonna plus particuliérement à la Peinture & à la Gravure. Il travailla beaucoup à copier les anciens Maîtres, & réformoit fouvent les incorrections des Tableaux originaux. Corneille Cort de Venife, habile Graveur, reconnut bientôt que fon Eleve le furpaffoit : il le congédia. Auguftin s'eft fait plus connoître par la Gravure que par fes morceaux de Peinture, dans lefquels on trouve néanmoins de très-grandes beautés, une compofition fçavante, de jolies Figures, un Deffein très-correct & d'une grande maniére. Ses Deffeins à la plume font maniés très-fçavamment, on y voit un grand caractére. Ce grand homme mourut à Parme en 1602, âgé de 44 ans.

Castel Bolognèse (*Jean da-*) Italien,
né en 1495, travailla pour le Pape Clément VII, pour l'Empereur Charles-
Quint. Ce célèbre Graveur fit paroître
son grand talent à graver sur de petites
pierres, non-seulement des Figures en-
tiéres, mais même de grandes compositions d'Histoire, comme le ravissement
des Sabines, des Bacchanales, des com-
bats sur mer, & plusieurs autres grands
sujets qu'il grava d'après les desseins de
Michel-Ange, de Perrin del-Vagua, &
autres grands Peintres. Il mourut à Faënza
en Italie l'an 1555, âgé de 60 ans.

Change (*Gaspard du*) Graveur du Roi,
né à Paris en 1662, étoit petit-fils de
Jacques Langlois Libraire & Imprimeur
de Sa Majesté. Après avoir été du tems
chez un Graveur peu habile, le jeune
du Change eut l'avantage de devenir
éleve de Vallet, Maître bien différent du
premier. Aussi Gaspard fit des progrès si
rapides au bout de quelques années, qu'il
n'eut plus de leçons à prendre de son
nouveau Maître, & qu'il fit connoître
ses talens par les belles Estampes gravées
d'après les Tableaux de Bertin l'aîné,
d'Antoine Coypel & Jouvenet, qui sont,
la métamorphose de Clytie en tourne sol,
une Vénus couchée avec des Amours au-

tour d'elle ; une Diane au bain ; le Sacrifice de Jephté ; Tobie qui rend la vuë à fon pere ; la Ceinture de Vénus ; la Magdeleine aux pieds de notre Seigneur chez Simon le Pharifien ; les Marchands chaffés du Temple, & autres. Ces beaux morceaux lui méritérent une place à l'Académie, à qui il donna pour fon morceau de réception les deux Portraits de Charles de la Foffe & de François Girardon. Il grava enfuite avec d'autres Artiftes célèbres la Galerie du Luxembourg ; un Solon qui donne des loix à la Gréce ; les quatre Monarchies du monde ; la Réfurrection du fils de la veuve de Naïm ; une Vierge de douleur pour l'Efpagne ; en 1744 les trois Myftéres de la Religion ; un Chrift au tombeau, à l'âge 87 ans, & quantité d'autres. Ce grand homme auffi recommandable par toutes les vertus qui caractérifent l'honnête homme, que par fa capacité & fes rares talens, mourut âgé de près de 90 ans.

Château (. . . . .) vivoit dans le dix-feptiéme fiécle , & étoit Graveur ordinaire du Roi.

Chatillon (*Louis*) vivoit dans le dix-feptiéme fiécle.

Chauveau (*François*) de Paris, mort en 1674 dans un âge avancé, a été un

très-habile Graveur, un fçavant Deſſinateur & un grand Peintre. On remarque
dans ſes ouvrages un feu, une force, une
vivacité d'expreſſions, une variété, une
fécondité de génie : il excelloit ſur-tout
dans l'abondance, & le tour ingénieux
du Deſſein, & la belle ordonnance des
Figures. Ce grand homme s'étoit fait une
ſi grande habitude du Deſſein, qu'il deſſinoit dans l'inſtant ſur une ardoiſe le
ſujet qui lui étoit demandé ſouvent ſe-
crétement par des Peintres en réputation,
qu'ils exécutoient enſuite eux-mêmes, &
donnoient au public leurs Tableaux comme des morceaux de leur invention. Au
génie le plus fécond, à l'imagination la
plus vive, jointes à une application continuelle au travail, nous avons des mains
de cet illuſtre Artiſte plus de trois mille
piéces toutes marquées au coin de la correction la plus exacte & de la plus grande
propreté.

Clerc (*Laurent le*) né en 1590, mort
en 1695, Orfévre célèbre à Metz, fut
pere de l'illuſtre Sébaſtien le Clerc Graveur.

Clerc (*Sébaſtien le*), un des plus
grands Artiſtes du ſiécle de Louis XIV,
fit à l'âge de huit ans un Deſſein à la
plume, d'un enfant nud, couché & vu en
racourci d'un pouce & demi de propor-

tion , qui fut admiré des connoiffeurs.
Après s'être appliqué à l'étude de la
Géométrie, de la Perfpective, de la Fortification & de l'Architecture, dans lefquelles il ne fit pas moins de progrès
que dans la Gravure & le Deffein, il fut
choifi pour Ingénieur & Géomètre du Maréchal de la Ferté. Etant venu en 1665
à Paris, il fe livra tout entier à la Gravure, fuivant le confeil du célèbre Charles le Brun. En 1668, il donna au public fa petite Géométrie-pratique en 80
morceaux, qui eut un applaudiffement
général, & qui lui mérita la protection
de M. Colbert, un logement aux Gobelins & une penfion de fix cens écus.
L'Eftampe qu'il fit du Maufolée que
l'Académie avoit fait ériger dans l'Eglife des Prêtres de l'Oratoire S. Honoré,
pour le Chancelier *Séguier*, lui valut
une place à l'Académie, & d'y être reçu en qualité de Profeffeur en Géométrie
& en Perfpective avec une penfion de
cent écus. Le grand nombre d'excellens
morceaux fortis du burin de ce grand
homme, & admirés de tous les connoiffeurs, font appercevoir une imagination
vive, brillante, bien réglée, & toujours
dans la belle nature, une fécondité fur-
prenante, jointe à une facilité extrême

à diverſifier toujours lès ſujets ; un deſſein très-correct, des expreſſions nobles &
élégantes; une belle exécution, traitant également bien le ciel & les nuages, les loin-
tains & les montagnes, le gazon, les rochers
les plantes, les animaux, l'architecture,
les ornemens, & tout ce que la nature
a d'objets viſibles. Dans ſes momens per-
dus, cet homme infatigable, & qui a
travaillé plus de 60 ans, a compoſé &
donné au public un grand Traité de Géométrie, un nouveau ſyſtème du monde,
un ſyſtème de la viſion, & un Traité d'Architecture. Nous avons encore de lui près
de trois mille piéces gravées preſque toutes de ſon invention, & plus de ſix mille
Deſſeins. Cet Artiſte célèbre comblé de
mérite mourut à Paris en 1714, âgé de
près de 78 ans.

Cochin (Charles-Nicolas) né en 1688,
mort en 1754, âgé de 66 ans, a donné
au public de très-beaux morceaux, entr'autres les Eſtampes pour ſervir à la
Deſcription de l'Hôtel Royal des Invalides, in-folio, imprimée en 1735, &
réimprimée en 1756.

Cort (Corneille) de Veniſe, Maître
d'Auguſtin Carrache, vivoit au commencement du ſeiziéme ſiécle.

R v

DA

D.*tret* (*Pierre*) vivoit dans le sei-
siéme siécle, Maître de François Poilly.

De-la-Bella (*Etienne*) né à Florence
en 1610, mort en 1664, âgé de 54
ans.

Diane ou *Diana Mantuana* de Volterre en Italie, fille de Jean - Baptiste
Mantuan, s'acquit beaucoup de réputation dans le seiziéme siécle. Son plus
considérable ouvrage est la grande Bacchante de Jule-Romain, qu'elle grava avec
privilége du Pape Gregoire XIII, &
qu'elle dédia à Claude de Gonzague en
1575; & un bas-relief antique du même Jule-Romain, qu'elle dédia à Scipion
de Gonzague.

Dorigny (*Michel*) né à S. Quentin
en 1617, mort en 1665, âgé de 38 ans,
a aussi excellé en Peinture, & a suivi
la maniére de Simon Vouet son beau-
pere.

Drevet (*Pierre*) né à Lyon en 1663,
fut éleve de Germain Audran pour le
Dessein. Arrivé à Paris, âgé de 21 ans,
il acquit une facilité d'autant plus grande pour le Dessein & la Gravure, qu'il

n'y avoit aucune partie de fon Art qu'il ne poffédât parfaitement, & qu'il avoit acquis par l'ardeur continuel avec laquelle il fe livroit au travail, qui lui rendit l'Hiftoire & le Portrait également familiers. Entr'autres productions forties de fon burin, font les Portraits du célèbre Tiron, de Keller, de Louis XIV d'après Rigault, qui lui a valu un logement aux Galeries du Louvre, & d'être reçu membre de l'Académie, à laquelle il donna pour fon morceau de réception le beau Portrait de Robert de Cotte. Sa réputation répandue dans toute l'Europe lui procura les Portraits des Rois d'Efpagne, d'Angleterre, de Pologne & de Suéde, en France ceux du Prince de Conti, du Maréchal de Villars, de la Ducheffe de Nemours. Son Annonciation, fon Sacrifice d'Abraham d'après Coypel, & la Famille de Darius d'après Pierre Mignart, immortaliferont cet illuftre Artifte qui mourut en 1738, âgé de 75 ans.

Drevet le fils (*Pierre*) de Paris, mort vers l'an 1740.

Dujardin (*Charles* ou *Karles*) né en Hollande en 1635, mort en 1678, âgé de 43 ans, excelloit auffi dans la Peinture.

Durer (*Albert-*) Allemand, né à Nuremberg en 1470, a eu Buon Martino pour Maître dans la Gravure. Ses Eſtampes le rendirent célèbre, & il a gravé en bois & en cuivre grand nombre de morceaux, tant de ſa compoſition, que d'après d'autres Peintres ou Graveurs. Etant jeune, il fit de ſi grands progrès dans les Méchaniques, la Géométrie, la Gravure & la Peinture, qu'ils le rendirent un homme célèbre, & le firent rechercher des Empereurs, des Princes & Seigneurs Allemands. Dans ſon voyage d'Italie, il lia une amitié très-étroite avec Jean Bellin à Veniſe & avec Michel-Ange. Albert-Durer compoſa pluſieurs Traités de Géométrie qui furent traduits en latin, & un Traité ſur la Perſpective. Il mourut en 1528, âgé de 58 ans après avoir fondé l'Ecole Allemande.

E D

E Delinck (Gérard) né à Anvers en 1641, a été un des plus grands Artiſtes de ſon ſiécle pour les Figures, l'Hiſtoire & le Portrait. Après avoir profité, par un travail aſſidu, des leçons d'un nommé Gal, Maître habile, & avoir fait

les plus grands progrès, il vint à Paris,
attiré par les libéralités & les bienfaits
de Louis XIV Protecteur des Arts, qui
attiroit de toutes les parties de l'Europe
les hommes les plus diftingués par leurs
talens & par leur mérite. Arrivé dans
cette Capitale, il fe mit fous la conduite du célèbre François Poilly, où notre Artifte Flamand apprit la pureté &
la correction du burin, & où il fe forma
une maniére qui réunit toutes les beautés particuliéres qui caractérifent les différens ouvrages des plus habiles Artiftes.
Edelinck excella principalement dans
l'art de diftinguer les draperies, les couleurs mêmes. Elles fe trouvent en effet
fort bien défignées dans tous les ouvrages qui font fortis de fon burin. Ce grand
homme joignoit à de fi rares talens, celui de peindre particuliérement fur le
cuivre. Cet illuftre Artifte, admirable
par la fupériorité de fes talens, l'étoit
encore par la facilité merveilleufe avec
laquelle il travailloit : & c'eft ce
qui lui a fait produire le grand nombre
de Planches qu'on a de lui. Il mourut
en 1707, âgé de 66 ans.

Edelinck (*Jean*) frere puis-né de Gérard, a donné des morceaux en Gravure qui lui ont acquis de la réputation;

& il feroit devenu un Artifte célèbre, fi la mort ne l'eût pas prévenu dans un âge peu avancé.

GA

*G*AL (.....) Maître de Gérard Edelinck, étoit d'Anvers, & vivoit au commencement du dix-feptiéme fiécle.

Gaut (*Henri*) né à Utrecht, vivoit dans le dix-feptiéme fiécle.

Germain (*Pierre*) né à Paris en 1647, manifefta dès fon enfance fon goût pour l'Orfévrerie , qui étoit la profeffion de fon pere, dans laquelle il fit des progrès d'autant plus rapides , qu'il avoit un très-grand defir d'y exceller , joint aux heureufes difpofitions qu'il avoit naturellement. Auffi le Deffein & la Gravure furent l'objet de fes premiéres études. Les divers ouvrages qui firent connoître fa capacité & fes talens , lui procurerent l'honneur d'être choifi par M. Colbert pour faire la couverture des Livres précieux où font écrites les conquêtes de Louis XIV. Cet ouvrage répondit à la magnificence de ce Monarque , moins par la matiére que par toutes les beau-

tés & les richeffes de l'Art. A ce bel
ouvrage il en fuccéda d'autres pour orner la Galerie de Verfailles, qui furent
admirés des plus grands Artiftes. Il travailla enfuite aux Médailles & aux Jettons qui repréfentent les conquêtes de
Louis le Grand. Après avoir fait quantité de beaux ouvrages pour le Roi, pour
la Cour , pour lefquels il avoit prodi-
gué fa fanté , il mourut en 1684, âgé
de 37 ans.

Germain (*Thomas*) né à Paris en
1673 , fils de Pierre , & héritier de fes
talens , perdit ce grand homme à l'âge
de onze ans, & M. de Louvois fon Protecteur à quatorze, étant à Rome où ce
Miniftre l'avoit envoyé pour fe perfectionner dans le Deffein : ce qui fit réfou-
dre le jeune Germain de travailler chez
un Orfévre de cette Ville , où après fon
travail il donnoit tout le refte de fon
tems au Deffein , dans lequel il fe perfectionna à un point, qu'il fe trouva en
état d'exécuter quantité de beaux morceaux d'Orfévrerie & de Sculpture, tant
pour le Grand Duc de Tofcane, pour
les Jéfuites, que pour d'autres perfonnes,
qui font confidérés aujourd'hui comme
autant de chef-d'œuvres. Après treize
ans de féjour à Rome il revint en Fran-

ce, où fur fa route plufieurs Eglifes furent bâties fur fes Deffeins. A Paris il fit quantité de beaux morceaux pour Fontainebleau, pour le Chœur de Notre-Dame de Paris, pour l'Eglife de Reims, pour le Roi & la Reine de Portugal, pour la Reine d'Efpagne & la Princeffe du Bréfil, pour les préfens envoyés au Grand Seigneur par Sa Majefté très-Chrétienne, pour Madame la Dauphine, & enfin pour quantité de Princes & Seigneurs de la Cour & de toute l'Europe, où le talent, le bon goût, la correction du Deffein, la magnificence & les richeffes de l'Art furpaffoient la matiére qu'il avoit employée. Grand Deffinateur & Sculpteur habile, il fut encore très-bon Architecte, ayant donné les Deffeins de l'Eglife de faint Louis du Louvre qu'il a conduite. On fera fans doute furpris du nombre infini d'ouvrages de ce grand homme, qui mourut en 1748, âgé de 75 ans: mais on le fera encore bien davantage, lorfque le public fe perfuadera qu'il ne laiffoit rien paroître qui ne fût de fa compofition, & qui n'eût été deffiné, modelé, & cifelé de fa main. Le bruit de fa mort ayant été porté à Lifbonne, le Roi de Portugal ordonna qu'on lui fît un Service folemnel, & voulut que les Artiftes de la Ville y affiftaffent. Témoignage bien glorieux de l'eftime fingulière que ce Monarque faifoit de la capacité de cet incomparable Artifte.

Golts ou *Goltfius* (*Henri*) Peintre cé-lèbre , naquit en 1558 dans le pays de Juliers , & étoit fils de Jean Golts très-habile à peindre fur le verre. Henri pei-gnoit très-bien : mais il s'eft rendu plus recommandable par fes Deffeins à la plume qu'il a gravés au burin. En 1591 il alla en Italie ; & après avoir féjourné à Venife & à Naples, il s'arrêta à Ro-me , où il fit de très-beaux ouvrages en Peinture, qu'il grava étant de retour dans fon pays, où il mourut en 1617 , âgé de 59 ans.

HU

*H*Uret (*Grégoire*) vivoit dans le feiziéme fiécle.

KU

*K*USSELLE (*Melchior*) d'Aufbourg a gravé de très-belles Estampes d'après ses Tableaux de Jean-Guillaume Bavere, mort en 1640.

LA

*L*Aone (*Michel*) vivoit dans le seiziéme siécle.

Lucas de Leyde ou *Leyden*, né en 1494 à Leyden en Hollande, s'appliqua dès sa tendre jeunesse au Dessein, à la Peinture, & à la Gravure; & donna au public dès l'âge de neuf ans quelques piéces gravées. Se perfectionnant insensiblement par un travail assidu & continuel, il parvint à faire de très-beaux Tableaux & Portraits pour ses amis, & fit le Portrait de l'Empereur Maximilien I. Il peignit encore sur le verre. Il s'étoit aussi perfectionné dans la Gravure, & a donné à l'âge de douze ans sa fameuse Planche de saint Hubert. Il varioit ses occupations entre le Dessein, la

Peinture à l'huile ou à gouaffe , & la Gravure. Après avoir lié une amitié très-étroite avec Jean de Maubeuge Peintre de Middelbourg, il fe forma une jalou-fie fi forte entre ces deux grands hom-mes , que Lucas s'imagina avoir été empoifonné. Cette prévention fit un fi grand effet fur fon efprit, qu'il en tomba malade de chagrin , traîna une vie languiffante pendant cinq ou fix ans , & mourut en 1533 , âgé de 39 ans.

MA

MArc-Antoine Raimondi , né à Bo-logne , vivoit en 1490 & 1500. Raphaël d'Urbin lui fit apprendre à graver , & fous la conduite de ce Peintre célébre, Marc-Antoine donna au public le Mar-tyre des Innocens , un Neptune , une Cène , & d'autres piéces. On dit que la femme de Marc gravoit auffi affez bien.

Marc - Antoine, furnommé *Franci*, vivoit dans le feiziéme fiécle, & étoit de Bologne. Il contrefit à Venife les Eftam-pes d'Albert - Durer. A Rome il grava quantité de beaux morceaux d'après Ra-phaël ; & après la mort de ce grand homme d'après Jules-Romain, entr'autres, vingt planches de l'Arétin, pour lesquelles il fut mis en prison, & manqua de perdre la vie. En 1527 la ville de Rome ayant été prise & pillée par l'Empereur Charles-Quint, Marc-Antoine perdit tout ce qu'il avoit, & se retira dans une autre Ville où il mourut.

Marso Finiguerra Florentin, célébre Graveur sur métaux, & Orfévre, inventa en 1460 l'Art de graver & d'imprimer en taille douce. Il avoit coutume de faire une empreinte en terre de toutes les choses qu'il gravoit sur de l'argent pour émailler. Comme il jettoit dans ce moule de terre du soufre fondu, ces derniéres empreintes étant frotées d'huile & de noir de fumée, représentoient la même chose que ce qui étoit gravé sur l'argent. Il trouva ensuite le moyen d'avoir les mêmes figures sur du papier en l'humectant, & passant un rouleau bien uni pardessus l'empreinte : ce qui lui réussit si bien, que ces gravures paroissoient non-seulement imprimées, mais même comme dessinées avec la plume. Marso n'eut pas plutôt divulgué son secret, qu'un autre Orfévre de la même Ville, nommé Baccio Baldini, perfectionna cette belle invention.

Maſſon (. . . . . . .) vivoit dans le dix-ſeptiéme ſiécle.

Melan (*Claude*) né à Abbeville en 1601 avec les plus heureuſes diſpoſitions pour le Deſſein, vint à Paris âgé de 11 ans, & entra dans l'école de SimonVouet, où il ne conſulta que ſon penchant extraordinaire pour le Deſſein & pour la Gravure au burin. Il ſe fit dans ce dernier genre de travail une maniére toute particuliére qu'il a ſçu pouſſer au plus haut point de perfection. En effet, ce jeune Artiſte imitoit indifféremment tous les objets qu'il repréſentoit avec de ſimples traits mis auprès les uns des autres, ſans jamais les croiſer, ſe contentant de les faire ou plus forts ou plus foibles, ſelon que le demandoient les parties, les couleurs, les jours & les ombres des Figures qu'il avoit à repréſenter. Arrivé à Rome en 1617, il y fit briller ſon talent par le grand nombre d'excellens ouvrages qui ſortirent de ſon burin, entr'autres une partie de la Galerie Juſtinienne, le beau Portrait de Juſtinien, & celui du Pape Clément VIII. Sa réputation lui mérita les offres avantageuſes de Charles II Roi d'Angleterre pour l'attirer dans ſes Etats, que Melan refuſa par amour pour ſa patrie. Revenu d'Italie, Louis XIV le nom-

ma son Peintre & Graveur ordinaire, &
lui donna un logement au Louvre. Il
seroit trop long de détailler le nombre
infini de planches qui sont sorties du burin de ce grand homme. On peut en
voir le Catalogue dans Florent le Comte ; on rendra seulement compte d'un
morceau le plus estimé de ses ouvrages,
qui est une tête de J. C. dessinée & om-
brée avec sa couronne d'épines, & le
sang qui ruissele de tous côtés, d'un seul
& unique trait, qui, commençant par
le bout du nez, & allant toujours en
tournant, forme très-exactement tout ce
qui est représenté dans cette Estampe par
la seule différence d'épaisseur de ce trait,
qui, selon qu'il est plus ou moins gros,
fait des yeux, un nez, une bouche, des
joues, des cheveux, du sang & des épines ; le tout si bien représenté, & avec
de si grandes marques de douleur & d'af-
fliction, que l'on se sent attendri à la
seule vuë de cette belle Estampe qui doit être
regardée comme un chef-d'œuvre. Les talens de cet homme illustre ne se bornoient
pas à graver avec beaucoup de grace & d'é-
légance d'après les beaux Tableaux ; mais
il a presque toujours été l'auteur & l'inventeur des morceaux qu'il gravoit. Il
est mort à Paris en 1688, âgé près de
88 ans.

NA

N. *Anteuil* (*Robert*) grand Peintre en pastel, & Graveur célèbre, naquit à Reims en 1630. Il s'étoit si fort adonné à l'étude du Dessein & de la Gravure, qu'il dessina & grava lui-même la Thèse qu'il soutint en Philosophie. De si heureux commencemens l'engagèrent de venir à Paris, où en peu de tems, avec un travail continuel & assidu, il acquit une si grande réputation , qu'il fit le Portrait de Louis XIV en pastel, qu'il grava ensuite dans toute sa grandeur , dont Sa Majesté parut si satisfaite, qu'outre les cent louis qu'elle fit d'abord donner à Nanteuil, elle le nomma Dessinateur & Graveur de son Cabinet. Ce Portrait fut suivi de ceux de la Reine mere, du Duc d'Orléans , du Maréchal de Turenne , du Cardinal Mazarin, & des personnes les plus qualifiées de l'Etat. Ces beaux morceaux forment un recueil de deux cens quarante Estampes. Il fit aussi celui du grand Duc de Toscane. A de si grands talens cet homme illustre joignoit les qualités du cœur, & un amour tendre & filial pour son pere qu'il retira chez lui, & pour qui il eut toujours un respect infini. Le célèbre Nanteuil comblé d'honneurs & de mérite mourut à Paris en 1678, âgé de 48 ans.

PA

P*Armesan (François Mazzuoli, dit le)* né à Parme en 1504, mort en 1540, âgé de 36 ans, excelloit aussi dans la Peinture. Voyez Mazzuoli au Catalogue des Peintres.

Penni (Lucas) né dans l'état Ecclésiastique dans le dix-septiéme siécle, peignoit aussi passablement, & fut long-tems à travailler en Italie. Il alla ensuite en Angleterre où il fit pour le Roi Henri VIII quantité de Desseins qu'il grava & fit graver en Flandre.

Pens (George) né à Nuremberg dans le dix-septiéme siécle, excelloit aussi en Peinture.

Perelle (......) vivoit dans le dix-septiéme siécle.

Pezarese (Simon Cantarini, dit le) né à Pezaro en 1612, mort en 1648, âgé de 36 ans, fut Copiste du Guide,

&

& avoit du talent pour la Gravure à l'eau forte.

Picard le Romain (*Etienne*), un des plus grands Graveurs de son siécle, fut en 1664 membre de l'Académie : il en devint Doyen en 1705, & passa à Amsterdam en 1710, où il mourut en 1721, âgé de 90 ans.

Picard (*Bernard*) fils d'Etienne, né à Paris en 1673, héritier des talens de son pere, fut formé à l'école d'un si grand Maître, & y fit des progrès si rapides, qu'à l'âge de douze ans il commença à esquisser ses sujets en concurrence avec le célèbre Benoît Audran. A l'Académie il eut pour Professeur le fameux Sébastien le Clerc, qui lui montra l'Architecture & la Perspective. Pour se perfectionner, il cultiva l'amitié de le Sueur, de la Fosse, de Jouvenet & Roger de Piles, qui tous s'empressérent à aider Bernard du secours de leurs lumiéres. Aussi de si grands Maîtres, une application continuelle au travail, & les dispositions de ce jeune Artiste le rendirent en peu de tems un homme célèbre, qui donna au public les Bergers d'Arcadie & l'Hermaphodite d'après le Poussin ; par la suite quantité de beaux morceaux qui lui ont fait un honneur infini.

Ce grand homme se distingua aussi par les qualités du cœur, & sçut se concilier l'amitié & l'estime de tous ceux qui le connoissoient. Il mourut en 1733, âgé de 60 ans.

Pittau (*Nicolas*) vivoit dans le dix-septiéme siécle.

Poilly (*François*) né à Abbeville en 1622, apprit les premiers élémens du Dessein de son pere Orfévre habile, & de la Gravure à Paris de Pierre Daret. Une grande facilité de génie, jointe à beaucoup d'application, rendirent le jeune Poilly habile en peu de tems, & produisirent plusieurs belles Estampes d'après Raphaël, Stella & le Brun. Pendant les sept années qu'il a resté à Rome, où il s'est totalement perfectionné, il a donné au public un grand nombre de planches qui méritérent une approbation générale. De retour à Paris en 1656, cet habile Artiste se vit surchargé d'occupations malgré la grande facilité avec laquelle il travailloit. Aussi les œuvres de ce grand homme, composés de plus de quatre cens morceaux, éterniseront sa mémoire. Il mourut en 1693, âgé de 69 ans.

Poilly (*Nicolas*) frere de François, né à Abbeville en 1626, mort en 1696, âgé de 70 ans, s'est aussi fait une grande réputation dans la Gravure.

Poter (Paul) né en Hollande, en 1625, mort en 1654 âgé de 29 ans, excelloit aussi dans la Peinture pour les Animaux.

RE

REmbrant Van-Rin (Paul). Voyez son article au Catalogue des Peintres.

Renard de S. André (Simon), né à Paris en 1614, mort en 1677, âgé de 63 ans.

Robert (Nicolas) né à Langres en 1610, avoit aussi un talent merveilleux pour peindre en miniature les Plantes & les Animaux. Il est mort en 1684, âgé de 74 ans.

Rosso (le) ou Maître Roux. Voyez son article au Catalogue des Peintres.

Rousselet (Gilles) né à Paris en 1614, mort aux Gobelins en 1686, âgé de 72 ans.

SA

S *Imonneau* (*Charles*), Graveur ordinaire du Cabinet du Roi, né à Orléans en 1639, fut mis à Paris sous le célèbre Noël Coypel, où il apprit à deſſiner & à peindre avec autant de génie que de goût. Auſſi bon Peintre que grand Deſſinateur, le jeune Simonneau devint un très-habile Graveur à l'école de Château, Graveur ordinaire du Roi; & les ouvrages qui ſortirent de ſon burin, furent eſtimés plus parfaits que ceux de ſon Maître. L'Hiſtoire, les Figures, le Portrait, furent des parties que cet illuſtre Artiſte poſſéda dans un égal dégré de perfection, ainſi que les belles Médailles qu'il a gravées pour ſervir à l'Hiſtoire métallique du régne de Louis XIV. Dans les ſujets qu'il repréſentoit en grand ou en petit, on remarque même beauté de génie, même élévation de caractére, même vérité d'expreſſions, même délicateſſe de pinceau, & même fécondité d'imagination. Son morceau de réception à l'Académie fut le beau Portrait du grand Manſart, qui eſt conſervé avec beaucoup de ſoin. Le célébre Simonneau mourut à Paris en 1728, âgé de 89 ans.

Simonneau (*Louis*) frere de Charles, né à Orléans en 1639, mort en 1727, âgé de 88 ans.

Stella fille (l'illuftre *Claudine Bouffonet*) vivoit dans le dix-feptiéme fiécle.

Stimmer (*Tobie*) né à Schaffoufe en Suiffe dans le dix-feptiéme fiécle, excelloit auffi en Peinture.

Sylveftre (*Ifraël*) né à Nancy en 1621, mort en 1691, âgé de 70 ans, a gravé toutes les belles vuës d'Italie, toutes les Maifons Royales, & les Places conquifes par Louis XIV, qui le nomma Maître de Deffeins de M. le Dauphin. Il perdit en 1680 Henriette Sellncart fa femme, qui a été célèbre par fon efprit & par fa beauté, & lui fit ériger dans l'Eglife de faint Germain l'Auxerrois un Tombeau en marbre blanc fur lequel elle eft repréfentée mourante, peinte par le Brun. Ce morceau paffe pour un des plus beaux Tableaux de ce grand Peintre.

TE

T Empefte (*Antoine*), grand Peintre & Graveur célèbre, né à Florence. Après

avoir appris les commencemens de la
Peinture sous Strada Flamand qui peignoit les Batailles, & après y avoir travaillé quelques années, il alla à Rome,
où il fit quantité de beaux ouvrages, où
il représentoit avec un génie particulier,
des Batailles, des Chasses, des Caval-
cades, & toutes sortes d'Animaux. Il donna aussi au Public un grand nombre d'Estampes gravées presque toutes sur ses Desseins, que les Auteurs font monter à plus
de 1800; & mourut en 1630.

Testa (Pierre) né à Lucques en 1611;
excelloit aussi dans la Peinture. Il est mort
en 1650, âgé de 39 ans.

Thomassin (Philippe) de Troyes en
Champagne, s'étoit établi à Rome où
il fut le Maître de Jacques Collot.

Thomassin le pere (Simon) vivoit dans
le dix-septiéme siécle.

Thomassin le fils (Simon) né en 1688,
mort en 1741, âgé de 53 ans.

Toutin (Jean) Orfévre François,
trouva en 1632 le secret de peindre
en émail.

VA

Vallet (. . . . .) Maître de Gaſpard du Change, vivoit dans le dixiéme ſiécle.

Valerio Vincentino Italien gravoit très-nettement. Il fit pour le Pape Clément VII un petit coffre de criſtal de roche où il grava toute l'hiſtoire de la Paſſion. Lorſque ce Pape vint en France, il en fit préſent au Roi qui en échange lui donna une bague de très-grand prix, & une riche tapiſſerie de Flandre. Vincentino grava pour le même Pape différentes hiſtoires ſur des Vaſes de criſtal dont ce Pontife faiſoit préſent aux Princes. Cet Artiſte grava les douze Empereurs, & fit tant de Médailles & tant de ſortes d'ouvrages, qu'il y a lieu de s'étonner qu'un ſeul homme en ait pu faire une ſi grande quantité, vû la longueur & la difficulté de ce travail. Il mourut en 1546, âgé de 68 ans, laiſſant une fille héritiére d'un grand nombre de Deſſeins & de recherches antiques.

Valeria Vincentina fille de Valerio Vincentino, qui vivoit dans le ſeiziéme ſiécle, gravoit auſſi parfaitement bien,

Van-Chuppin (. . . .) vivoit dans le dix-septieme siécle.

Warin (*Jean*) né à Liége en 1604, fit paroître dè ʃ ʃon jeune âge un goût extraordinaire pour le Deʃʃein, dans lequel il fit de rapides progrès, ainʃi que dans la Gravure & la Sculpture. Son imagination vive & féconde lui fit inventer des machines très-ingénieuʃes pour monnoyer les Médailles qu'il avoit gravées, & ce fut à ce talent particulier qu'il dut la charge de Garde général des Monnoies de France. Par la ʃuite, ʃon mérite & ʃes talens lui procurérent deux autres charges: l'une de Conducteur général des Monnoies ; & l'autre, de Graveur général des Poinçons. Dans ces différentes places, il grava une prodigieuʃe quantité de Poinçons & de Médailles qui lui mériterent l'eʃtime ʃinguliére dont il fut honoré des Rois Louis XIII, Louis XIV, & de toute la Cour. Il fit auʃʃi deux Statues en marbre de Louis le Grand, le Buʃte de Sa Majeʃté en bronze, & celui du Cardinal de Richelieu en or. Aux plus rares talens cet habile Artiʃte joignit une ardeur infatigable pour le travail. Il étoit occupé à l'Hiʃtoire métallique du Roi, lorʃqu'il tomba malade de la maladie dont il mourut en 1672, âgé de 68 ans.

Vauquier (.....) vivoit dans le dix-septiéme siécle.

Villers le fameux (.....) du dix-septiéme siécle étoit Orfévre aux Gobelins.

Wiſcher (*Corneille*) fameux Graveur Hollandois, étoit en même tems grand Deſſinateur : il vivoit dans le dix-septiéme siécle.

Wiſcher (*Louis*) Hollandois a été contemporain de Corneille.

Wiſcher (*Jean*) Hollandois a été contemporain de Corneille.

Voſterman (*Lucas*) vivoit dans le dix-septiéme siécle.

F I N.

SUPPLEMENT.

JEan Beaufire, Maître général des Bâtimens du Roi, & aussi Maître général de ceux de la Ville de Paris, né en 1650 d'une famille noble de Normandie, dont les ancêtres depuis 1599 ont été au service des Rois Louis XI, Henri IV, & Louis XIII, fut particuliérement estimé de Louis XIV, qui aimoit les gens à talens d'un mérite supérieur, & qui daignoit quelquefois accorder à ce grand homme de précieux instans qui auroient pu lui procurer les graces qui lui furent offertes, qu'il refusa toujours constamment, disant au Roi : » Sire, la reconnoissance me fait » tomber aux genoux de Votre Majesté; » mais qu'elle daigne faire du bien à » sa Ville de Paris, & sa Ville m'en » fera. « Sa modération n'étoit pourtant pas appuyée sur l'opulence; il n'étoit pas riche, & fut pere de 32 enfans, dont plusieurs qui vivent encore aujourd'hui, font honneur à la mémoire de ce grand homme, qui mourut comblé de vertus & de mérites en 1743, âgé de 93 ans, après avoir été 63 ans en charge.

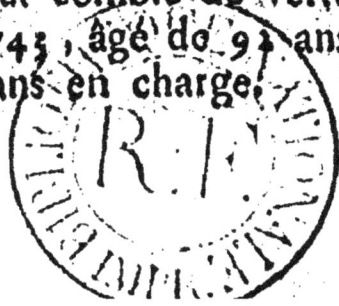

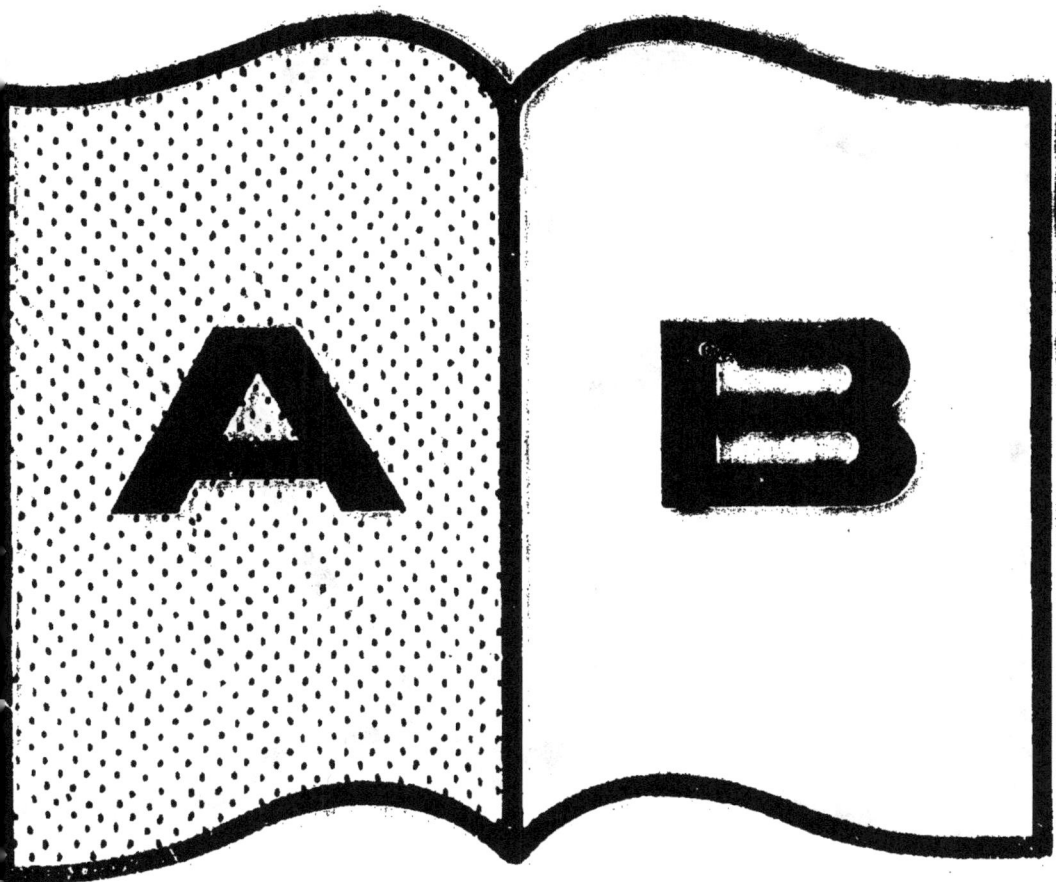

Contraste insuffisant

NF Z 43-120-14

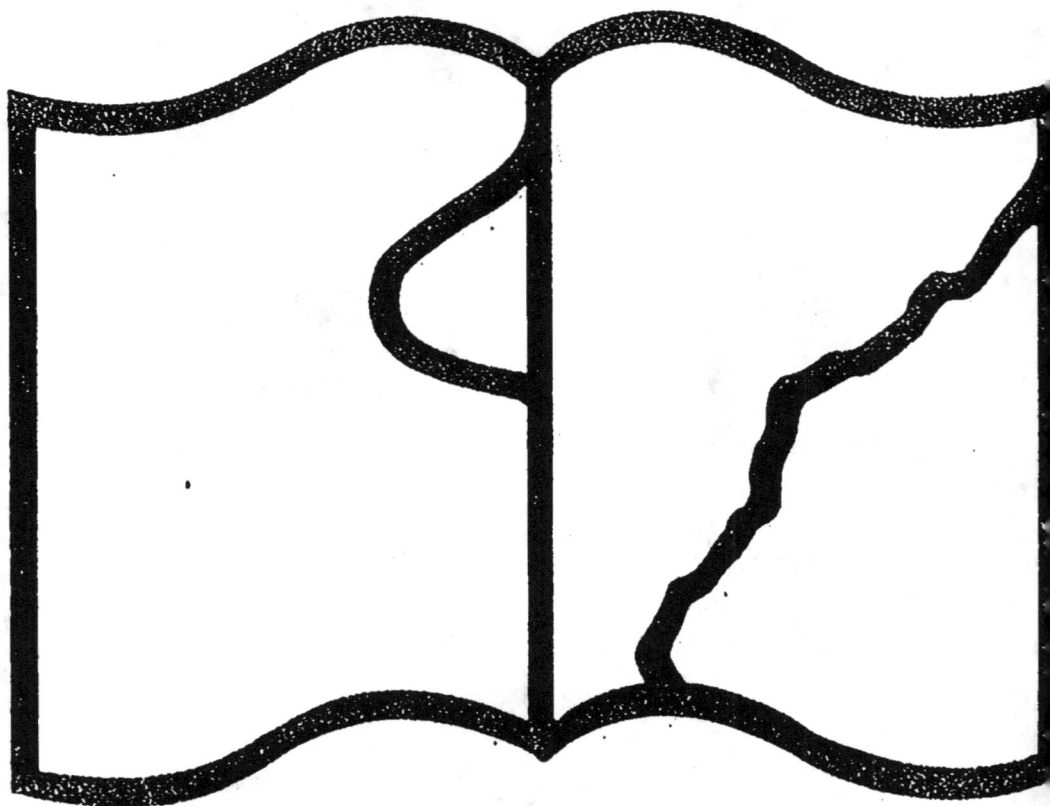

Texte détérioré — reliure défectueuse

NF Z 43-120-11

www.ingramcontent.com/pod-product-compliance
Lightning Source LLC
Chambersburg PA
CBHW071958270326
41928CB00009B/1481